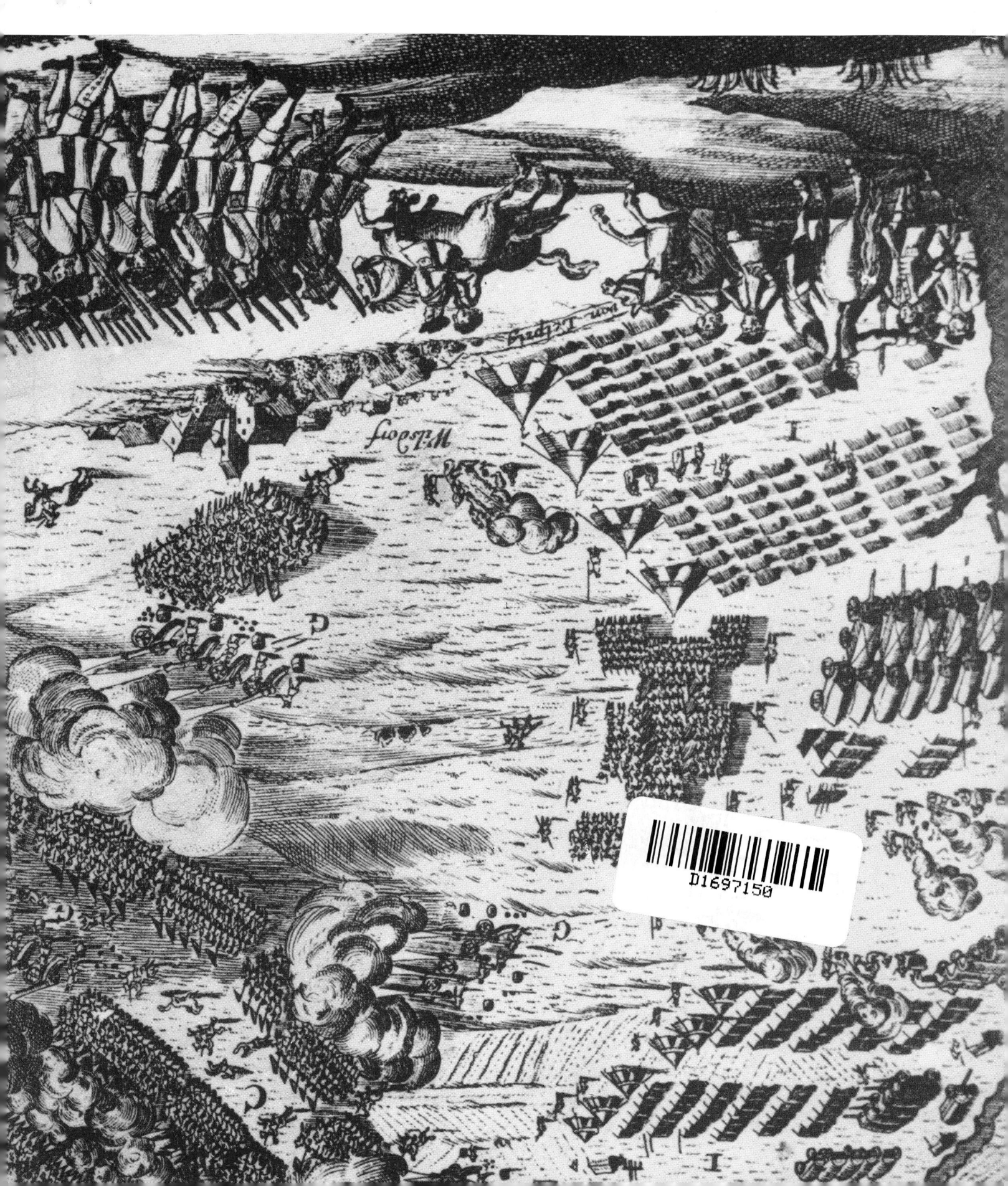

HORST

Arndt Preil · Österreichs Schlachtfelder (Band 2)

Artillerie um 1760 (Zeichnung von Ottenfeld).

Arndt Preil

Österreichs Schlachtfelder

Band 2
Kesselsdorf 1745
Lobositz 1756
Kolin 1757
Roßbach 1757
Hochkirch 1758
Maxen 1759
Torgau 1760
Freiberg 1762

H. Weishaupt Verlag · Graz

Schutzumschlag-Fotos:
Titelseite (großes Bild): Die Schlacht bei Kesselsdorf. Oben links: Preußische Infanteristen vom Regiment Itzenplitz (Zeichnung von Menzel). Oben rechts: Preußischer Feldjäger zu Pferd und Kleist-Grenadiere (Zeichnung von Menzel). Rückseite: Oben links: Offizier von den Seydlitz-Kürassieren, dem Musterregiment der schweren preußischen Reiterei, das durch Friedrich Wilhelm von Seydlitz berühmt wurde. Von der Tollkühnheit dieses Führers scheint der abgebildete junge Offizier durchdrungen, der, hier im Sattel halb herumgeworfen, mit lautem Kommando zur Attacke sprengt (Zeichnung von Menzel). Oben rechts: Preußischer Malachowski-Husar in erbittertem Kampf mit österreichischem Irregulären (Zeichnung von Menzel). Unten links: Österreichische Irreguläre (Trenkpandur und Karlstädter Infanterist) zu Beginn des Siebenjährigen Krieges (Zeichnung von Ottenfeld). Unten rechts: Reitende preußische Artillerie; sie fiel den Österreichern bei Maxen vollständig in die Hände, wurde aber 1760 neu errichtet (Zeichnung von Menzel).

Vorsatz: Die Schlacht bei Kesselsdorf in einem typisch zeitgenössischen Kupferstich. Gezeigt wird der sich entwickelnde preußische Angriff. Ganz rechts in der Bildmitte Kesselsdorf.

Nachsatz: Die Schlacht bei Hochkirch. Der Stich von Will zeigt in starker Vereinfachung den österreichischen Überraschungsangriff. Während die Preußen bereits im Rückzug sind, fallen – in der Mitte links – noch Keith und der Prinz von Braunschweig (Staatliche Museen zu Berlin).

ISBN 3-900310-60-2
1. Auflage 1991
Copyright © by Herbert Weishaupt Verlag, Postfach 29, A-8047 Graz, Telefon (03151) 8487, Fax [03151 - 2024].
Sämtliche Rechte der Verbreitung – in jeglicher Form und Technik – sind vorbehalten.
Gesamtherstellung: M. Theiss Ges.m.b.H., A-9400 Wolfsberg.
Printed in Austria.

Inhalt

Vorwort zum 2. Band 7

Der zweite Schlesische Krieg 1744/45 8

Die Schlacht bei Kesselsdorf am 15. Dezember 1745 9
    Konfrontation in Sachsen 9
    Das Schlachtfeld 9
    Stärkeverhältnisse 11
    Ein Stoßgebet wird erfüllt 14
    Der Friede von Dresden 18
    Das Schlachtfeld von Kesselsdorf heute 19

Der Siebenjährige Krieg 1756–1763 22

Die Schlacht bei Lobositz am 1. Oktober 1756 23
    Die Kontrahenten suchen sich 23
    Das Schlachtfeld 25
    Stärkeverhältnisse 26
    Aufmarsch zur Schlacht 26
    Knapper Sieg 29
    Folgen der Schlacht und Beendigung des Feldzuges 33
    Das Schlachtfeld von Lobositz heute 33
    Die große Koalition 35

Die Schlacht bei Kolin am 18. Juni 1757 37
    Friedrichs folgenschwere Entscheidung 37
    Das Schlachtfeld 38
    Stärkeverhältnisse 38
    Anmarsch der Preußen 40
    Zurückgeschlagen 41
    Kurze taktische Nachbetrachtung 46
    Das Schlachtfeld von Kolin heute 47
    Die Preußen in schwerer Lage 49

Die Schlacht bei Roßbach am 5. November 1757 51
    Die Reichsarmee wird offensiv 51
    Das Schlachtfeld 51
    Stärkeverhältnisse 52
    Unterschätzt und geschlagen 54
    Das Schlachtfeld von Roßbach heute 58
    Der Kriegsverlauf bis zum Frühherbst 1758 63

Der Überfall von Hochkirch am 14. Oktober 1758 64
    Wettlauf in die Lausitz 64
    Das Schlachtfeld 64
    Stärkeverhältnisse 66
    Daun als Angreifer 67
    Das Schlachtfeld von Hochkirch heute 71
    Das Kriegsjahr 1759 76

Die Kapitulation von Maxen am 21. November 1759 77
   Vorspiel 77
   Das Schlachtfeld 77
   Vor dem Angriff 78
   Finkenfang 80
   Das Schlachtfeld von Maxen heute 83
   Wieder um Sachsen 86

Die Schlacht bei Torgau am 3. November 1760 88
   Bekannte taktische Konzepte 88
   Das Schlachtfeld 88
   Stärkeverhältnisse 90
   Im Zangenangriff 91
   Das Schlachtfeld von Torgau heute 94
   Die Feldzüge 1761 und 1762 97

Die Schlacht bei Freiberg am 29. Oktober 1762 98
   Das Schlachtfeld 98
   Stärkeverhältnisse 100
   Der kombinierte Angriff 101
   Das Schlachtfeld von Freiberg heute 103

Anlage 1: Einblicke in das österreichische und preußische Heereswesen zwischen 1745 und 1763 106
   1. Das österreichische Heer 106
      Die Infanterie 106
      Die Kavallerie 107
      Die Artillerie 108
      Das Stabswesen 109
   2. Das preußische Heer 110
      Die Infanterie 110
      Die Kavallerie 111
      Die Artillerie 113
      Das Stabswesen 115
   3. Die Märsche und Lager 116
   4. Das Sanitätswesen 117
   5. Die Uniformierung 118
   6. Schlachtentaktik 120
      Infanteriekampf 120
      Kavallerieattacke 122
      Artillerieeinsatz 123

Anlage 2: Verzeichnis der militärischen Prominenz 124

Literaturverzeichnis 142

Register 143

Vorwort zum 2. Band

Zunehmende Lockerung der kaiserlichen Zentralgewalt und damit verbundener unaufhaltsamer Niedergang des rein kaiserlichen Heeres nach dem Aderlaß des Dreißigjährigen Krieges verschafften den großen deutschen Einzelstaaten, allen voran Österreich, Sachsen, Bayern und Preußen, beträchtlichen politischen und militärischen Aufschwung, leiteten die wohl größte Umwälzung ein, die die deutsche Heeresgeschichte kennt.

Der traditionellen österreichischen Kaisermacht blieb schließlich noch ein wichtiger Rivale: das hervorragend geführte und militärisch schnell expandierende preußische Königtum. Zwischen beiden spielten sich die Hauptkämpfe im Deutschland des 18. Jahrhunderts ab, vornehmlich um Schlesien. Andere deutsche Staaten nahmen untergeordnete militärpolitische Ränge ein, entweder als Kontingent der eher als Bundesheer zu bezeichnenden Reichsarmee oder, wie Sachsen später im Siebenjährigen Krieg, mit – mangels staatlicher Integrität – Restkontingenten unter österreichischem oder französischem Befehl Dienst tuend.

Acht österreichische Schlachtfelder werden in diesem Band in Wort und Bild vorgestellt. Ausschlaggebend für die Auswahl war neben historischer Bedeutung, strategischer und taktischer Rolle der Grad der Sehenswürdigkeit, aber auch die Repräsentanz für den Verlauf der Kriegshandlungen: Lobositz und Freiberg, erste und letzte Schlacht des Siebenjährigen Krieges; Kolin und Torgau, Dauns meisterhafteste Defensivschlachten gegen Friedrichs „schiefe" Schlachtordnung; Roßbach und Hochkirch, die großen siegreichen Überraschungsangriffe; schließlich die Niederlagen aus Selbstüberschätzung: Kesselsdorf und Maxen.

Die österreichischen Schlachtfelder jenseits von Oder und Neiße wurden von mir nicht beschrieben, weil vor allem der Erhaltungszustand einen Abstecher wenig rechtfertigt.

Für ihre Unterstützung am Zustandekommen dieses Bandes möchte ich der Deutschen Bücherei in Leipzig, den Universitätsbibliotheken Leipzig und Halle, dem Kriegsarchiv Wien sowie den Gemeinden Hochkirch, Kesselsdorf und Reichardtswerben besonders danken.

Leipzig, im Jänner 1991   Dr. Arndt Preil

Der zweite Schlesische Krieg 1744/45

Im seit 1740 andauernden österreichischen Erbfolgekrieg erklärte Friedrich der Große Österreich am 10. August 1744 wieder den Krieg, denn nach Festungsneubauten und gründlicher Ausbildung der Armee konnte der gemachten Beute in Schlesien vielleicht weitere in Nordostböhmen hinzugefügt werden. Das jedenfalls versprach das mit Frankreich im Juni 1744 neuaufgelegte Bündnis. Andererseits machten Österreich und seine Verbündeten, vor allem England, Rußland und Sachsen, Anstalten, die Besitzverhältnisse wieder auf den Kopf zu stellen. Kurz entschlossen fielen Ende August 80.000 Preußen in Böhmen ein, zwangen Prag am 16. September zur Kapitulation und stießen sogar bis nach Budweis vor. Geschickt wichen die schwächeren Österreicher aus und störten mit Erfolg die preußischen Verbindungen.

Halb verhungert, von Seuchen dezimiert und um zehntausende Deserteure weniger kamen Friedrichs Truppen Anfang Dezember wieder in Schlesien an; Österreicher und Sachsen drängten nach. Rigoros füllte Friedrich die gelichteten Reihen seiner Armee und die Staatskasse auf und ging im Mai 1745 zur strategischen Defensive über. Der glänzende Sieg bei Hohenfriedberg am 4. Juni vermochte aber das Blatt noch nicht zu wenden. Erst mit den Schlachten von Soor (30. September) und Kesselsdorf (15. Dezember) war vereitelt, daß Österreicher und Sachsen gemeinsam in die Mark Brandenburg eindringen.

Der Dresdner Frieden vom 25. Dezember 1745 beendete den zweiten Schlesischen Krieg. Preußen war nun Großmacht, aber ein Ende der Auseinandersetzungen mit Österreich um Schlesien nicht abzusehen. 100.000 Mann Gefallene und Verwundete, davon allein 22.000 Preußen kostete dieser Krieg. Die Heeresversorgung und der von leichten Truppen geführte Kleinkrieg wurden zu entscheidenden Komponenten jedes weiteren Krieges.

Die Schlacht bei Kesselsdorf am 15. Dezember 1745

Konfrontation in Sachsen

Bei Tagesanbruch des 29. November 1745 überschritten nahe Halle vier preußische Marschsäulen, reichlich 24.000 Mann stark, unter dem draufgängerischen Leopold von Anhalt-Dessau, dem „alten Dessauer", die sächsische Grenze, sozusagen ein Gegenzug auf österreichisches Einrücken in die Lausitz, als vordergründiger Anlaß für weitere preußische Kriegszüge. Die Sachsen waren nicht ganz unvorbereitet und entschlossen sich, ihre gesamten Streitkräfte mit den österreichischen Verbündeten zwischen Dresden und Pirna zu vereinigen.

So konnte die preußische Besetzung Leipzigs am 30. November und Torgaus am 5. Dezember 1745 nicht aufgehalten werden. Gleiches Schicksal trafen Merseburg, Eilenburg und Wurzen. Das Hauptquartier Friedrichs verlegte unterdessen nach Kamenz, gefolgt von 27 Bataillonen und 60 Eskadronen, um in Richtung Dresden den Anmarsch der Österreicher unter dem Prinzen Karl zu stören. Aber erst nach wiederholter dringlicher Mahnung des Königs setze sich Leopold am 11. Dezember auf Meißen in Bewegung, dessen Einnahme dann nach Abzug der sächsischen Bedeckung am 13. November gelang. Doch die Österreicher waren bereits in Schandau, der König sammelte das Restheer südlich Radeburg, und Lehwald verstärkte mit seiner Armeeabteilung bei Meißen den Fürsten von Anhalt um mehr als 30.000 Mann mit 33 schweren Geschützen.

Die Sachsen konnten dagegen am 4. Dezember 25.000 Mann bei Dresden konzentrieren, 6.000 Mann führte Graf Grünne aus Pirna heran, Prinz Karl wollte am 13. Dezember mit weiteren 18.000 Mann bei Pirna und Glashütte stehen – in Dresden wuchs die Zuversicht.

Die Stimmung besserte sich sogar noch, als Prinz Karl am Morgen des 13. Dezember in Dresden eintraf, und man beschloß, Leopold mit dem sächsischen Heer und Grünnes Streitmacht nordwestlich der Stadt bei Kesselsdorf aufzuhalten. Der Prinz verlegte am 14. Dezember sein Hauptquartier nach Seidnitz, während sich seine Truppen am Großen Garten bei Dresden sammelten.
Von Leopold wußten die Verbündeten seit dem 15. Dezember 1 Uhr, daß er bei Wilsdruff stand und dem König eine Vereinigung aller preußischen Truppen noch nicht geglückt war. So verbrachten die verbündeten Truppen die Nacht unter Gewehr in engen Quartieren westlich Dresden.

Das Schlachtfeld

Das Schlachtfeld des 15. Dezember 1745 zeigte breite Geländewellen mit teilweise scharf eingeschnittenen Schluchten. Der Grund des Zschoner Baches war zwar sumpfig, doch stellte er seinerzeit kein besonderes Hindernis dar, die Talhänge waren von der Infanterie ohne weiteres zu ersteigen. Bei Zöllmen waren aber die Talränder dermaßen steil, daß sie nur von in aufgelöster Ordnung vorgehender Infanterie überwunden werden konnten. Bei Pennrich schließlich machten die felsigen Hänge Infanterieangriffe so gut wie unmöglich. Bezüglich der Kavallerie galt dies für das gesamte Bachareal. Nördlich des Baches und nordöstlich Kesselsdorf fällt als höchste Erhebung der Wüsteberg auf, der nach Süden und Südwesten durch ein schluchtenartiges Gelände allmählich zur Weisseritz abfällt.
Im Norden dagegen geht dieser Berg in eine Hochebene über, die von der Straße Kesselsdorf–Wilsdruff durchquert wird.

Kesselsdorf selbst liegt in einer von Westen nach Osten

laufenden Einsenkung dieser Hochebene an der Straße Dresden–Freiberg/Wilsdruff. Vom westlichen, höher gelegenen Teil des Ortes, dort wo sich die Straße nach Wilsdruff und Freiberg gabelte, fiel die Straße nach Wilsdruff leicht ab und stieg erst südlich Kaufbach wieder an. Mit seinem Westende beherrschte Kesselsdorf das Gelände in Richtung Wilsdruff bis auf etwa 600 m völlig, während in Richtung Grumbach, Freiberg eine Kesselsdorf südlich vorgelagerte Bodenwelle das Schußfeld auf etwa 300 m begrenzte.

Die Gehöfte in Kesselsdorf waren mit Hecken, Zäunen und Mauern umgeben, die Straßen und Feldwege zur Zeit der Schlacht tief eingeschnitten und boten damit eine vortreffliche Deckung. Kesselsdorf war zwar ein starker Stützpunkt des linken Flügels der Verbündeten, doch mußte sich die schmale, weit nach Westen vorspringende Form des Dorfes ungünstig auf die Verteidigung auswirken: Man konnte die Westspitze von drei Seiten mit großer Übermacht angreifen, für die Verteidiger dagegen war überhaupt nur Artilleriefeuer erfolgversprechend.

So erschien die Stellung der Verbündeten zwar verführerisch, erwies sich aber letztlich als schlecht gewählt, weil ihre Ausdehnung für die verfügbare Truppenstärke einfach zu groß war: ein Fünftel der Verbündeten stand abseits und nahm nicht an der Schlacht teil.

Sächsisches Militär (Grenadier-Garde) aus der Zeit des zweiten Schlesischen Krieges. Von links nach rechts: Gemeiner, Offizier, Unteroffizier, Tambour.

Stärkeverhältnisse

Die Sachsen und Österreicher

A) Infanterie: Etwa 29.100 Mann der sächsischen Regimenter

Allnpeck	Gfug	Weißenfels	Friesen
Kosel	Brüggen	Königin	Winkelmann
Rochow	Hetterodt	II. Garde	F. Pirch
Brühl	Gersdorf	Leibgrenadiergarde	N. Pirch

sowie der österreichischen Regimenter

Niesenmeuschel	Kheul
Wurmbrand	Bethlen
Waldeck	Le Fée

Sächsisches Militär (Linieninfanterie) aus der Zeit des zweiten Schlesischen Krieges. Von links nach rechts: Musketier, Tambour, Unteroffizier, Offizier, Grenadier.

B) Kavallerie: Etwa 5.600 Pferde der sächsischen Regimenter

L' Annonciade (Kür.)	Rechenberg (Kür.)
Ronnow (Kür.)	Plötz (Kür.)
Minkwitz (Kür.)	Sondershausen (Kür.)
Königl. Prinz (Kür.)	Arnim (Kür.)
Leibregiment (Kür.)	Sybilsky (Chevaul.)
Karabiniers (Kür.)	Prinz Karl (Chevaul.)
Garde du Corps (Kür.)	Rutwoski (Chevaul.)

sowie von den Österreichern die Regimenter Hohenzollern (Kür.) und Bentheim (Drag.)

Hinzu kamen zwei sächsische Ulanenpulks und die Kroaten des Generals Morocz, alles in allem rund 3.000 Pferde.

C) Artillerie: 73 Geschütze, darunter 22 schwere.

Das österreichische Kontingent war bei Kesselsdorf ca. 6.000 Mann stark.

Die Preußen

A) Infanterie: Etwa 25.900 Mann von den Regimentern

Anhalt   Prinz Dietrich

Sächsisches Militär (Artillerie) aus der Zeit des zweiten Schlesischen Krieges. Von links nach rechts: Unteroffizier, Offizier, Kanonier, Tambour.

Jeetze	Prinz Leopold
Leps	Erbprinz von Hessen-Darmstadt
Prinz Moritz	Prinz Georg
Herzberg	Württemberg
Bredow	Prinz Ferdinand
Bonin	Polenz
Prinz von Preußen und den Grenadierbataillonen	
Kleist	Plotho
Schöning	Münchow

Der König von Preußen hat niemals bessere Infanterie befehligt, als die des zweiten Schlesischen Krieges. Nur die der Jahre 1756/57 sollte ihr hoch ebenbürtig sein. Sie stürmte über glatte, von gegnerischem Feuer bestrichene Flächen gegen mit schwerem Geschütz gespickte Höhen, die von zahlenmäßig überlegenem Feind verteidigt wurden. Sie scheute sich nicht, beim Erklettern schneebedeckter Felshöhen unter gegnerischem Auge ihre Linien aufzulösen und in ungeordneten Haufen dem Gegenstoß zu begegnen. Selbst der schlimmsten Zumutung, die damals an Infanterie gestellt werden konnte, nämlich aus der Marschordnung heraus ohne Rücksicht auf die gewohnte Schlachtordnung regimentsweise in den Kampf zu gehen, zeigte sie sich gewachsen. Diese Infanterie stand tatsächlich hoch über ihrer Zeit. Friedrich wußte, daß er ihr alles abverlangen konnte.

Sächsisches Militär (Kürassieroffiziere) aus der Zeit des zweiten Schlesischen Krieges.

B) Kavallerie: Etwa 6.900 Pferde der Regimenter

Leibregiment (Kür.)	Kyau (Kür.)	Bayreuth (Drag.)	Stosch (Drag.)
Karabiniers (Kür.)	Rochow (Kür.)	Jung-Möllendorf (Drag.)	Holstein (Drag.)
Bredow (Kür.)	Prinz Friedrich (Kür.)	Roëll (Drag.)	Soldan (Hus.)
Stille (Kür.)	Buddenbrock (Kür.)	Bonin (Drag.)	Dieury (Hus.)

C) Artillerie: 88 Geschütze, davon 33 schwere.

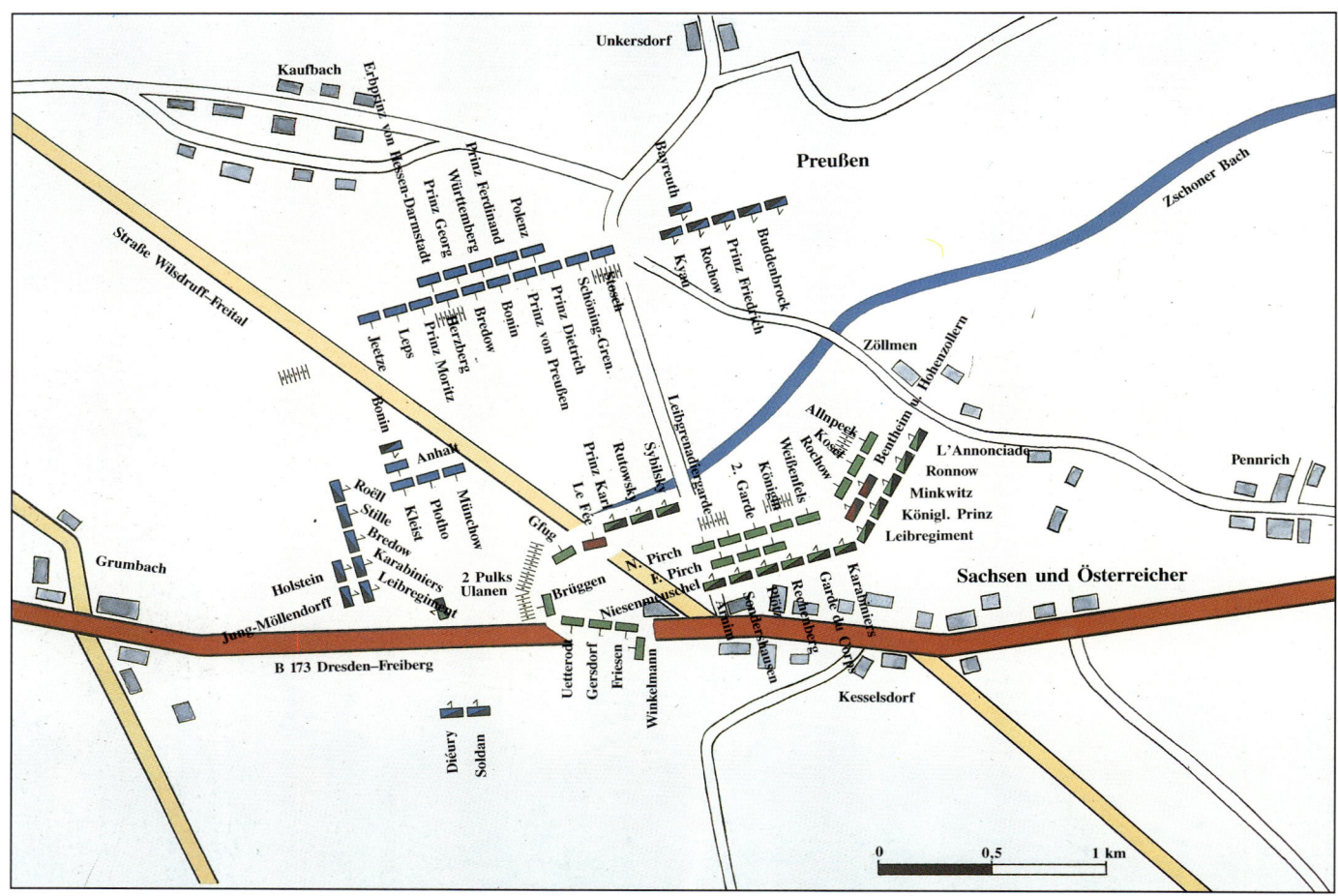

Die Schlacht bei Kesselsdorf am 15. Dezember 1745, Aufstellung der Heere vor Beginn der Schlacht.

Ein Stoßgebet wird erfüllt

Das Heer des Fürsten von Anhalt lagerte während der Nacht vom 14. zum 15. Dezember südlich Meißen zwischen Röhrsdorf und Naustadt. Am Morgen, gegen 7.30 Uhr, setzten sich vier Marschsäulen in Richtung Wilsdruff in Bewegung. Während dieses Vormarsches kam es schon zu Gefechten zwischen der leichten Reiterei. Die Sachsen wurden geworfen und über Wilsdruff verfolgt; im Nachjagen erhielten die preußischen Husaren von Kes-

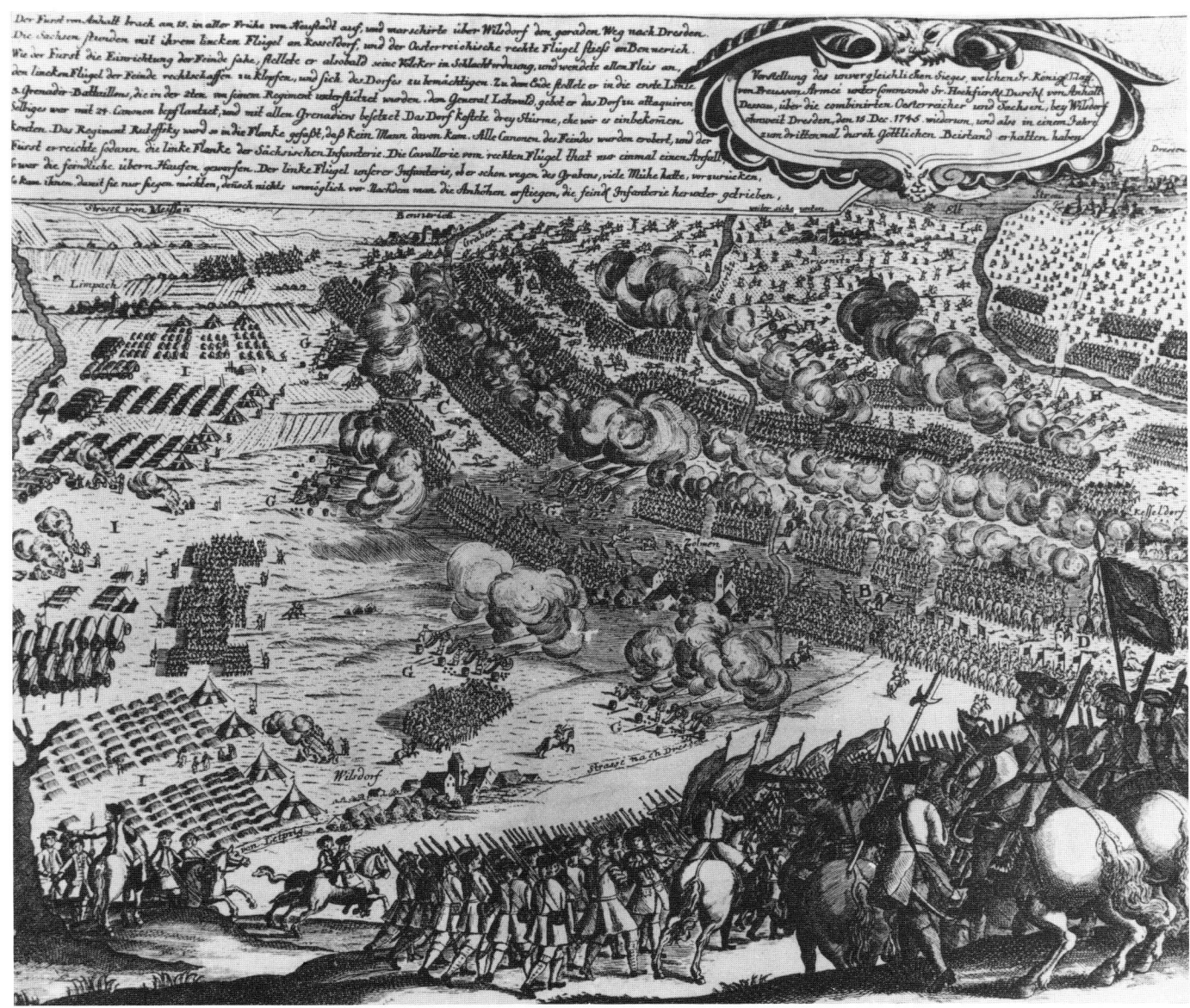

Die Schlacht bei Kesselsdorf in einem typisch zeitgenössischen Kupferstich. Gezeigt wird der sich entwickelnde preußische Angriff. Ganz rechts in der Bildmitte Kesselsdorf.

selsdorf her erstes Artilleriefeuer. Das preußische Heer war inzwischen südlich Kaufbach in östliche Richtung weitermarschiert. Wegen der glatt gefrorenen leichten Schneedecke wurden die Bewegungen querfeldein außerordentlich erschwert. Doch mit Staunen sahen die Verbündeten, wie sich die preußischen Marschsäulen in bewundernswerter Ordnung und Schnelligkeit entfalteten. Sie sollten an diesem Tag noch andere Überraschungen erleben.

Zunächst konnte die preußische schwere Artillerie gegen die überlegene der Verbündeten wenig ausrichten. Der Fürst von Anhalt wollte aber angesichts des zur Neige gehenden Wintertages die Artillerievorbereitung nicht abwarten und befahl noch vor Abschluß des Aufmarsches um 14 Uhr den Angriff auf Kesselsdorf. Die Bataillonsgeschütze gingen auf Kartätschschußweite heran und begannen das Feuer.

Vor den Grenadierbataillonen Kleist, Plotho und Münchow und dem Regiment Anhalt, seinem eigenen, soll der Fürst plötzlich inbrünstig gebetet haben: „Lieber Gott, stehe mir heute gnädig bei, oder, willst du mir diesmal nicht beistehen, so hilf wenigstens auch dem Schurken von Feind nicht, sondern sieh, wie's kommt." Gesichert ist so viel, daß der greise Feldmarschall den Grenadieren laut zurief: „In Jesu Namen, marsch." Und zu den Klängen des Dessauer Marsches begann der Angriff auf den Dorfeingang. Unter dem verheerenden sächsischen Geschützfeuer rückten die Bataillone, von General Herzberg geführt, mit Todesverachtung und geschultertem Gewehr die sanfte Böschung hinunter. Der Boden war stellenweise so glatt, daß die Grenadiere ausrutschten, sich gegenseitig stützen mußten. In der Höhe der eigenen Geschütze angekommen, waren die Grenadierbataillone bereits schwer erschüttert, und im gegnerischen Infanteriefeuer kam ihr opfermutiges Vorgehen zum Stehen. Regiment Anhalt rückte heran und riß die Trümmer der Grenadierbataillone ein Stück mit. In Gegenwart des gefürchteten Regimentschefs erwiderten die Bataillone Anhalt kaltblütig das sächsische Peletonfeuer. Bis an den Rand des Dorfes, bis an die große Batterie führte sie Herzberg. Aber die sächsischen Grenadiere, von denen hier einzelne bis zu 20 Patronen verfeuerten, standen fest, und das Geschützfeuer lichtete die preußischen Glieder. Herzberg fiel, und seine zerschossenen Bataillone suchten nun, in regelloser Flucht aus dem feindlichen Feuerbereich hinter die deckende Bodenwelle zu kommen. In der Zeit von kaum einer Stunde waren in diesem mörderischen Kampf 33 Offiziere und 1.298 Mann von der 36.000 Mann starken preußischen Kolonne getötet, verwundet. Allein Regiment Anhalt ließ über 500 Mann auf dem Platz.

Ermutigt sprangen die Grenadiere der Regimenter Gfug und Le Fée über die Zäune und Mauern der Dorfumfassung, ordneten sich, wurden von General Wilster zum Sturm vorgeführt, fielen dann aber in das preußische Lager ein, um zu plündern. Der Fürst von Anhalt bemerkte dies und befahl dem Obersten Lüderitz, mit den Bonin-Dragonern einzuhauen. In gestrecktem Galopp warf sich das Regiment vom Fleck über die glatten Schneeflächen hinweg auf den Feind. Die Grenadierbataillone waren diesem entschlossenen Reiterangriff nicht gewachsen; was nicht den Schutz des Dorfes und der großen Batterie erreichte, wurde niedergeritten oder in Auflösung zurückgejagt.

Während der Kavallerieattacke, bei der die Verbündeten Kesselsdorf von der Verteidigung entblößten, ließ der Fürst von Anhalt seine gesamte Infanterie vorrücken. Ihr rechter Flügel, unter Lehwald, ging mit fliegenden Fahnen gegen die zum Schutz der großen Batterie aufgestellten drei sächsischen Chevaulegersregimenter über die Hochfläche zwischen Kesselsdorf und Zöllmen vor. Die Chevaulegers wurden durch Feuer verjagt und brachten im Rückzug den eigenen linken Infanterieflügel in Unordnung. Das Regiment Jeetze konnte, gedeckt durch den Wiesengrund am Weg Kesselsdorf–Unkersdorf – plötzlich am rechten Flügel der großen Batterie auftauchend – in entschlossenem Sturmlauf gegen die Geschütze und in das Dorf eindringen, eroberte 24 Geschütze, 1 Fahne, 1 Paar Pauken. Der sächsische General Allnpeck beorderte zwar je 1 Bataillon Winkelmann und Nikolaus Pirch in das Dorf, doch von Westen und Norden drang die preußische Infanterie unaufhaltsam vor, und die abfahrenden Bespannungen der sächsischen Artillerie steigerten das Durcheinander im mittlerweile brennenden Kesselsdorf; allgemeine Flucht setzte bei den Sachsen ein, Allnpeck fiel in Gefangenschaft. Kesselsdorf, der Stützpunkt des linken verbündeten Flügels, ging verloren.

Inzwischen war auch der linke preußische Infanterieflügel unter Prinz Moritz von Anhalt vorgedrungen und erreichte den Grund von Zöllmen. Da die Bataillone vor dem glatten, schneebedeckten Hang stutzten, stieg Prinz Moritz vom Pferd und sprang als erster hinab. Er wurde von zwei Musketieren durch den Bach getragen, dessen Eis unter den preußischen Bataillonen brach. Im Grund neu geordnet erstiegen die Preußen den sanften Hang, dicht südlich Zöllmen kam es zum Zusammenstoß mit der sächsischen Infanterie. Aus nächster Nähe von verheerendem Kartätsch- und Infanteriefeuer empfangen, warf sich Prinz Moritz mit dem Regiment Prinz von Preußen auf den Feind. Dichter Pulverdampf hüllte die kämpfenden Linien ein. Die Regimenter Brühl und Weißenfels wurden geworfen. Durch die Lücken der weichenden Infanterie ritt sächsische Kavallerie – Karabiniers, Rechenberg, Plötz und Garde du Corps – zur Attacke an, zögerte nicht, sich auf das etwas auseinandergekommene Regiment Prinz von Preußen zu werfen. Fast gelang es der sächsischen Kavallerie, das Gefecht zum Stehen zu bringen, als die preußischen Regimenter Prinz Ferdinand und Polenz aus dem zweiten Treffen erschienen und durch wirksame Salve die Kavallerie zurückwiesen. Die verbündete Mitte war durchstoßen, vergeblich bemühten sich die höheren Führer, nämlich der Herzog von Weißenfels, auf den Kanonendonner von Dresden herbeigeeilt, Graf Rutowsky, der Ritter von Sachsen, die Weichenden zum Stehen zu bringen. Die Verwirrung wuchs, als es den Preußen gelang, durch Steinbach Geschütze auf die Hochfläche zu bringen. Einmal gewichen, kam die sächsische Kavallerie in dem schluchtenreichen Gelände, das sich im Rücken ihrer Stellung befand, vollends in Unordnung. Feuer von 3 bis 4 preußischen Bataillonen vertrieb hier 50 Eskadronen und verursachte eine Auflösung, daß, wäre nicht die Nacht hereingebrochen, der Untergang der alliierten Armee nicht aufzuhalten gewesen wäre.

Der verbündete linke Flügel hatte, als die Mitte dem Prinzen Moritz entgegenrückte, auf Rutowskys Befehl ebenfalls eine Vorwärtsbewegung gemacht. Die Generale Diemar und Jasmund führten die Regimenter Königin, 2. Garde, Leibgrenadiergarde, Franz Pirch und das 2. Bataillon Nikolaus Pirch an. Schon aber wurde dieser Gegenangriff in der linken Flanke durch die aus Kesselsdorf vorbrechende preußische Infanterie bedroht.

Die Masse der preußischen rechten Flügelkavallerie unter den Generalen Graf Gesler und Möllendorff war trotz großer Schwierigkeiten der siegreichen Infanterie in den verschneiten Hohlwegen und durch Kesselsdorf gefolgt und begann, sich im Rücken des gegnerischen linken Flügels zu entwickeln. Die hier stehenden 12 Eskadronen wurden geworfen, vom Regiment Roëll eine Standarte erobert, die Sachsen in völliger Auflösung von den Husarenregimentern Dieury und Soldan verfolgt. Erst die Dunkelheit machte dem ein Ende.

Auch dem sächsischen Fußvolk erging es nicht besser: General Jasmund wollte mit den linken Flügelbataillonen die aus Kesselsdorf hervordringende preußische Infanterie zurückwerfen. Da fiel General Neubaur, seine Bataillone stutzten und wichen. Die Preußen griffen zum Bajonett und kamen in den Rücken der Sachsen. Am Ende konnte sich Jasmund mit kaum 800 Mann zur Straße nach Dresden durchschlagen, die Trümmer des verbündeten linken Flügels sammelten an der Weißeritz, die Kavallerie sogar erst am Großen Garten.

Der preußische Angriff gegen den äußersten rechten Flügel der Verbündeten zwischen Pennrich und Zöllmen begann etwas später als der gegen das Zentrum. Schon beim Passieren des Zschoner Grundes und der Dörfer Steinbach und Zöllmen mußte die preußische Infanterie durch das Feuer der schweren sächsischen Batterie bei Zöllmen größte Verluste hinnehmen. Auf ihre Gewehre gestützt, glitten die verwegenen Angreifer den Grund hinab. In Trupps zu 30 bis 60 Mann warfen sich die Preußen auf den Gegner. Ein Angriff des Kürassierregiments L'Annonciade, mit größter Entschlossenheit ge-

Kesselsdorf nach der Schlacht (Sächsische Landesbibliothek Dresden).

führt, scheiterte an dem auf Nahdistanz abgegebenen Infanteriefeuer. Oberst L'Annonciade fiel. Der nun aber nötige geschlossene Einsatz der verbündeten Kavallerie kam einfach nicht zustande. General Haxthausen führte diesen Flügel dann in immerhin guter Ordnung auf Dresden zurück.

Die Kavallerie des linken preußischen Flügels kam wegen unüberwindlicher Geländeschwierigkeiten im Tal des Zschoner Baches nicht mehr zum Einsatz.

Binnen zweier Stunden war die Schlacht entschieden. Das Korps Grünne, das kaum ins Gefecht gekommen war und dessen Mitwirkung der eitle Rutowsky absichtlich verhindert hatte, wurde von Freund und Feind vergessen und ging am Abend nach Dresden, um sich mit dem Prinzen Karl zu vereinigen.

Den Preußen kostete nach der offiziellen Verlustliste die Schlacht, mit der der alte Dessauer seine Soldatenlaufbahn beschloß, 34 Offiziere und 1.570 Unteroffiziere und Soldaten an Toten, 90 Offiziere und 3.068 Unteroffiziere und Soldaten an Verwundeten. Die preußische Infanterie büßte ein Viertel ihres Bestandes ein.

Die Verbündeten hatten an Toten und Verwundeten nach sächsischen Unterlagen 3.810 Mann, darunter 58 Offiziere, meist alle aus Sachsen.
Davon abgesehen konnten die Preußen 48 Geschütze, 6 Fahnen, 2 Standarten und 1 Paar Pauken erobern.
Die hinter die Weißeritz zurückflutenden Trümmer der Verbündeten trafen am Abend auf die Spitzen der anrückenden Truppen des Prinzen Karl. Wegen ungünstiger Unterbringung seiner Truppen und optimistischer Berichte seines Obersten Buttler, der sich bei Kesselsdorf aufgehalten hatte, konnte sich der Aufmarsch der Regimenter nach Rutowskys Hilferufen vom Nachmittag erst gegen 17 Uhr vollziehen, da kamen aber auch schon die flüchtenden Sachsen den Österreichern entgegen.

Noch während der Nacht vom 15. zum 16. Dezember überbrachte der preußische Hauptmann Oelsnitz Friedrich die Siegesnachricht, und am 17. Dezember trafen beide preußischen Heeresteile nahe Kesselsdorf zusammen. Die vereinigte preußische Armee, nun fast 83.000 Mann stark, rückte sofort gegen Dresden vor, dessen Vorstädte noch am 17. Dezember nachmittags besetzt wurden.

Der Friede von Dresden

Am 16. und 17. Dezember 1745 marschierten die verbündeten Truppen auf die Linie Königstein–Berggießhübel zurück. Prinz Karl hatte zwar zuvor angeboten, mit seinem Heer die Preußen anzugreifen, Rutowsky erklärte aber das sächsische Kontingent augenblicklich für nicht gefechtsfähig und erbat Rückzug. So bezogen die Verbündeten schließlich Quartiere beiderseits der sächsisch-böhmischen Grenze. Am 18. Dezember zog Friedrich mit 10 Bataillonen in Dresden ein. Der König von Sachsen hatte vergeblich auf ein Umschlagen des Kriegsglücks gehofft; die schon am 15. Dezember zwischen den Höfen angebahnten Verhandlungen kamen am 25. Dezember in Dresden zum Abschluß.

Die Einstellung der Feindseligkeit war in Sachsen für den 24. Dezember, in Schlesien für den 28. vereinbart worden. Die preußischen Truppen begannen nun das sächsische Gebiet wieder zu räumen und traten den Rückmarsch in ihrer Standquartiere an. Als Kriegsentschädigung hatte Sachsen eine Million Taler zu zahlen, die Königin von Polen verzichtete auf Erbansprüche, die sie als österreichische Prinzessin auf Schlesien und Glatz hätte erheben können.

Die Kriegslust war auf allen Seiten merklich abgekühlt, so daß am selben Tag auch der Friede zwischen Preußen und Österreich zustande kam. Während Maria Theresia die schwierige Lage auf dem italienischen Kriegsschauplatz und die Unwilligkeit Englands zu weiterer notwendiger Geldunterstützung ins Kalkül zu ziehen hatte, veranlaßte Rußlands drohende Haltung Friedrich zum Einlenken. Zudem waren die soeben überstandenen militärischen Gefahren in lebhaftester Erinnerung.

Maria Theresia bestätigte ausdrücklich den Breslauer Frieden und sicherte Friedrich den gesamten Länderbesitz, vor allem Schlesiens, zu. Dagegen anerkannte Friedrich die Wahl des Großherzogs von Toskana, Franz Stephan, zum Kaiser und gewährleistete der Königin den Besitz deutscher Gebiete.

Der Zeit gemäß reihten die Preußen die 1600 Größten der in Dresden entwaffneten sächsischen Miliz in ihre Truppen ein.
Für das sächsische Heer jedenfalls war die Schlacht bei Kesselsdorf der traurige Abschluß eines verfehlt angelegten Feldzuges.

Das Schlachtfeld von Kesselsdorf heute

Das Schlachtfeld von Kesselsdorf ist zu erreichen
o von Leipzig und Hermsdorfer Kreuz auf der Autobahn Leipzig–Dresden bzw. Hermsdorfer Kreuz–Bautzen über den Abzweig Nossen bis zur Ausfahrt Wilsdruff und von dort weiter in Richtung Freital/Dresden bis Kesselsdorf,
o von Berlin bzw. Dresden auf der Autobahn Berlin–Dresden bzw. Dresden–Leipzig/Eisenach/Plauen bis zur Ausfahrt Wilsdruff und weiter wie oben,
o aus der CSFR über den Grenzübergang Zinnwald auf der B 170 bis Freital und von dort nach Kesselsdorf.

Kesselsdorf, an der Fernverkehrsstraße B 173 Dresden–Freital gelegen, hat bis heute seinen dörflichen Charakter weitgehend erhalten können, sogar die die Gehöfte umgebenden Hecken, Zäune und Mauern sind noch gut zu sehen, wenn man – aus Richtung Dresden kommend – gleich rechts hinter dem Ortseingang seinen Standpunkt einnimmt. So wird auch deutlich, wie sich das Straßendorf in die Schluchtenlandschaft einpaßt.

Kurz bevor sich die Straße nach Kesselsdorf hinabsenkt, befindet sich nördlich der Straße eine kleine Erhebung, auf der sich vor Beginn des Kampfes Rutowsky mit seinem Stab aufhielt.

Eigentliches Zentrum des Geschehens ist dort, wo die Straße nach Wilsdruff von der B 173 abbiegt, wo die große sächsische Batterie stand und die preußischen Sturmsäulen zuerst in Kesselsdorf eindrangen. Im Straßenwinkel steht seit etwa 1820 ein Gasthof. In seinem Garten befand sich das Erinnerungsdenkmal für die Schlacht vom

St. Katharinen von Süden, Kampfplatz I./Nikolaus Pirch.

15. Dezember 1745. Der Granitblock von 1907 mußte im Herbst 1989 Bauarbeiten weichen und ist vorübergehend im Hof des Eckgebäudes gegenüber zu sehen. Zahlreiche Obstbäume und die Bebauung haben dem umstrittenen Dorfeingang ein völlig verändertes Aussehen gegeben.

Wenige Schritte in Richtung Wilsdruff ist eine Stelle erreicht, von der aus die beiderseitigen Aufstellungen, einschließlich der der österreichischen Kavallerie bei Zöllmen/Pennrich, sowie das preußische Angriffsgelände überschaubar sind.

Besonders eindrucksvoll ist eine Besichtigung des vom Zschoner Bach durchflossenen Grundes zwischen Kesselsdorf und Gompitz. Starker Baumbestand an den Hängen verhindert nicht, daß der Besucher, der bei Pennrich die B 173 nördlich verlassen hat, die Schwierigkeiten der angreifenden preußischen Infanterie nachempfinden kann. Erst recht, wenn man bedenkt, daß die Witterungsverhältnisse in den Tagen der Schlacht – es hatte gefroren, getaut, wieder gefroren und geschneit, die Hänge waren teilweise vereist und mit einer leichten Schneedecke überzogen – Richtung und Geschlossenheit der Lineartaktik ständig vor neue Proben stellte. Schon kleinere Geländehindernisse erschienen dann problematischer als sie in Wirklichkeit waren. Bei dieser Gelegenheit kann auch der Standort der österreichischen Kavallerie bei Zöllmen/Pennrich näher in Augenschein genommen werden.

Bereits am Ortseingang von Kesselsdorf kommt die gut erhaltene Dorfkirche am südlichen Höhenrand sofort in Sicht, ein Bauwerk aus dem 16. Jahrhundert (umgebaut 1723/25) mit spätgotischen Resten: rechteckiges flachgedecktes Langhaus, eingezogener dreiseitig geschlossener Chor, darüber der Turm. Darin ein schönes Altarkreuz von 1725 und gleich rechts daneben in einem abgeschlossenen Raum das einzige, nach der Schlacht erhalten gebliebene Soldatengrab: Oberst Caspar Franz von Pirch starb, von drei preußischen Kugeln in der Schlacht tödlich verletzt, im naheliegenden Pfarrhaus und wurde am 18.

Der Steinleitengrund von Kesselsdorf aus, Vormarschgelände der preußischen Kavallerie des rechten Flügels.

Dezember 1745 hier beigesetzt. Zusammen mit den hinter ihr stehenden schönen alten Linden dürfte die Kirche wohl heute der einzige Zeuge aus den Tagen der Schlacht sein.

Eine größere Anzahl von Straßen und unbefestigten Wegen verlaufen von Süden nach Kesselsdorf hinein, durchschneiden gelegentlich in tiefen Hohlungen das Gelände. Die Bataillonsverbände wurden dadurch zum Teil völlig zerrissen, um so mehr, weil Gabelungen und kleine Quertäler das Terrain noch mehr gliedern. Wenn man sich vorstellt, und am besten gelingt dies von der Höhe hinter der Kirche, der „Pfarrersbank", mit Blick nach Süden, daß in das Gewirr aufgelöster Bataillone von vorn Kavallerie einhieb und daß von der rechten Flanke her fliehende Artillerieknechte mit Protzen heranjagten, wird die tolle Flucht hinunter in den tiefen Steinleitengrund verständlich.

Höchster Punkt der Umgebung ist mit 314 m der Steinhügel südlich Unkersdorf. Guter Fernblick über das gesamte Schlachtfeld belohnt die Mühen des Anstiegs.

Grabmal des sächsischen Obersten Franz von Pirch.

Links: Die St. Katharinen-Kirche zu Kesselsdorf.

Der Siebenjährige Krieg 1756–1763

Der 1754/55 ausgebrochene britisch-französische Kolonialkrieg in Nordamerika blieb nicht ohne Rückwirkung auf Europa. Im Januar 1756 koalierten nun Preußen und England, im Mai Österreich und Rußland mit Frankreich. Die Ziele waren die alten: England gegen Frankreich um die Herrschaft in Nordamerika und Indien, Preußen gegen Österreich vor allem und wieder wegen Schlesien. Im Sommer 1756 wurde überall gerüstet; die Preußen konnten sich mit perfektioniertem Drill die besten taktischen Hoffnungen machen. Der preußische Einmarsch in Sachsen, gedacht als Präventivschlag gegen den von Österreich und Rußland erwarteten Angriff auf Friedrichs Königreich, eröffnete ein siebenjähriges Ringen, das Mittel-, Ostdeutschland und Böhmen ein zweites Mal innerhalb reichlich hundert Jahre ruinierte.

Mit der Reichsexekution gegen Preußen und der Mobilisierung der Reichsarmee im Januar 1757 mußte Friedrich zwar einen Mehrfrontenkrieg gegen eine zahlenmäßig überlegene Koalition führen, konnte aber Führungsvorteile in Anspruch nehmen, denn die gegen ihn operierenden Feldherren mußten Kabinettsweisungen folgen, ihre Initiative war eingeschränkt. Das fehlende einheitliche Oberkommando und laufende Eigensüchtigkeiten der Koalitionspartner nutzte Friedrich immer wieder zu überraschenden Kriegszügen und Schlachten. Das erste Angriffsziel Sachsen mußte dabei einmal mehr als Operationsbasis, Faustpfand und Ausbeutungsobjekt herhalten.

Die Schlacht bei Lobositz am 1. Oktober 1756

Die Kontrahenten suchen sich

Der Feldzugsplan Friedrichs für das Jahr 1756 mutet bescheiden an: Sachsen unschädlich machen und zum Anschluß gegen Österreich bewegen, womöglich die sächsischen Streitkräfte in der eigenen Armee verwenden. Ansonsten ein Vormarsch zur Eger, allenfalls noch die Besetzung Melniks, um die Verpflegung der Armee durch den Besitz des schiffbaren Teils der Elbe zu sichern. So lebte er wenigstens den Winter über aus der Tasche des Feindes, hatte die Truppen auf engem Gebiet konzentriert, ohne sie verlustreichen Entscheidungskämpfen auszusetzen und konnte der weiteren Entwicklung der Lage mit gewisser Ruhe entgegensehen.

Durch den Coup gegen Sachsen hatte Friedrich die Österreicher schneller auf die Beine gebracht, als es bei der Vielköpfigkeit ihrer Heeresverwaltung und des noch immer bedächtigen und unentschlossenen Hofkriegsrates zu erwarten war.

Bereits Ende August versammelte sich die Armee des böhmischen Armeeoberbefehlshaber Browne, ein erfahrener, altgedienter General, in Stärke von etwa 23.400 Mann Infanterie und 7.300 Reitern nahe Kolin. Feldmarschall Browne bedingt untergeordnet stand der etwas eigensinnige Piccolomini an der Spitze eines selbständigen Kommandos mit 22.600 Mann in Mähren. Wie hinderlich eine solche Doppelköpfigkeit im Oberbefehl für die Bewegungen Brownes sein mußte, ist klar.

Browne fehlte zur vollen Aktionsfähigkeit noch mehr, denn ein Teil der Artillerie, Pontons, Munition und die Vorspannpferde konnten erst Ende September vervollständigt werden. An eine kräftige Offensive zur Unterstützung der Sachsen war also vorerst überhaupt nicht zu denken. Nach Anweisung des Hofkriegsrates sollte Browne den Gegner nur beobachten, sich nicht auf größere Gefechte einlassen.

Doch hatte Browne längst die Notwendigkeit einer Deckung gegen Sachsen vor einem möglichen Einfall Friedrichs erkannt. Er wollte seine Truppen weiter nach der Egergegend vorschieben, und Piccolomini sollte Böhmen von Königgrätz aus gegen Schwerin, der in Schlesien stand, verteidigen. Mit einiger Verspätung segnete der Hofkriegsrat Brownes Pläne Anfang September ab, und von da ab wurden die Bewegungen der österreichischen Hauptarmee ganz wesentlich durch die Ereignisse in Sachsen und Rettungsgedanken um den befreundeten sächsischen Kurfürsten und seine Armee beeinflußt.

Aber entgegen den bisherigen Verhandlungen mit dem Wiener Hof wollte König August mit seinen Truppen durch Böhmen nach Polen marschieren, um so Friedrich keine Veranlassung zu geben, Sachsen als Feindesland zu betrachten, wie er ja auch bis zum letzten Augenblick noch immer auf eine Neutralitätskonvention mit Preußen gehofft hatte. Sich den Österreichern in die Arme zu werfen, schien August nicht ratsam, weil er wegen deren bedingten Kriegsbereitschaft keine wirksame Unterstützung erwartete. So schwankte man hin und her, bis plötzlich am 4. September das Auftauchen preußischer Husaren nahe Pirna zu dem Entschluß führte, dort bis zum letzten Mann auszuhalten. Nochmals ermunterte Wien die Sachsen zum Durchbruch, und Browne verstärkte seine Avantgarde. Aber Friedrich hatte das sächsische Lager schon am 10. September von allen Seiten eingeschlossen und wartete nun täglich, daß sich die Sachsen ergeben würden. Doch „das sächsische Piket", wie er die sächsische Armee geringschätzig nannte, machte ihm dank österreichischer Proviantlieferungen auf Schleichwegen mehr zu schaffen, als ursprünglich angenommen. Immer noch in Erwartung der baldigen sächsischen Kapitulation setzte Friedrich am 13. September Herzog Ferdinand von Braunschweig mit 14 Bataillonen und 12 Eskadronen als Avantgarde nach Böhmen in Marsch, am selben Tag gab es das erste Scharmützel mit einem österreichischen Streifkorps unter Oberst Peroni bei Peterswalde. Braunschweig rückte nun weiter bis Aussig vor und bezog dort ein Lager, Keith übernahm das Kommando, doch die tapferen Kroaten verhinderten, daß die Preußen auf dem rechten Elbeufer Fuß fassen konnten.

Von allen Seiten bestürmt, schlug Browne der Wiener

Zentrale einen Entsatzversuch über Aussig vor, wobei zunächst bei Lobositz defensiv Stellung bezogen werden sollte; der Kaiser genehmigte dies am 17. September.

Gleichzeitig hatte sich die Hauptarmee am 14. September von Kolin aus in Bewegung gesetzt. Da aber eine persönliche Rekognoszierung des Feldmarschalls am 16. September ergab, daß das Lobositzer Terrain nicht genügend zweckentsprechend war, lagerten die Truppen schließlich bei Budin an der Eger, um dort einen preußischen Angriff abzuwarten. Am Wiener Hof wollte man davon nichts wissen, sondern den Sachsen in jedem Fall helfen, notfalls sogar eine Schlacht wagen. Der vorsichtige Herzog wich aber geschickt aus und ließ sich von Browne nicht überwältigen. Browne blieb nun nichts anderes übrig, als Verbindung mit den eingeschlossenen Sachsen zu halten, die Egerlinie und das rechte Elbeufer durch weit vorgeschobene Postenkette zu sichern. Kontakte mit dem sächsischen Lager brachten dann am 28. September den Entsatzplan zustande: die Sachsen sollten am Lilienstein die preußischen Linien durchbrechen, während Browne – nach bedeutender Verstärkung an Artillerie und leichten Truppen – bis auf die Höhen von Schandau vorgehen würde. Dazu wollte Browne nach Lobositz vorrücken, um von hier aus Demonstrationen gegen Teplitz zu machen und die Aufmerksamkeit der Preußen von seinem eigentlichen Vorhaben, die Sachsen am rechten Elbeufer zu entsetzen, abzulenken. Am 30. September marschierte die österreichische Armee nach Lobositz; auf drei Brücken wurde die Eger passiert, und in vier Kolonnen bezog man Lager bei der Stadt. Das Manöver gelang zwar, aber auch Browne täuschte sich zunächst, wenn er annahm, die Preußen würden nicht angreifen. Schon im Laufe des Tages verdichteten sich die Meldungen, daß Friedrich gegen ihn heranrückte und daß es in den nächsten Tagen zum Kampf kommen würde. Um den Entsatzplan nicht in Gefahr zu bringen und nicht von der Elbe abgedrängt zu werden, mußte Browne nun in guter Verteidigungsstellung Widerstand leisten.

Die Observationsarmee unter dem Herzog von Braunschweig umfaßte am 13. September noch drei Grenadier- und elf Linienbataillone, zwölf Eskadronen Husaren und 18 schwere Geschütze, am 15. September ritten weitere 41 Eskadronen von der Hauptarmee nach Böhmen ab.

Friedrich war anfangs noch immer überzeugt, daß bei Lobositz keine größere Truppenansammlung erfolgen würde, daß dort nur die österreichische Avantgarde stände. Auch am 18. September schätzte er Brownes Kräfte nur auf 15.000 Mann Infanterie und 2.000 Kavalleristen, vermutete den Feldmarschall noch in Kolin.

Keith nahm am 24. September eine Stellung hinter Johnsdorf, hielt aber Aussig weiter besetzt. Sein Korps war inzwischen auf 15 Linienbataillone und 73 Kavallerieeskadronen angewachsen. Am 20. September trafen die lang ersehnten 28 Pontons ein, die weiter Streifzüge auf dem rechten Ufer der Elbe ermöglichten, und mit der Wegnahme von Tetschen, in der Nacht vom 22. zum 23. September, war die Lebensmittelversorgung der Sachsen auf der Elbe gekappt.

Am 24. September stieß der Herzog von Bevern mit einem Grenadier- und acht Linienbataillonen, schwerer Artillerie und weiteren Pontons zu Keith. Dann entschloß sich auch Friedrich, in Sorge um den schon als völlig sicher geglaubten Erfolg vor Pirna, nach Böhmen zu gehen, um die angeblich geringen österreichischen Kräfte durch einen Vorstoß auf Lobositz zu vertreiben.

Am 28. September traf der König in Begleitung einer Anzahl höherer Offiziere, unter ihnen auch der Prinz von Preußen, im Lager bei Johnsdorf ein. Friedrich dachte immer noch an einen Streifzug gegen unterlegene gegnerische Kräfte und hoffte, bald wieder in Sachsen zu sein. Daher war ein Teil des Stabes auch in Sachsen geblieben.

Um sich gegen die Kroaten auf dem rechten Elbeufer zu sichern, brachen die Preußen am 29. September die Schiffsbrücke bei Aussig ab. Der König dagegen marschierte mit der Avantgarde – 2 Grenadier- und 6 Linienbataillone, 1 Grenadierkompanie Garde, 1 Eskadron Garde du Corps, 10 Eskadronen Dragoner und 500 Husaren – nach Türmitz. Auf die Nachricht, daß Brownes Truppen eine Vorwärtsbewegung machen, befahl er den allgemeinen Vormarsch. Die feindliche Stärke war noch immer unklar.

Friedrichs Streitmacht rückte in drei Kolonnen vor: Die 1. Kolonne unter Führung Keiths mit 1 Grenadier- und 5 Linienbataillonen, 30 Eskadronen Kavallerie und 30 schweren Geschützen, sämtlichen Munitionswagen und 200 Husaren an der Spitze an Türmitz vorbei und über den Paschkopole nach Wellemin; die 2. Kolonne unter dem Befehl des Prinzen von Preußen, 10 Linienbataillone stark, über Türmitz nach Wellemin; die 3. Kolonne, mit 1 Grenadier- und 1 Linienbataillon, 20 Eskadronen Kavallerie und 200 Husaren unter Feldmarschall Gesler zunächst unmittelbar an der Elbe entlang, nach Behinderung durch Kroaten vom anderen Ufer der 2. Kolonne hinterher. Die schwachen österreichischen Vorposten zur Überwachung der Gebirgspässe wichen zurück, und so fand man den Weg nach Wellemin frei. Schon von der Höhe des Kletschenberges, dann vom Paschkopolepaß sahen die Preußen das österreichische Lager in zwei Linien hinter Lobositz und Sullowitz.

Als Friedrich feststellte, daß die Höhen vor Lobositz vom Feind nicht besetzt waren, änderte er seinen Plan, bei Wellemin zu lagern und rückte noch am Abend zwischen Lobosch- und Homolkaberg vor. Während sich der Herzog von Bevern am Nordfluß des Lobosch postierte, wurde zur Deckung des rechten Flügels das Dorf Boretz besetzt; das Gros der Armee blieb bei Bilinka, ohne Zelte aufzuschlagen, die Nacht über unter Gewehr. Weil einige Regimenter die Marschdisposition nicht einhielten, entstand in der Dunkelheit noch ziemliche Unordnung. In der Nacht vermeinten die Preußen, viele Laternen zu erkennen, die sich nach und nach verminderten, woraus zu schließen war, daß man es morgen nur mit der feindlichen Nachhut zu tun haben würde...

Das Schlachtfeld

Die Stadt Lovosice (Lobositz), einst von gewisser Wichtigkeit als Postwechsel an der Route Prag–Dresden, liegt in einer kleinen Ebene an der Elbe. Der Fluß, von Osten kommend, macht hier eine scharfe Biegung und sucht dann im Norden seinen Weg durch das Gebirge. Nach Süden wird das Land flachwelliger, während sich nach Nordwesten hin das Böhmische Mittelgebirge mit seinen malerischen, oft recht steil aufragenden Phonolith- und Basaltkegeln erhebt. Zu diesen gehört der in unmittelbarer Nähe der Stadt bis 570 m aufsteigende Lovoš-(Lobosch-)Berg, der in seinem oberen zuckerhutförmigen Teil bewaldet und mit Gestrüpp bewachsen war, während Weingärten die unteren, nach dem Ort zu sanfter abfallenden Hänge bedeckten.
Diese Weingärten sind heute allerdings nicht mehr erhalten, so daß die Vegetation am Lovoš ziemlich einheitlich ist. Südwestlich von diesem Gipfel liegt der nicht ganz so hohe Sutomsky-Berg, der an seinem Ostabhang einen etwas in die Ebene vorgeschobenen Rücken, den Ovčin-Berg (Homolkaberg), bildet.

Von Velemin (Wellemin) ging die Straße Teplice (Teplitz) – Prag – heute die E 15 – bei Bilinka zwischen Lovoš und Ovčin hindurch nach Lovosice hinab. Die Ebene wird in einem nach Südosten offenen Bogen von dem kleinen Modla-(Model-)Bach durchflossen, an dem das Dorf Sulejovice (Sullowitz) liegt. Die Ufer dieses stellenweise in mehrere Arme zerteilten Baches waren damals völlig versumpft; er bildete dazu einige Teiche, die die Passierbarkeit noch mehr erschwerten. Somit war er für eine Defensivstellung Brownes bestens geeignet und ein vorzügliches Fronthindernis.

Bei Sulejovice befanden sich Steinmauern, die für eine vorgeschobene Abteilung gute Deckung boten. In dem von dem weiten Bogen des Modla-Baches umflossenen Gebiet steigt das Land allmählich nach Südosten bis zu dem etwa 4 km von Lovosice entfernten, 246 m hohen Humensky-(Hahn-)Berg an. Diese Fläche ergab ausreichend Raum für die Aufstellung des österreichischen Heeres und ermöglichte auch die leichte Verschiebung einzelner Truppen. An der Elbe entlang führte die Straße über Aussig und Pirna nach Sachsen.

Der äußere Umfang der Stadt Lovosice war damals natürlich geringer; namentlich östlich und südlich der Stadt befinden sich heute ausgedehnte Industrieanlagen, und die Wohngebiete haben sich bis in die ersten Steigungen des Lovoš-Berges vorgeschoben. Westlich Sulejovice wird in größerem Stil Hopfen angebaut, dadurch ist dieser Teil des Schlachtfeldes einigermaßen erhalten.
Der in älteren Darstellungen der Schlacht immer wieder eine Rolle spielende Graben zwischen Lobositz und Sullowitz ist heute nicht mehr feststellbar und offenbar im Zuge späterer Straßen- und Feldbaues eingeebnet worden.

Browne, der das Terrain bei Lobositz sehr gut kannte, hatte seine Defensivstellung wohlüberlegt genommen. Er konnte ohne großen Nachteil den Feind erwarten, war doch die Rückzugslinie nach Budin (Budyně) und damit zugleich die dortigen Magazine, einschließlich der Straße nach Prag, gesichert. Es war ein vorübergehend einzunehmender Posten, von dem aus Demonstrationen gegen Teplitz vorgenommen werden sollten, um Friedrichs Aufmerksamkeit nach dieser Seite hin abzulenken.

Vergleicht man Brownes Stellung mit der Friedrichs am Tage der Schlacht, werden nennenswerte Vorteile auf preußischer Seite deutlich. Denn im wesentlichen war die preußische Stellung durch die beiden Berge markiert, die die Lobositzer Ebene vollständig beherrschte. Hier hatte Friedrich auf den Lobosch und den Homolka seine beiden Flügel gestützt und sie mit überlegener Artillerie vorteilhaft armiert. Die Dominanz dieser Stellung gegenüber den Österreichern in der Ebene mußte, abgesehen von der besseren Wirksamkeit des Artilleriefeuers, auch der Kavallerie bedeutende Stoßkraft geben. Trotzdem hatte Browne alles getan, was er den Umständen, seinen Aufgaben und Absichten gemäß überhaupt tun konnte.

Stärkeverhältnisse

Die Österreicher

A) Infanterie: Etwa 18.000 Mann der Regimenter

Kaiser
Alt-Wolfenbüttel
Jung-Wolfenbüttel
Kheul
Nikolaus Esterházy
Josef Esterházy
Harsch
Wallis
Harrach
Hildburghausen
Browne
Colloredo
Durlach
Kolowrat
Waldeck

sowie 4 Bataillone Kroaten mit insgesamt 4.000 Mann.

B) Kavallerie: Etwa 7.600 Pferde der Regimenter

Palffy (Kür.)
Erzherzog Ferdinand (Kür.)

Serbelloni (Kür.)
Cordua (Kür.)
Stampach (Kür.)
Brettlach (Kür.)
Anspach (Kür.)
Erzherzog Josef (Drag.)
Liechtenstein (Drag.)
Hadik (Hus.)
Baranyay (Hus.)

C) Artillerie: 88 Geschütze, darunter sechs Haubitzen.

Die Preußen

A) Infanterie: Etwa 18.400 Mann der Regimenter

Anhalt
Alt-Braunschweig
Bevern
Quadt
Itzenplitz
Manteuffel
Hülsen
Kleist
Blankensee
Münchow
Zastrow

und der Grenadierbataillone

Kleist
Grumbkow
Jung-Billerbeck
Puttkamer
I./Garde

B) Kavallerie: Etwa 10.100 Pferde der Regimenter

Garde du Corps
Gensdarmes (Kür.)
Leibregiment (Kür.)
Karabiniers (Kür.)
Prinz von Preußen (Kür.)
Markgraf Friedrich (Kür.)
Rochow (Kür.)
Schönaich (Kür.)
Driesen (Kür.)
Truchseß (Drag.)
Katte (Drag.)
Bayreuth (Drag.)
Székely (Hus.)

C) Artillerie: 98 Geschütze.

Aufmarsch zur Schlacht

Brownes Hauptmacht stand in zwei Linien auf dem Gelände innerhalb des Bachbogens. Der linke Flügel wurde durch das Dorf Sullowitz und den benachbarten Tiergarten gedeckt. Der rechte Flügel zog sich über die Bachschleife und lehnte sich östlich von Lobositz an die Elbe. Ganz im Sinne der Taktik seiner Zeit hatte der Feldmarschall das vor der Front liegende Lobositz durch eine stärkere Abteilung besetzt, die nach rechts bis an das an der Elbe gelegene Dorf Welhotta reichte; und diese vorgeschobene Stellung war schnell durch Schanzwerke und eine Batterie verstärkt worden. Auf den Loboschabhängen postierten sich Kroaten, die den preußischen Vormarsch stören sollten. Der starke linke Flügel war wohl mehr gedacht, eine preußische Überflügelung an dieser Stelle zu verhindern, denn Browne wollte eigentlich mehr bei und hinter Lobositz den Hauptwiderstand leisten.

Alles in allem eine wirksame Defensivstellung, wenn man bedenkt, daß die Artillerie damals keine Schlacht entschied.

Um sich den Austritt aus dem Gebirge zu sichern, schickte der König vier Bataillone unter Generalleutnant Schmettau zur Besetzung des Tales zwischen Lobosch und Wawczin vor. Die linke Flanke sicherte der Herzog von Bevern mit vier Bataillonen nördlich des Lobosch, die rechte Keith mit seinem Korps in der nach Südwesten gehenden Senke. Ausgenommen einer kleinen Plänkelei gegen 1.30 Uhr am Abhang des Lobosch blieb alles bis gegen Morgen ruhig. Da sandte Schmettau die Meldung, daß sich der Feind nach seinem rechten Flügel hin bewegt, offenbar um über die Elbe zu gehen oder um sich zurückzuziehen.

Die Schlacht bei Lobositz am 1. Oktober 1756, Aufstellung der Heere vor Beginn der Schlacht.

Als der König noch vor Tagesanbruch mit mehreren Generalen nach vorn ritt, brachte ein Offizier die Nachricht, daß der Feind in zwei Linien gegen die preußischen Stellungen vorrückt. Friedrich nahm sich nun keine Zeit mehr, dies alles zu überprüfen und befahl den sofortigen Aufmarsch des preußischen Heeres. Doch die Preußen wußten immer noch nicht, ob sie Angreifer oder Verteidiger sind.

Auf Befehl des Königs besetzte zuerst der Herzog von Braunschweig mit einem Bataillon den Südabhang des Lobosch. Das sollte verhindern, daß die durch Weinbergsmauern dort gut gedeckten Kroaten dem preußischen Vormarsch in die linke Flanke fielen. Der Herzog hatte zu lange einen schweren Stand, denn der Fechtweise der Kroaten gegenüber war die preußische Infanterie in einer üblen Lage – Tirailleurfeuer war nicht ihre Stärke. Erst das heranrückende Hauptkorps befreite den Herzog aus seiner mißlichen Lage.

Der rechte preußische Flügel gewann leicht die Höhen des Homolka, und das Zentrum nahm Aufstellung an der nach Lobositz hinabführenden Straße. Schwieriger gestaltete sich die Sache für den linken Flügel unter dem Herzog von Bevern, der die Besetzung der südlichen Loboschabhänge vollenden sollte, denn die Kroaten hielten sich in den Weinbergen gut, so daß die preußischen Bataillone dort nur schrittweise vorwärts kamen.

Nach vollendetem preußischen Aufmarsch war die Linie des ersten Treffens rund 2000 m lang. Hinter der Infanterie hatte sich die Kavallerie in mehreren Reihen geordnet. Das schwere Geschütz wurde in zwei Batterien vor dem rechten Flügel und der Mitte, nahe dem linken Flügel aufgestellt, so daß gute Wirkung zu erwarten war.

Der linke Flügel konnte seine Bataillonsgeschütze wegen der Geländeverhältnisse nicht wirksam machen.

Die Schlacht bei Lobositz. Eindringen preußischer Kleist-Grenadiere in Lobositz. Der dargestellte Nahkampf ist allerdings historisch nicht verbürgt.

Die preußischen Linien rückten jetzt nicht weiter vor, um den Höhenvorteil nicht zu verlieren. So schien der König für alle Fälle gerüstet, denn die Absichten des Feindes kannte er auch jetzt nicht.

Knapper Sieg

So standen sich beide Heere kampfbereit gegenüber, Browne den Angriff erwartend, Friedrich noch völlig ungewiß, was werden sollte; denn dichter Nebel, der die ganze Ebene den Blicken der Preußen entzog, ließ nur erkennen, daß zwischen Lobositz und Sullowitz Kavallerie stand, die ihre Stellung mehrfach wechselte, um die Wirkung der Artilleriekanonade abzuschwächen, die gegen 7.30 Uhr von den Preußen mit größter Hingabe eröffnet worden war.

Die Österreicher waren aber nicht vom Fleck zu bringen und hielten sich standhaft. Doch litten die Truppen auf beiden Seiten unter Feuer und Gegenfeuer. Da die österreichische Kavallerie nicht daran dachte, zu weichen, vielmehr weiter defensiv blieb, glaubte sich Friedrich nun zum Angriff eingeladen. General Kyau am rechten Flügel erhielt Befehl zur Attacke, auch wenn einige hohe Offiziere Einwände erhoben, und setzte sich sofort mit 16 Eskadronen in Bewegung, führte sie um den rechten Flügel der Infanterie herum. An der Spitze des ersten Geschwaders ritt der alte Feldmarschall Gesler mit.

Durch die Sandgruben am Fuße des Homolka wurde die Formatierung der Regimenter etwas verzögert, doch kam die Attacke gut voran, und vor dem ersten Treffen (1 Eskadron Garde du Corps, 5 Gensdarmes, 2 Prinz von Preußen) zogen sich die in den Gräben und Wegen liegenden Kroaten schleunigst zurück, denen es aber noch gelang, die Gegner auf deren rechten Seite zu überflügeln, weil die Preußen wegen des Feuers von Sullowitz nach links drängten. Namentlich Garde du Corps erlitt so bedeutende Verluste. Jetzt aber eilten die Bayreuth-Dragoner heran, ihrerseits wieder den Österreichern in die Flanke fallend. Und in butem Gemisch jagten die Scharen nach Osten. Da warf sich Regiment Cordua den vorwärtsstürmenden Preußen entgegen, büßte aber zwei Standarten ein, und sein Führer, Fürst Lobkowitz, wurde verwundet und gefangengenommen. Erst Stampach gebot dem wirren Knäuel Halt. Unter dem Druck des von allen Seiten auf sie wirkenden Gewehr- und Geschützfeuers fluteten die aufgelösten preußischen Regimenter mit zahlreichen Gefangenen wieder zurück, nur kurz von den sich sammelnden Österreichern verfolgt.

Österreichische Irreguläre (Trenkpandur und Karlstädter Infanterist) zu Beginn des Siebenjährigen Krieges (Zeichnung von Ottenfeld).

Der anfängliche Erfolg befriedigte den König: „Nun sind sie fort!" Aber als er sah, wie der Gegner während des Kampfgewühls Verstärkung heranzog, beorderte er weitere 13 Eskadronen unter Generalmajor von Driesen zur Unterstützung. Statt dessen ritt jetzt der ganze Rest der preußischen Kavallerie, noch 43 Eskadronen stark, durch die von der Infanterie gebildeten Zwischenräume, wo Gesler, Keith, Oelsnitz und andere vergeblich bemüht waren, die wirren Haufen der Zurückkehrenden zu ordnen. Doch beunruhigt durch das feindliche Geschützfeuer und eingedenk der Instruktion, sich niemals angreifen zu lassen, sondern stets zuerst zu attackieren, war diese Reitermasse nicht aufzuhalten. Das geschah natürlich gegen den Willen des Königs, der verwundert ausrief: „Mais, mon dieu, que fait ma Cavalerie, voilà qu'elle attaque une seconde fois, et qui est – ce qui l'ordonne?" Aber da war keine Hilfe mehr! Unaufhaltsam, wie eine Riesenwoge, stürzten sich an die 10.000 Reiter auf die österreichische Kavallerie, alles mit sich reißend, alles vor sich niederwerfend; es muß ein Anblick von überwältigender Wirkung gewesen sein! Vor dem heranziehenden Unwetter flohen die Kroaten abermals aus ihren Stellungen. Und immer weiter ging die wilde Jagd. Nichts konnte widerstehen. Die österreichische Kavallerie floh auf Prosnik zu, doch da erschwerten Geländehindernisse die Verfolgung.

Auf engem Raum, von vielleicht 1.000 m Breite, hielten sich alle preußischen Eskadronen zusammengedrängt. Während die Hauptmasse über den ersten Hohlweg setzte, gerieten andere Teile auf die Steinbrücke über den Modelbach und in die sumpfigen Wiesen. Da führte Fürst Löwenstein acht frische Eskadronen (Brettlach und Anspach) in vollem Galopp vom linken Flügel heran. Schon kamen die josephinischen Dragoner in größter Konfusion zurück. Jede Ermunterung zum Stillstehen war vergeblich, jeder Zuruf verhallte. Der Fürst ließ sofort die Eskadronen links schwenken, setzte sich mit dem Säbel in der Hand an die Spitze des Gegenangriffs. Dem konnten die wirren preußischen Scharen nicht standhalten. Was irgend noch die Kraft hatte, versuchte zurückzukommen. Doch viele der ermatteten Pferde waren nicht mehr imstande, die steilen Wegböschungen zu nehmen oder sich aus den sumpfigen Wiesen zu befreien. Eine große Zahl der Reiter geriet in Gefangenschaft, viele fielen unter dem mörderischen Feuer, das sich von allen Seiten auf sie richtete. Denn die österreichische Infanterie war zur besseren Feuerwirkung noch näher an den Model-Bach herangerückt. Nach tapferem Widerstand wichen die Preußen in voller Auflösung zurück; groß waren die Verluste. Die siegreichen Gegner verfolgten nur schwach, denn auch sie hatten schwer gelitten.

Teile der Székely-Husaren waren bei der Attacke nicht mitgeritten und deckten nun die geschlagenen, zurückströmenden Eskadronen am Fuße des Homolka. Die preußischen Kavalleriehaufen kamen – in ihrer Kraft völlig gebrochen und durch hohe Verluste geschwächt, damit unfähig zu weiteren Aktionen – während des ganzen späteren Kampfes nicht mehr zum Einsatz. Dieser unerwartete Ausgang mußte niederdrückend wirken, waren es doch die besten preußischen Kavallerieregimenter, die hier scheiterten. Eine Reihe von Zufälligkeiten hatte zusammengewirkt, dem stolzen Ritt ein so kläglisches Ende zu bereiten.

Um das Durcheinander vollständig zu machen, setzte sich jetzt das Infanterieregiment Braunschweig den Hügel abwärts in Bewegung, doch konnte es vom Herzog selbst glücklicherweise angehalten werden. Der Mißerfolg der Kavallerie, das stundenlange, ziemlich nutzlose Geschützfeuer, das plötzliche Auftauchen eines stärkeren Gegners in gesicherter Stellung, dies alles mußte bewirken, daß Friedrich seine Lage keinesfalls mehr als rosig bezeichnen konnte. Auch die übrigen Führer verkannten nicht die Schwierigkeiten, in denen man sich befand.

Auf dem linken Flügel, in den Weinbergen am Lobosch, wurde um diese Zeit, gegen 11 oder 12 Uhr, das Gewehrfeuer immer heftiger. Man beobachtete jetzt auch vom Homolka aus, daß Browne bei Lobositz Angriffstruppen gegen den Lobosch formierte.

Schon kurz nach 7 Uhr empfingen die preußischen Bataillone des linken Flügels dort heftiges Feuer. Die Kroaten hatten sich hinter den Weinbergsmauern fest eingenistet und waren nicht gewillt, den Platz ohne hartnäckigsten Widerstand zu räumen. Wenn auch die österreichischen Irregulären nach Meinung Brownes bezüglich der Disziplin nicht gerade zu den besten Teilen seines Heeres zählten, so waren sie doch Meister des selbständigen Tirailleurgefechts und glänzende Schützen. Das vielfach durchschnittene Terrain des Lobosch bot ihnen beste Gelegenheit, diese Eigenschaften zu entfalten.

Den leichtbeweglichen und äußerst zäh kämpfenden Kroaten gegenüber war die preußische Infanterie in einer schwierigen Lage: Gedrillt, nur nach Kommando zu feuern und in geschlossenen Linien, das Gewehr möglichst lange auf der Schulter, dem Gegner zu Leibe zu gehen, war der einzelne Mann bloß Rädchen im Mechanismus, das allein durch Befehl in Bewegung gesetzt wurde. Hatte man diese Taktik bisher auch mit gutem Erfolg angewandt, hier mußte sie scheitern, weil es nicht möglich war, größere Abteilungen vorwärts zu bringen, ohne daß sich die Verbände lockerten. Die Mannschaften gerieten allmählich den Führern aus der Hand; und dadurch kam das Gefecht zum Stillstand. War es wirklich gelungen, die Kroaten aus ihren Stellungen zu vertreiben und einige hundert Meter den Berg hinunterzujagen, so verbot der Befehl des Königs weiteres Avancieren und der Feind stürmte frisch geordnet aufs neue an.

Da ließ der Herzog von Bevern zum zweiten Mal beim König um Verstärkung bitten, und das letzte Reservebataillon, das überhaupt noch zur Verfügung stand (I./Itzenplitz) wurde zu Hilfe geschickt. Zugleich kam die Meldung, daß sich mehrere Regimenter, die nunmehr über vier Stunden am Lobosch im Gefecht standen, verschossen hatten. Der König sorgte selbst für Ersatz und

Rechts: Der Reiterkampf bei Lobositz, wie ihn die Preußen gerne gesehen hätten. Im Hintergrund die heillos fliehenden Österreicher (Kupferstich von Busch, Berlin, Kupferstichkabinett).

Wenn auch der stolze Feind von allen Seiten tobt: Wen er sich sauer stelt u: sucht uns zu verschlingen.
So fürchten wir uns nicht, wir singen: Es muß uns doch gelingen der Sieg ist da!
Der Herr sey hochgelobt! Nun deutsches Zion, freue dich!
Hier Schwerd des Herrn und *Friederich*.

Vorstellung des herlichen Sieges, welchen die Königl: Preussische Armée unter Höchst eigenen Comando Ihres Gloreichen Monarchen, über die Osterreichische Armée, unter Commando des Feldmarschalls von Broune, bey Lowoschütz in Böhmen den 1ten October 1756. höchst rühmlich erfochten.

A. bezeignet so voller Todten und Blessirten. B. Gefechte der Preussen mit den Ostereicher. C. Ostereichische Batterie von 12. Canonen bei Lowoschütz. D. Se: May: der König von Preussen erteilen die nötigen Ordres den flüchtigen Feind zu verfolgen. E. die siegende Preussische Armée, welche die Ostericher nachsetzt. F. die flüchtigen Ostereicher. G. die Stadt Lowoschütz.

ließ jeden Mann vom rechten Flügel 30 Patronen für die bedrängten Truppen abliefern.
Aber Browne wollte die Kroaten nicht preisgeben und beorderte sechs Grenadierkompanien und drei Bataillone (Colloredo, Jung-Wolfenbüttel und Esterházy) unter dem tapferen Obristen Graf Lacy auf die Anhöhen.

Es ist unverkennbar, daß Browne in diesem Augenblick den Sieg in der Hand hatte, wenn er sich entschließen konnte, mit aller Kraft einen Vorstoß gegen den preußischen linken Flügel zu wagen. Denn so unmöglich war es jetzt nicht, die Preußen hier zurückzudrängen und deren fluchtartigen Rückzug auszulösen. Noch einmal erhielt Bevern Hilfe: Keith schickte das Grenadier-Bataillon Grumbkow von der rechten Flanke. Ein dreistündiges heißes Ringen folgte am Lobosch. Auf beiden Seiten wurde mit größter Tapferkeit gefochten.

Lacy führte seine Truppen trotz des furchtbaren Feuers preußischer Geschütze gegen einen Feind, der ihm an Zahl bedeutend überlegen war, allerdings meist ohne Munition. Um eine Umgehung in der Flanke zu verhindern, hatte man schon die preußischen Linien nach links hin durch die neu angekommenen Bataillone verlängert. Auch die Spitze des Lobosch war von einer kleinen Abteilung besetzt worden, die nun als Beobachtungsposten diente.

Als die Österreicher anrückten, versuchten zunächst die Bataillone von Itzenplitz und Münchow einen Gegenangriff. Den tapferen Lacy traf eine Kugel und verwundete ihn schwer. Und einem plötzlichen Impuls folgend, warfen sich jetzt die Billerbeck-Grenadiere und das Regiment Bevern mit Bajonett und Kolben auf die Österreicher. Der ganze preußische linke Flügel setzte sich den Berg hinunter in Bewegung, Bevern selbst ermunterte seine Leute und machte den Angriff mit. Aber jeder Fußbreit wurde auch jetzt noch teuer erkämpft, die Österreicher ließen sich nur langsam von einer Weinbergsmauer zur anderen zurückdrängen. Die preußische Linie brach sich mehr und mehr, und man überflügelte sich gegenseitig. In ziemlicher Unordnung – entgegen Friedrichs Befehl, den Berg nicht zu verlassen – kamen die Verfolger vor Lobositz an, wo sie auf energischen Widerstand treffen. So leicht wollte Browne den Ort doch nicht aufgeben.

Doch nahte für die Preußen neue Hilfe: Auf dem rechten Flügel ordneten Friedrichs Major Oelsnitz und auch Keith an, daß sich die ganze Armee zur Unterstützung des Herzogs nach links ziehen sollte, und ein allgemeiner Angriff folgte.
Die äußerste Linke des preußischen Heeres hatte sich inzwischen bis Welhotta an die Elbe gezogen. Es war jetzt ungefähr 13 Uhr, und der letzte Teil des Kampfes begann, der Kampf in Lobositz selbst, wo infolge preußischen Haubitzenbeschusses Feuer ausgebrochen war. Trotz allem hielten die Österreicher tapfer stand, da ihnen die Verschanzungen und der Ort selbst gute Verteidigungsmöglichkeiten boten. Doch sollten die Angreifer auch hier beträchtliche Verluste erleiden. Die preußische Infanterie – wie schon vorher ohne Munition – drang zwar mit gefälltem Bajonett, allen voran das Grenadier-Bataillon Kleist, in das Städtchen ein, aber die Batterien waren rechtzeitig von den Österreichern geräumt worden, nur drei Geschütze konnten nicht mehr fortgebracht werden. Nach kurzer Zeit war der letzte Widerstand in Lobositz gebrochen.

Noch einmal versuchte Browne, Verstärkungen heranzuziehen, um seinen vorgeschobenen Posten zu halten. Aber die Regimenter Kaiser, Kolowrat und Esterházy vermochten nicht mehr, das Geschick zu wenden. Schließlich formierte er seine Truppen in der Ebene hinter Lobositz. Niemand wagte, die Österreicher zu verfolgen.
Mit einer meisterhaften Bewegung beendete Browne das Treffen und stellte seine gesamte Armee gegen 15 Uhr „en bataille" auf den gleichen Platz, wo sie vorher gelagert hatte.

Der Erfolg des linken Flügels reizte die am Homolka stehenden preußischen Truppen, es ihren Kameraden gleich zu tun, und alles ging mit klingendem Spiel vorwärts. Da erschien der König wieder auf dem Schlachtfeld, das er fast zwei Stunden – die Schlacht schon verloren geglaubt – mit der Garde du Corps nach Bilinka verlassen hatte. Er übersah sofort die Gefahr, in die sich die Truppen stürzen wollten und zügelte daher den Siegeseifer seiner Soldaten.
Browne nutzte die Gelegenheit, um in geschickter Weise den Rückzug seines rechten Flügels abzuschließen.
Die preußische Armee, die nicht viel mehr gewann, als sie schon hatte, bildete einen langgestreckten Bogen vom Homolka herab bis Lobositz.

Der König verbrachte die Nacht im Haus des Richters von Wchinitz, doch herrschte den Nachmittag über Zweifel im preußischen Lager, ob der Gegner den Kampf nicht wieder aufnehmen würde. Noch einmal gab es Aufregung, als der österreichische Retraite-Schuß im preußischen Lager einschlug. Der Vorsicht halber lagerten daher Friedrichs Truppen mit Gewehr im Arm. Alle Zweifel der Preußen zerstreuten sich gegen 2 Uhr morgens: ein österreichischer Deserteur brachte die Nachricht, daß sich Brownes Heer um Mitternacht nach Budin zurückgezogen habe.

Zwingende Notwendigkeit, den Preußen noch einmal Paroli zu bieten, bestand für Browne längst nicht mehr, denn sein eigentlicher Plan, der Entsatz der Sachsen auf dem rechten Elbeufer, war durchaus nicht vereitelt. Der Rückmarsch nach Budin schien demnach das Geeignetste zu sein, um sich nicht unnötigen Gefahren auszusetzen, äußerstenfalls konnte hinter der Eger neuer Widerstand geleistet werden.

Die beabsichtigte Demonstration war dennoch zur Schlappe geraten. Browne hatte es einfach versäumt, das Schlachtenglück, das ihm eine Zeit lang winkte, im rechten Augenblick zu fassen. Doch sind es immer nur wenige Feldherren gewesen, die es verstanden haben, aus der Defensive in die Offensive überzugehen.

Die Höhe der Verluste entsprach keineswegs dem von beiden Seiten Erreichten: nach Brownes Angaben betrug der österreichische Gesamtverlust (Tote, Verwundete, Gefangene bzw. Deserteure) 2.863 Mann, außerdem zwei Standarten und drei Geschütze. Die preußischen Gesamtverluste lagen bei 3.100 Mann, darunter 740 Gefallene.

Sonnenuntergang am Homolka-(Ovčin-)Berg.

Folgen der Schlacht und Beendigung des Feldzuges

Gern hätte Friedrich die abziehenden Feinde verfolgt. Wenn es ihm dabei gelungen wäre, Browne von Budin abzudrängen, würde wohl niemand die Schlacht bei Lobositz anders als einen preußischen Sieg bezeichnen können. Aber zu diesem vollständigen Erfolg fehlte dem König wegen der unglücklichen Kavallerieattacke und Munitionsmangel die entscheidende Kraft; der zähe Widerstand der Österreicher und ihre vorzügliche Haltung ließen Vorsicht am Platz sein.

Trotzdem wurde der Erfolg von Lobositz in den preußischen Veröffentlichungen vorteilhafter dargestellt, als er wirklich war. Konnte Friedrich so vielleicht doch hoffen, Frankreich und Holland künftigen Plänen geneigter zu machen?

Die Erwartungen, die Friedrich mit dem bei Lobositz errungenen Erfolg bezüglich der eingeschlossenen Sachsen verknüpfte, sollten sich so ursächlich nicht erfüllen: die Sachsen kapitulierten erst am 16. Oktober, zuletzt nochmals ermuntert durch den zuverlässigen Browne, der dann noch am 11. Oktober mit ungefähr 12.000 Mann zum gemeinsamen Angriff erschienen war. Doch die Österreicher warteten drei Tage vergeblich auf den sächsischen Ausfall und zogen sich wieder zurück.

Bei den Preußen um Lobositz vergrößerten sich inzwischen die Verpflegungsschwierigkeiten, und der König, bis zuletzt im Irrtum über die strategischen Verhältnisse, konnte nichts anderes mehr tun, als seine Truppen aus Böhmen in sächsische Winterquartiere zurückzuziehen.

Das Schlachtfeld von Lobositz heute

Das Schlachtfeld vom 1. Oktober 1756 ist zu erreichen
o aus Richtung Cheb (Eger) über die E 13 bis Teplice (Teplitz) und von dort weiter auf der E 15 bis Lovosice (Lobositz),

o aus der BRD am besten auf der B 170 bis zum Grenzübergang Zinnwald und weiter über Teplice auf der E 15 bis Lovosice,
o aus Österreich über Prag auf der E 15.

Dem Besucher der Stadt Lovosice werden sofort durch den steil aufragenden Lovos und den südwestlich gegenüberliegenden Ovcin markante Orientierungspunkte geboten. Tatsächlich ist auch der Überblick bereits vom Parkplatz zwischen Bilinka und Lovosice an der E 15 ganz ausgezeichnet. Wer noch weiter sehen will, kann das vom Aussichtsturm auf dem Lovos tun. Der unbefestigte Weg dorthin – er beginnt im Nordteil der Stadt – führt zwar nicht über das Schlachtfeld, vermittelt aber ungefähre Eindrücke von den Terrainbedingungen, unter denen das Infanteriegefecht anfangs stattfand. Immerhin beträgt der zu überwindende Höhenunterschied 420 m.

Vom Parkplatz an der E 15 gibt es nun gute Besichtigungsmöglichkeiten: bergab in Richtung Lovosice zeigt ein Wegweiser nach links auf das Stadtinnere; das ist auch der Verlauf der alten Poststraße, ein Stück weiter geht es links erneut in die Stadt, rechts dagegen nach Sulejovice.

Hier sollte der Weg zunächst in Richtung Lovosice fortgesetzt werden, denn er führt direkt zum Schauplatz der letzten Infanteriekämpfe. Dazu biegt man, schon kurz nach der Ortsgrenze, links zum Friedhof ein. Etwa 100 m weiter auf der am Friedhof vorbeiführenden Straße kommt auf der rechten Seite die Marien-Kapelle in Sicht, ein an sich winziges und bescheidenes Bauwerk im Stil des 18. Jahrhunderts. Für den Schlachtfeldbesucher aber die einzige Erinnerung an die Geschehnisse vom 1. Oktober 1756, denn hier wird durch eine schlichte, schwarze Marmortafel über einer symbolisch gemeinten Grabplatte

Links und rechts: Ansichten der Marien-Kapelle am Friedhof in Lovosice.

den Gefallenen beider Seiten gedacht. Anzunehmen ist, daß sich etwa an dieser Stelle die meisten nach der Schlacht angelegten Massengräber befunden haben.

Die Straße geradeaus zurück in Richtung Sulejovice durchquert genau den Schauplatz der Kavallerieattacken. Der Blick wird allerdings durch das großflächige Hopfenanbaugebiet etwas beeinträchtigt. Die Hohlwege in der Nähe des Abhanges und sumpfigen Flächen beim Modla-Bach sind nicht mehr erhalten, sie mußten neuzeitlichem Feldbau weichen.

Lovosice selbst läßt ansonsten durch nichts auf die seinerzeitige Schlacht schließen. Die Umgebung der Stadt ist stark zersiedelt, nach Osten dehnen sich umfangreiche Industrieanlagen aus. So ist der historische Stadtkern nur mit Mühe noch ausfindig zu machen.

Die große Koalition

Von Dresden aus verstärkte Friedrich im Januar 1757 in fieberhafter Eile die Armee – ohne die einverleibten Sachsen – auf 132 Bataillone und 213 Eskadronen oder 147.600 Mann. Dem Grafen Kaunitz glückte zur selben Zeit auf dem Regensburger Reichstag wegen Friedrichs sächsischen Abenteuers die Erklärung des Reichskrieges gegen Preußen und der Anschluß Rußlands und Schwedens an das österreichisch-französische Bündnis. Das diplomatische Werk war vollendet, 150.000 Österreicher, 250.000 Franzosen, Russen, Schweden und Reichsdeutsche zur Erfüllung weitgesteckter Pläne aufgeboten: Schlesien, Glatz und Krossen an Österreich, Magdeburg und Halberstadt an Sachsen, Ostpreußen an Polen, das dafür Kurland und Semgallen an Rußland abgab, Preußisch-Vorpommern an Schweden, Kleve an die Wittelsbacher.

Kaiser Franz und Kaunitz erkannten richtig, daß Österreich dennoch vorerst allein stand: mit den Russen und Schweden war nicht vor dem Sommer zu rechnen, die Reichsarmee noch lange nicht formiert. Von den Franzosen, die sich für die westlichen Besitzungen Friedrichs interessierten und es dann mit der englisch-hannoveranischen Armee zu tun bekamen, war in absehbarer Zeit auch keine Entlastung zu erwarten. So wollte man die Operationen mit einer Hauptarmee von 89.000 Mann unter dem Prinzen Karl gegen die Lausitz, damit das Herz Preußen, eröffnen, während Daun mit 58.000 Mann die böhmisch-schlesische, Nádasdy mit 11.000 Mann die mährisch-schlesische Grenze deckte. In der sicheren Erwartung, daß den eigenen Truppen die Initiative zufallen werde, wurden die Magazine weit gegen die Grenze vorgeschoben.

Mit dem Beginn der Offensive wollte sich Österreich nicht übereilen. Der Gedanke, das Eingreifen der Bundesgenossen abzuwarten und den Krieg nach Belieben zu eröffnen, beeinflußte unwillkürlich die Führer, eine verhängnisvolle Halbheit des Entschlusses gegenüber Friedrich, der in gleicher Lage stets mit voller Kraft zugriff. So war auch Lobositz nur erster Akt des Dramas, ein Einleitungsfeldzug Friedrichs, um mit dem Kriegsfeuer bald wieder im Keim fertig zu werden.

Doch erbrachten Friedrichs rücksichtslose und erfolgreiche Politik, überlegene Genialität und geradezu revolutionäres Monarchengehabe zwangsweise Rachsucht, fanatischen Haß, verletzte Eitelkeit und Eigenliebe bei den Gegenspielern und Nachbarn, die bereitwillig in das einmal angezündete Feuer bliesen. So setzte Friedrich alles auf eine Karte, wollte die Österreicher in ihren weit verstreuten Kantonements überraschend angreifen, mit einem Schlag und äußerster Ökonomie einen bedeutenden Teil feindlichen Gebietes in seine Gewalt bringen, bis Wiens Verbündete im Feld erschienen. Ein Stimmungswandel Ende März 1757 bei König Ludwig von Frankreich, der sich lieber dem Seekrieg gegen England widmen wollte, ergab den günstigen Zeitpunkt. Von den vier den Österreichern entsprechenden Kolonnen – Schwerin auf Nachod, Bevern gegen Reichenberg, Anhalt-Dessau gegen Komotau und Friedrich mit den Hauptkräften über Nollendorf nach Böhmen – eröffnete Schwerin am 18. April den Schlachtenreigen: ein Erfolg Beverns über Königsegg am 21. April stärkte den Preußen noch das Überlegenheitsgefühl. Kurz darauf vereinigten sich Bevern und Schwerin bei Münchengrätz. Browne zog sich fluchtartig nach Tursko zurück; den Einmarsch Schwerins hatte er für einen untergeordneten Anschlag gegen seine Magazine gehalten. Jetzt konnte sich Friedrich – seit Lobositz mit Fürst Moritz – Hoffnung auf einen entscheidenden Waffengang westlich von Prag, auf der historischen Wahlstatt des Weißen Berges machen.

Mittlerweile war Prinz Karl von Lothringen bei der Armee eingetroffen. Am 2. Mai früh rückte das Gros Königseggs dazu, auf der preußischen Seite traf die Streitmacht Schwerins ein, so daß Friedrich das strategische Problem der Vereinigung fast aller verfügbaren Kräfte auf engem Raum glücklich gelöst hatte. 70.000 Mann wollte der König vor Prag einsetzen. Dabei darf nicht vergessen werden, daß die Lineartechnik die Nutzbarmachung eines bedeutenden Stärkeüberschusses kaum zuließ und die einheitliche Führung des Heeres mit dem Wachsen der Streiterzahl immer größere Schwierigkeiten machte.

Gegenüber standen 60.000 Österreicher; Uneinigkeit mit Serbelloni, eigentlich dessen Befehlsverstoß, verhinderten noch nennenswerte Verstärkung. Daun und Puebla standen in einiger Entfernung.

Mit Zuversicht rechnete Friedrich, der seit Soor die Scheu vor unangreifbaren Stellungen endgültig verloren hatte, damit, die Österreicher „arg zerzupft und zerrauft" nach Tabor zurückzujagen, Prag als Frucht des Sieges in die Hand zu bekommen und durch den gewaltigen Eindruck dieses Erfolges die gegnerische Koalition zu sprengen.

Um 15 Uhr des 6. Mai 1757 war der große Sieg von den Preußen blutig erfochten, die Armee des Prinzen Karl unter Verlust fast aller schweren Geschütze, getrennt von den Trains, völlig unfähig zu einer Operation im freien Feld, in der Festung Prag eingeschlossen. Auf beiden Seiten hatten über 60.000 Mann gestanden, Schwerin war gefallen und Browne, der bei Prag den Tod gesucht haben soll, starb am 26. Juni an seiner schweren Verwundung. Doch noch stand Daun an der Kaiserstraße.

Die Schlacht bei Kolin am 18. Juni 1757

Friedrichs folgenschwere Entscheidung

Tatsächlich hätte eine zweite siegreiche Schlacht Friedrichs gegen Daun – in deren Folge wäre wohl auch Prag übergeben worden – die Preußen um nichts in der Welt hindern können, Wien als Sieger zu sehen.

Bisher hatte der Hofkriegsrat stets vor einer Schlacht gewarnt und Daun verpflichtet, das einzige Heer Österreichs zu erhalten, Wien zu decken. Doch Daun verstärkte sich von Tag zu Tag, und weil man in Wien inzwischen wußte, daß Prag sich nur noch bis zum 20. Juni halten könne, wurde Dauns Programm geändert.

Jetzt sollte eine Entsatzschlacht gewagt werden. Auch Friedrich blieb kaum die Wahl: Erinnerungen an den unglücklichen Ausgang des Feldzuges von 1744 wurden plötzlich deutlich, als die leichten österreichischen Truppen sein Heer in dramatische Verpflegungslage gebracht hatten. Die Truppen wurden durch die Belagerungsarbeiten vor Prag und die Abwehr der Daunschen Kontingente vollauf in Anspruch genommen, schon Anfang Juni war die Kavallerie auf grünes Fouragieren angewiesen, immer häufiger griffen österreichische Husaren mit Erfolg die preußischen Lager an.

Die Kaiserin richtete inzwischen ein Handschreiben an Daun und verpfändete ihm ihr kaiserliches Wort, „daß sie bei einem glücklichen Ausgange seine großen Verdienste mit allem Danke und Gnaden ansehen, hingegen einen unglücklichen Ausgang ihm nimmer zur Last legen werde". Auf so gnädige Versicherung hin konnte Daun es wagen, gegen Friedrich vorzugehen, sicher aber schweren Herzens, denn der Angriff war nicht seine Sache.

Als ersten bedrängte er Bevern, so daß der Herzog mit seinem berühmten Rückzug durch Kuttenberg auf Kolin eine glänzende taktische Leistung zeigen konnte, die dem vorsichtigen Daun, der für solche Manöver viel übrig hatte, lebhafte Bewunderung abnötigte.

Am 13. Juni brach der König mit vier Bataillonen, sechs Eskadronen und 15 schweren Geschützen auf. In den nächsten Tagen stieß mit Beverns und Treskows Truppen beträchtliche Verstärkung hinzu, der Fürst Moritz von Dessau führte auf Befehl Friedrichs noch 6.000 Mann in Eilmärschen von Prag nach, denn die Annahme, lediglich Dauns Avantgarde vor sich zu haben, erwies sich als verfrühter Optimismus.

An einen Angriff auf den König dachte Daun nicht. Er tat das, was er konnte: er manövrierte sich geschickt in eine möglichst sichere Stellung hinein, parallel mit der Kaiserstraße, die ziemlich gerade von Kolin nach Westen über Böhmisch-Brod nach Prag führte. Am Vorabend der Schlacht, gegen 20 Uhr, bemerkten die preußischen Vortruppen große Staubwolken über dem österreichischen Lager und auch die Zelte verschwanden. Friedrich eilte mit seinem Gefolge auf die Höhe östlich Wrbschan. Die einbrechende Dunkelheit ließ Zweck und Richtung irgendwelcher österreichischer Bewegungen nicht erkennen.

Unter dem Eindruck übertriebener Informationen über die preußische Truppenstärke war Daun nun bestrebt, sich auf alle Fälle, wenn er angegriffen würde, den Rückzug zu sichern. Bei Anbruch der Nacht rückte Dauns Armee in die schon vorher erkundete Stellung mit der Front nach Norden auf dem Höhenzug zwischen Radowesnitz und Boschitz. Alle Bewegungen geschahen lautlos und waren, begünstigt durch die helle, kurze Juninacht, bei Tagesanbruch ausgeführt. Den Truppen war das Anzünden von Lagerfeuern und das Aufschlagen der Zelte verboten; sie blieben in voller Gefechtsbereitschaft.

Daun verfügte in 51 Bataillonen, 43 Grenadierkompanien über etwa 35.000 Mann Infanterie und in 171 Eskadronen über fast 19.000 Reiter, zusammen rund 54.000 Mann mit einer Artillerie von etwa 162 Geschützen. Er gebot so über 20.000 Mann mehr als Friedrich.

Das Schlachtfeld

Das Gelände zwischen dem unterhalb Kolin in die Elbe einmündenden Peklobach und der bis Plaňany (Planjan) nordwärts fließenden und sich 600 m südlich des Ortes mit der Kourimka vereinigenden Bećvarka bildet eine Hügellandschaft, die sich in nordöstlicher Richtung allmählich nach der Elbe verflacht. Etwa in der Mitte zwischen der Linie Radovesnice (Radowesnitz) – Bośice (Boschitz) und der Elbniederung überschreitet die alte Kaiserstraße – heute E 12 – von Plaňany bis Kolin die flacheren Stufen dieser Landschaft. Südlich der Straße ragt deutlich die Přerovský (Przerovsky) – Křečhoř (Krzeczhorz) – Höhe beherrschend empor. Zusammen mit der weiter östlich liegenden Höhe 321, auf deren Nordhang sich das Dorf Křečhoř befindet, bilden diese Hügel eine von Ost nach West verlaufende, der Kaiserstraße parallele Reihe, die noch durch breite Einsattelungen unterbrochen wird. Bei Chocenice (Chozenitz) und Břežany (Brzezan) ist der Nordhang dieses Höhenrückens etwas steiler, ansonsten sind die Abhänge flach geböscht und nach der Kaiserstraße zu von Einschnitten durchzogen, in denen die Wege zu dem Höhenrücken als Hohlwege hinaufführten. Truppenbewegungen zwischen der Kaiserstraße und der Dörferreihe Křečhoř– Chocenice wurden durch diese Hohlwege mit ihren oft senkrechten Abstichen ziemlich erschwert; zur Zeit der Schlacht war hochstehendes Getreide ein zusätzliches Hindernis.
Am Südosthang des Höhenzuges, vor Radovesnice bei der Höhe 321, stand 1757 etwa 500 m südlich Křečhoř ein heute nicht mehr vorhandener Eichenbusch.

Die Dörfer Křečhoř, Chocenice und Břežany waren bereits zur Zeit der Schlacht geschlossene Dörfer von 20–30 Häusern. Dagegen bestanden Kutliře (Kutlirz) und Blinka nur aus wenigen Gebäuden. Die Verteidigungsfähigkeit der Höhen nach Norden wurde bei Křečhoř noch durch den Wall einer alten Schwedenschanze, der sich an den Westrand anschloß, und durch den ummauerten Kirchhof am Nordende erhöht. Unmittelbar nördlich der Kaiserstraße gaben Bodenmulden Deckung gegen Süden.

Stärkeverhältnisse

Die Österreicher

A) Infanterie: 35.200 Mann der Regimenter
 Erzherzog Karl
 Puebla
 Thürheim
 Harrach
 Gaisruck
 Deutschmeister
 Botta
 Salm
 Starhemberg
 Sachsen-Gotha
 Ligne
 Gradiskaner
 Sluiner
 Moltke
 Ahrenberg
 Leopold Daun
 Neipperg
 Haller
 Baden
 Los Rios
 Platz
 Arberg
 Mercy
 Warasdiner
 Banalisten
 Broder

B) Kavallerie: Etwa 18.600 Pferde der Regimenter
 Kalkreuth (Kür.)
 Portugal (Kür.)
 Gelhay (Kür.)
 O'Donell (Kür.)
 Serbelloni (Kür.)
 Schmerzing (Kür.)
 Alt-Modena (Kür.)
 Birkenfeld (Kür.)
 Savoyen (Drag.)
 Porporati (Drag.)
 Ligne (Drag.)
 Jung-Modena (Drag.)
 Festetics (Hus.)
 Morocz (Hus.)
 Karlstädter (Hus.)
 Warasdiner (Hus.)
 Esterházy (Hus.)
 Kumanier (Hus.)
 Hadik (Hus.)
 Nádasdy
 Sächsische Karabiniers-Garde
 Sächsische Chevaulegers
 Kolowrat (Drag.)
 Darmstadt (Drag.)
 Sachsen-Gotha (Drag.)
 Württemberg (Drag.)
 Deffewffy (Hus.)
 Kaiser (Hus.)
 Banal (Hus.)
 Splény (Hus.)
 Jazygier (Hus.)
 Baranyay (Hus.)
 Kálnoky (Hus.)

C) Artillerie: 162 Geschütze.

Die Preußen

A) Infanterie: Etwa 18.000 Mann aus den Regimentern
 Kalckstein
 Fürst Moritz

Manteuffel	Bornstedt	Kyau (Kür.)	Krockow (Kür.)
Anhalt	Hülsen	Prinz von Preußen (Kür.)	Rochow (Kür.)
Bevern	I. Garde	Leibregiment (Kür.)	Leibkarabiniers (Kür.)
Kreytzen	Prinz Heinrich	Garde du Corps (Kür.)	Meinicke (Drag.)
Wied	Schulze	Normann (Drag.)	Blankensee (Drag.)
Münchow		Katte (Drag.)	Stechow (Drag.)
und den Grenadierbataillonen		Zieten (Hus.)	Werner (Hus.)
Nymschofsky	Waldow	Puttkamer (Hus.)	Seydlitz (Hus.)
Fink	Manteuffel	Székely (Hus.)	Wartenberg (Hus.)
Wangenheim	Möllendorff		
Kahlden	Gemmingen		

B) Kavallerie: Etwa 16.000 Pferde der Regimenter
    Schönaich (Kür.)   Driesen (Kür.)   C) Artillerie: 102 Geschütze.

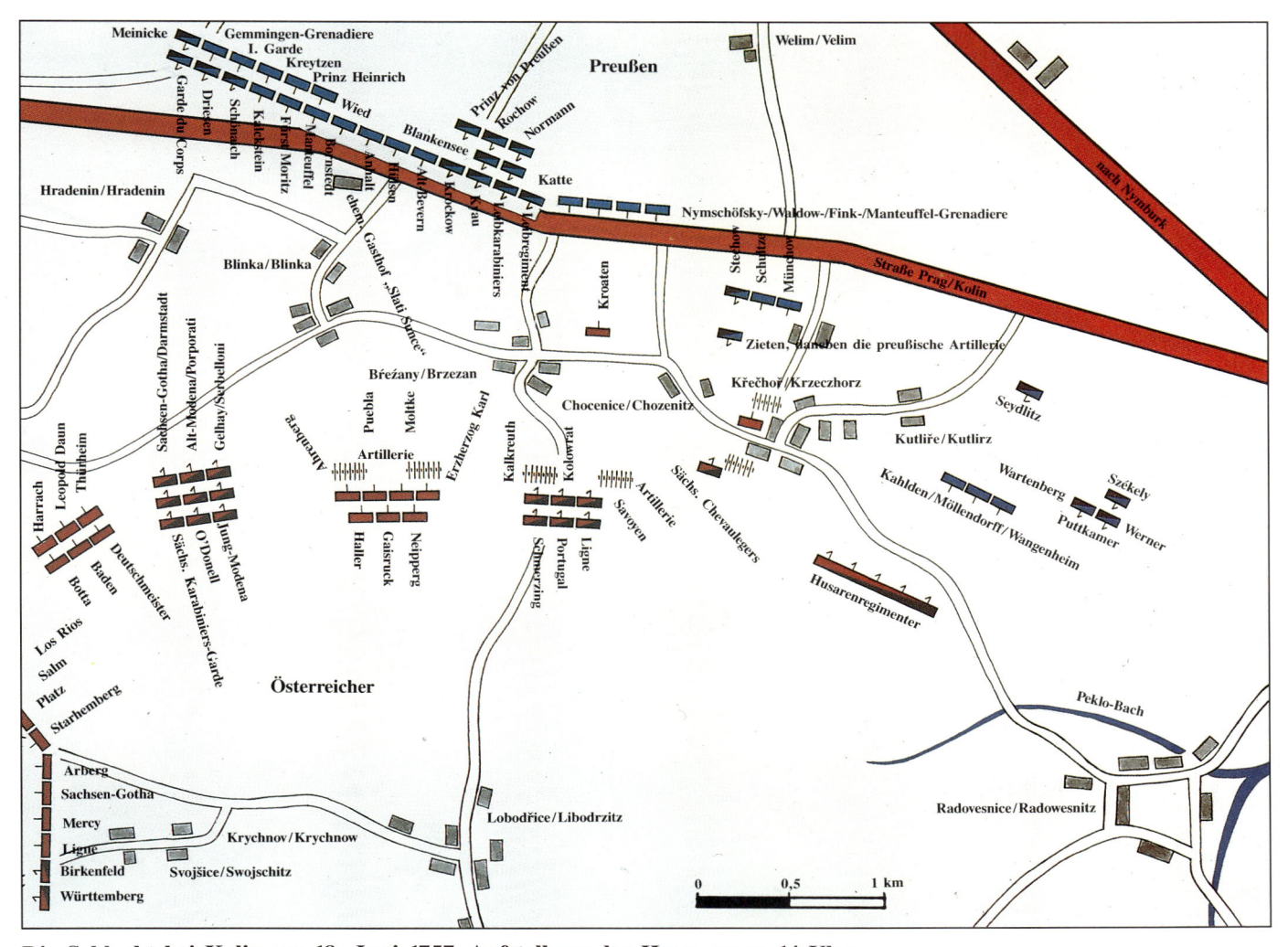

Die Schlacht bei Kolin am 18. Juni 1757, Aufstellung der Heere gegen 14 Uhr.

Anmarsch der Preußen

Am 18. Juni gegen 5 Uhr brach Friedrich mit seinem Heer auf. Sein Entschluß war, zuzuschlagen. Vor marschierte Treskow und warf mit seiner Infanterie und Husaren die Kroaten aus Planian, trieb sie von den dahinter liegenden Höhen herunter, um den Marsch des preußischen Heeres durch das Defilee zu decken. Es folgte Zieten mit der Avantgarde, dabei auch der König.

Als die Vorhut Planian hinter sich gelassen hatte, sah Friedrich vom nun höher liegenden Terrain aus die ganze österreichische Armee auf dem Höhenzug im Norden in Schlachtordnung bereitstehen, die Infanterie unter Gewehr, die Kavallerie aufgesessen. Als die Spitze der preußischen Truppen bis zum Gasthaus „Slati Sunze" („Goldene Sonne"), ungefähr in der Mitte zwischen Planian und Kolin, angekommen war, ließ der König Halt machen und die Armee lagern.

Der Tag war glühend heiß und bereits gegen 10 Uhr war die Schwüle drückend. In der wasserarmen Gegend hatte ein Teil der Kavallerie nicht tränken können, die Infanterie war durstig und erschöpft.
Von „Slati Sunze" bis zurück nach Novimesto erstreckte sich das preußische Lager, vor sich die Kaiserstraße und parallel der österreichischen Schlachtlinie. Zieten war bereits mit seinen Eskadronen auf der Kaiserstraße weiter vorgegangen, um einem Überfall Nádasdys vorzubeugen.

Der König stieg im Gasthaus die Treppe hinauf und suchte sich ein zur Beobachtung geeignetes Zimmer. Nach längerem Überlegen beschloß er, den Österreichern von rechts in die Flanke zu kommen. Der Schlachtplan war einer der glänzendsten, die er je entworfen hatte: Angesetzt werden sollte der Angriff auf das Dorf Krzeczhorz, in dem noch Kroaten lagen, der besonnene und tapfere Hülsen sollte die Angriffskolonne führen. Sobald Hülsen Fortschritte gemacht hatte, würde Moritz von Dessau mit der Hauptmacht des linken Flügels zur Unterstützung einrücken und den rechten österreichischen Flügel aufrollen. Zieten hatte mit seinen 50 Eskadronen den Angriff Hülsen gegen Nádasdy zu decken. Der rechte preußische Flügel unter dem Herzog von Bevern blieb hinter der Kaiserstraße zurück.

Prinz Moritz dagegen mußte seine Infanterie immer mehr nach links ziehen, um im richtigen Augenblick an der Seite Hülsens und seiner Bataillone zu sein.
Die österreichische Stellung war wohl frontal sehr stark, jedoch nicht tief. Hinter ihr lag das Tal von Libodrzitz, östlich ein nach Süden ziehender Höhenrücken bei Krzeczhorz.

Gelang es den Preußen, plötzlich auf diesem Rücken zu erscheinen und in der rechten Flanke der Österreicher aufzumarschieren, blieb für Daun – ein Ausweichen nach Westen auf die dortige Wasser- und Teichlinie war unmöglich – nur der schwierige Rückzug nach Süden. Hieb dann in die vom Artillerieflankenfeuer erschütterten Gegner eine vom preußischen linken Flügel vorgehende Kavalleriemasse ein, so würde die Entsatzarmee eine vernichtende Niederlage erleiden, ohne daß Friedrich ein besonderes Opfer zu bringen hätte. Das schwierigste war nur, überraschend auf dem Höhenrücken zu erscheinen.

Drüben auf dem Bergrücken, südlich von Chozenitz, stand unterdessen Daun mit seinem Stab und suchte zu ergründen, was diese Preußen wohl vorhaben. Man hatte von der hochgelegenen österreichischen Stellung aus sehr früh den Anmarsch des preußischen Heeres beobachten können, denn in der hellen Sonne blitzen die Gewehrläufe der heranziehenden Kolonnen verräterisch. Als der König Halt machen ließ, sah Daun genau, welche Streitkräfte ihm gegenüberstanden und daß er bedeutend überlegen war. Abgesehen von einem Angriff, der ihm gar nicht einfiel, ging er in seiner Vorsicht so weit, seinen Truppen zu befehlen, ihre Stellungen unter keinen Umständen zu verlassen, falls der zu erwartende preußische Angriff abgeschlagen würde. Er kannte die flinken Manöver des Preußenkönigs noch zu gut von Hohenfriedberg, wo er damals am linken Flügel kommandierte. An welcher Stelle würde Friedrich diesmal angreifen?

Sobald mit der Ansammlung preußischer Truppen vor Dauns Mitte jede Gefahr für den linken Flügel schwand, zog der Feldmarschall die Reserve unter Colloredo zum Südhang der Przerovskyhöhe, wo sie gegen Mittag hinter dem zweiten Treffen des rechten Infanterieflügels Bereitschaftsstellung einnahm. In großer Spannung sah Dauns Stab den weiteren Bewegungen der Preußen entgegen. Der lange Halt der feindlichen Armee an der Kaiserstraße machte alles noch undurchsichtiger, doch neigte Daun jetzt zu der Ansicht, der König werde seine Mitte angreifen.

Da wurde es plötzlich drüben an der Kaiserstraße lebendig! Wie mit einem Schlag blitzten Tausende von Bajonetten in der Sonne auf: die Preußen setzten ihren Marsch in mehreren Kolonnen in östliche Richtung fort. Keine Zeit gab es mehr zu verlieren! Der Stab eilte zu den Pferden, die Adjutanten flogen nach allen Richtungen, die Infanterie erhob sich, die Reiterei saß auf.

Colloredos Truppen wurden erneut in Marsch gesetzt, und seine Infanterie unter dem Grafen Wied, ebenso Division Sincere vom linken Flügel, rückten im Geschwindschritt zum Osthang der Krzeczhorzhöhe (333 m). Die Kavallerie der Reserve schloß sich dem rechten Kavallerieflügel an. Persönlich sorgte Daun für die Verstärkung der Kroatenbesatzung in Krzeczhorz und im Eichenbusch. Südwestlich des Dorfes fuhr eine Batterie von 12 schweren Geschützen auf. Nádasdy wich zwischen Radowesnitz und Eichenbusch aus, Wieds Infanterie bildete jetzt mit den sächsischen Karabiniers sowie weiteren 1000 Reitern auf dem Nordosthang der Krzeczhorzhöhe eine Flanke zur Hauptstellung. Auch die österreichische Infanterie zog sich mehr nach rechts, und die Gefechtslinie folgte jetzt überall in leichtem Bogen den nördlichen Hängen vom Eichenbusch bis Hradenin. Zahlreiche schwere Geschütze wurden vor der Front des ersten Treffens verteilt. Friedrich kannte diese außerordentliche Stärke des österreichischen rechten Flügels nicht. Aber selbst wenn er sie gekannt hätte, er wäre vor einem Angriff nicht zurückgeschreckt. Was er gegen den Feind führte, waren auserlesenste Truppen, denen er schon zumuten wollte, es mit dem an Zahl weit stärkeren Feind aufzunehmen!

Um 13 Uhr, in glühender Hitze, war die preußische Armee weitermarschiert. „Das Gewehr wieder ergreifen und auf uns anrücken, war die Sache eines Augenblicks", begeisterte sich der Prinz de Ligne. „Nie gab es einen schöneren Tag, nie ein reizenderes Schauspiel."

Der preußischen Armee voran ritt Zieten, dann folgte Hülsen mit der Sturmkolonne und hinter ihm die Armee in drei Treffen. An der Spitze des ersten Treffens, das auf der Kaiserstraße vorging, ritt mit gezogenem Degen der König. Es soll dies die einzige Schlacht gewesen sein, in der man den König mit gezogenem Degen sah. Friedrich war heiter und siegesgewiß, denn der Erfolg seines Schlachtplanes schien ihm unzweifelhaft.

Zurückgeschlagen

Um 14 Uhr war der Aufmarsch der preußischen Avantgarde beendet, Hülsen ließ auf der Höhe von Krzeczhorz rechts einschwenken und das Dorf angreifen. Die ersten Erfolge konnten Friedrich nur bestärken: Unter klingendem Spiel, wie auf dem Paradefeld, gingen die Grenadiere vor, erstürmten den Kirchhof, das Dorf, die dahinter aufgefahrene Batterie.

Das von Krzeczhorz herübertönende lebhafte Feuer veranlaßte Friedrich, dem hartkämpfenden Hülsen drei weitere Grenadierbataillone zur Unterstützung zu schicken und dem Fürsten Moritz zu befehlen, halb links mit Hülsen Verbindung aufzunehmen. Dieser Befehl wurde von Moritz falsch verstanden, denn der rückte jetzt in gerader Front auf den Höhenzug vor, korrigierte sich aber nach neuerlichem Befehl des Königs. Trotzdem erreichte der linke Flügel nicht direkt die in Krzeczhorz ringenden Bataillone. Die Übung des halb links Vorwärtsgehens konnte wohl auf dem Exerzierplatz glänzend ausgeführt werden, aber hier, unter großen Terrainschwierigkeiten, wo es durch mannshohes Getreide, über Gräben und Hügel ging, war die Sache verteufelt schwierig, zumal die österreichischen Geschütze bedenkliche Lücken rissen. So gerieten die Linien auseinander, und der König kommandierte die Regimenter Wied und Prinz Heinrich aus dem zweiten Treffen zur Auffüllung der Angriffskolonne nach vorn.

Unter unsäglichen Anstrengungen und starken Verlusten gewann Fürst Moritz allmählich Fühlung mit Hülsen. Vergeblich versuchten die vorgeschobenen österreichischen Truppen, den Preußen die Entwicklung am Südhang des Dorfes schwer zu machen. Von neuem brachen Hülsens Grenadiere vor, nach links warf er Möllendorff und Wangenheim gegen den fatalen Eichenbusch, zu dessen Besatzung sich jetzt noch die aus Krzeczhorz vertriebenen Kroaten gesellten. Das brennende Krzeczhorz fiel Hülsens entschlossenem Angriff zum Opfer, der Eichenbusch wurde genommen, alles stürzte sich auf die große zweite österreichische Batterie, erstürmte sie, die Infanteriebataillone Wieds wurden den Berg hinuntergeworfen. Abfahrende österreichische Artillerie rettete sich über die Schlucht südlich der Przerovskyhöhe. Auch die starke, auf dem österreichischen rechten Flügel vereinigte Kavallerie begann unruhig zu werden. Doch die beiden Grenadierbataillone waren zusammengeschossen, sie zählten nur noch 500 Mann. Frische Bataillone und ein sofortiger Angriff Zietens hätten jetzt den österreichischen Flügel auf die Mitte zurückgeworfen. Eine Niederlage wäre unvermeidlich gewesen. Aber die Reservebataillone waren nicht mehr vorhanden, denn inzwischen bahnte sich auch vom preußischen Zentrum aus ein blutiger Kampf an.

Der hitzige General Manstein – bei Prag half er durch seine Befehlswidrigkeit die Schlacht zu gewinnen – hatte unter Beverns Oberbefehl auch hier in Wartestellung zu stehen. Unter dem Feuer der Kroaten drüben in Chozenitz sah er den Seitenmarsch der Österreicher zum rechten Flügel, wollte die marschierende österreichische Infanterie festhalten und ihre Verschiebung behindern. Die Meinung des königlichen Adjutanten Varenne, „man müsse den Feind aus Chozenitz und von den Hügeln jetzt hinunterwerfen", hielt er für einen Befehl Friedrichs und brach mit den Regimentern Manteuffel, Bornstedt und I./Anhalt gegen Chozenitz und die Höhen dahinter vor. Entsetzt ließ Bevern einen Adjutanten an die Front sprengen und Manstein fragen, wie er zu dieser Eigenmächtigkeit komme. Kurz erwiderte Manstein: „Ausdrücklicher Befehl seiner Majestät des Königs!" Im mutigen Draufgehen nahm Manstein das Dorf Chozenitz und brandete gegen die Höhe dahinter vor, doch alle Versuche weiterzukommen scheiterten, und ein stehendes Feuergefecht entwickelte sich, in dem die Preußen nur mit äußerster Mühe ihre Position behaupten konnten. Mansteins Vorgehen nötigte zwar die Division Andlau zum Frontmachen am Höhenhang und verdarb Daun die geplante Heeresverschiebung, brachte ihn schließlich in einige Verlegenheit. Gerade aber die von Manstein voreilig an den Feind gebrachten Regimenter fehlten jetzt dem Prinzen Moritz, seinen und Hülsens Erfolg auszubauen.

Treskow konnte seine neun Bataillone erst nach 16 Uhr an den Höhenrand zwischen Chocenitz und Krzeczhorz bringen. Als die Preußen angreifen wollten, machte die österreichische Kavallerie kehrt und gab die Front der Infanterie und Artillerie frei, die den Angreifern einen heißen Empfang bereiteten. Die Preußen wichen aber nur bis hinter den Höhenrand zurück, um neue Kräfte zu sammeln. Mit Treskows neuem Sturm – gegen 17 Uhr – wurde die Front von Deutschmeister durchbrochen, dessen Oberst Mohr von Wald in diesem Augenblick fiel. Doch dem Angreifer stellte sich mit dem siebenbürgischen Infanterieregiment Haller sofort ein weiterer Gegner. Als die Preußen trotz der entgegenschlagenden Salven vorstürmten, schwenkten die tapferen Ungarn das Gewehr über, zogen die Säbel und stürzten sich auf den hartnäckigen Feind. So war das ganze preußische Heer bis auf den letzten Mann gefesselt und das Verhängnis mußte am linken preußischen Flügel nahen.

Noch brandete die preußische Flut nach dem Flankendurchbruch an das erste Treffen des österreichischen Flügels, und Oberst Siskowicz, Regiment Erzherzog Karl, mußte fürchten, von zwei Seiten angegriffen zu werden, denn er ließ besorgt das dritte und vierte Glied seines Regiments Front machen.

Die Reserve, die Graf Wied auf Dauns Befehl heranführte, wich dermaßen, daß das Unglaubliche geschah, und der Graf seine Kavallerie auf die eigenen Fußtruppen einhauen lassen mußte, um sie zum Stehen zu bringen. Jetzt traf die Division Starhemberg ein, nahm sofort Wieds Infanterie auf, und es gelang den ermatteten Preußen, den fatalen Eichenbusch zu entreißen, die preußischen Trümmer nach Krzeczhorz hineinzuwerfen. Von nun an blieb der Busch in den Händen der Österreicher. Während der Kampf am östlichen Flügel gegen 17 Uhr für die Österreicher eine glückliche Wendung nahm, erlitten die Preußen in der Mitte gleichfalls einen Mißerfolg. Manstein hatte nach einstündigem Ringen und drei Stürmen seine erschöpften und an Munitionsmangel leidenden Bataillone um 16.30 Uhr an den Fuß der Höhe und an den Südrand von Chozenitz zurücknehmen müssen. Daun, der sich während der Krise des rechten Flügels schon mit Rückzugsgedanken getragen hatte, konnte endlich Stampach befehlen, mit seinen Reitern und Division Puebla gegen die rechte Flanke der Preußen vorzustoßen.

Zur selben Zeit sammelte sich hinter dem Eichenbusch österreichische und sächsische Kavallerie, vorgesehen, um Hülsen in die Flanke zu reiten.

Feuernde und ladende preußische Grenadiere, die die Munition gefallener Kameraden aus deren Patronentaschen nehmen (Zeichnung von Menzel).

Friedrich bemerkte dies und beorderte die 20 Eskadronen Kürassiere herbei, die nur wenige hundert Meter hinter der Front standen. In wenigen Minuten konnten sie am Feind sein!

Der zwar tapfere, doch greise und umständliche Penavaire führte die preußischen Geschwader an. Serbellonis Reiter konnten geworfen und in Unordnung gebracht werden, doch beim Verfolgen wandte sich das Blatt: Gewehr- und Kartätschfeuer jagte die Reitermasse in voller Auflösung auf die Kaiserstraße.

Ebenso erging es Zieten, der erst Nádasdy auf Radowesnitz treiben konnte. Doch über den Eichenbusch kam er nicht hinaus, er mußte auf Kurtlitz zurück.

Die Deutschmeister bei Kolin (Zeichnung von Ottenfeld).

Krosigk, der mit seinen drei Regimentern Reiterreserve das 3. preußische Treffen bildete, bemerkte die Not von Hülsens Fußvolk und die günstige Gelegenheit, der vorrückenden Division Wied in die ungeschützte Flanke zu fallen. Ohne jeden Befehl ritt er an der Spitze der Normann-Dragoner an, Rochow- und Prinz von Preußen-Kürassiere folgten. Die erfolgberauschten Österreicher hielten die anreitenden Dragoner zuerst für Sachsen, und so war die Reiterschar im Nu mitten unter ihnen. Die nächsten Bataillone Arberg, Starhemberg und Platz wurden völlig zersprengt, Platz verlor fünf Fahnen. Eine etwas voreilige Gegenattacke der Württemberg-Dragoner erlitt hohe Verluste, darunter Lützow, der tot vom Pferd sank.

Nicht besser machten es die sächsischen Karabiniers: sie fielen die Normann-Kürassiere an, doch erfaßte der 36jährige Oberst Seydlitz, damals zum ersten Mal Brigadeführer, blitzschnell die Situation und stürmte sofort mit Rochow in das Reitergetümmel. Karabiniers und Württemberg mußten weichen, Salm- und Los Rios-Infanterie wurden in Schrecken versetzt und gerieten in wilde Flucht. So war schließlich die ganze Division Wied zersprengt.

Die unglücklichen Reiterattacken hatten aber den Ansturm Hülsens Grenadiere aufgehalten. Als sie schließlich ziemlich ungeordnet herankamen, scheuchte sie das Feuer der beiden Regimenter Starhemberg bald zurück. Krosigk war beim Reiterkampf gefallen, Seydlitz übernahm die Brigade, die Kürassiere griffen erneut an, ritten Haller und Baden über den Haufen. Als aber Botta zeitgerecht die Flügelbataillone einschwenkte und den Reitern runde Salven entgegenschleuderte, zudem große Massen österreichischer Kavallerie sichtbar wurden, konnte sich Seydlitz nicht länger auf der Höhe halten. Etwa 17.30 Uhr schwenkte er nach Norden ab, um seine gelichteten Regimenter an der Straße zu sammeln.

Von der Seydlitzschen Attacke war auch Treskow mitgerissen worden. Keilförmig trieb er seine Infanterie in die große Lücke, die große Batterie der Division Sincere konnte weggenommen werden, doch die zurückflutenden Reiter brachten Unordnung in die Reihen. Leibbataillon Botta, die Reste von Baden und Deutschmeister scharten sich um den vom Verbandsplatz trotz schwerer Verwundung herbeigeeilten Major Soro und trieben mit Starhemberg und Salm die preußische Infanterie bis hinter den Höhenrand zurück. Bei diesem Gegenstoß verlor der heldenmütige Soro einen Fuß.

Viele der eroberten Geschütze blieben stehen, zahlreiche preußische Infanteristen fanden keinen Anschluß mehr und wurden später in den Kornfeldern und Hohlwegen gefangengenommen.

Der Erfolg war von kurzer Dauer. Plötzlich sahen die Österreicher eine Kavalleriemasse vor sich auftauchen, die sich zur Attacke anschickte. Es waren dies die wieder geordneten Kürassierregimenter Penavaires. Doch die Preußen ahnten den Glücksfall nicht. Unwillig gingen die 20 Eskadronen im Trab über die Straße vor, als einige über ihre Köpfe hinweggehende Kanonenkugeln sie wieder, trotz aller Bemühungen des Königs und der Offiziere, zu regelloser Flucht brachten. Auch der Versuch des Fürsten Moritz, mit den Kürassieren Prinz von Preußen in den Feind einzubrechen, mißlang. Durch Treskows Infanterielücken gegen Division Sincere geführt, hielten sie zwar das feindliche Feuer aus, waren aber nicht zum Einhauen zu bringen. Alles flutete zurück und ritt dabei noch die Regimenter Bevern und Prinz Heinrich nieder.

Jetzt bemerkten sächsische Prinz Karl-Chevaulegers die günstige Gelegenheit, der durcheinandergekommenen preußischen Infanterie in den Rücken zu fallen. Mit „Aufgesessen, Marsch, Marsch, zur Attacke" rief der sächsische Oberstleutnant Benkendorf seine zwei Eskadronen gegen den Feind vor. Aber aus diesen Schwadronen wurde eine Lawine. Die Regimenter Brühl und Prinz Albert brausten hinterdrein.

Ligne-Dragoner, Serbelloni-Kürassiere, Starhemberg folgten. Daun, der angeblich schon Rückzugsbefehle ausgegeben hatte, ließ alles kehrt machen. „Das ist für Striegau!" gellte das Feldgeschrei der Sachsen, als sie in die preußischen Reihen eindrangen.

Von allen Seiten attackierten nun die gesamte österreichische Kavallerie dieses Flügels und die sächsischen Chevaulegers, zusammen über 80 Eskadronen, gegen Front, linke Flanke und Rücken der preußischen Infanterie. Sie machte nach allen Seiten Front und versuchte, sich der Kavallerie in einem länglichen Viereck zu erwehren. Die Munition war fast völlig verschossen, von der eigenen Kavallerie hatte sie nichts mehr zu hoffen, aber ihre Führer waren nicht gewillt, den schwer erkämpften Boden preiszugeben. Doch die Reitermasse brach sich Bahn, Treskow fiel verwundet in Gefangenschaft, mit ihm zahlreiche Offiziere und Mannschaften. In der Leidenschaft des Verzweiflungskampfes wurde jeder Österreicher und Sachse persönlicher Feind, die niedergerittenen Glieder feuerten, sofern überhaupt noch ein Schuß im Lauf war, den Reitern nach, die umdrehten und schonungslos niederhauten, was noch standhielt.

Die 19 Bataillone des linken preußischen Flügels und der Avantgarde waren völlig zersprengt, nur schwache Trümmer entkamen zur Kaiserstraße und sammelten sich nördlich davon. Auch Manstein konnte sich nicht länger vor Chozenitz behaupten: ein zweiter Angriff scheiterte wieder, Freund und Feind hatten sich zwar verschossen, als Esterházy an die Spitze seiner beiden Regimenter trat und mit den fünf Bataillonen im Gegenstoß Manteuffel und Bornstedt den Hang hinabwarf. Daß den Preußen dabei vom österreichischen linken Flügel nicht noch übler mitgespielt wurde, mußten sie nur der Langsamkeit und Vorsicht Pueblas danken. Eine weitere Offensive fand hier nicht statt, weil Dauns Befehl eintraf, sofort rechts abzumarschieren und dem rechten Flügel zu Hilfe zu kommen.

Friedrich entging die Schwächung der österreichischen Mitte nicht. Fürst Moritz und Bevern sollten jetzt mit aller noch verfügbaren Infanterie die lockere Front aufrollen, danach die gesamte Kavallerie den Erfolg retten. Der König sprengte zu der unten an der Straße versammelten Reiterei, Penavaires Geschwader: „Aber meine Herren Generals, wollen Sie denn nicht attackieren? Sehen Sie nicht, wie der Feind in unsere Infanterie einhaut? In drei Teufels Namen, so attackieren Sie doch! Allons, ganze Kavallerie, marsch, marsch!"

Im Vertrauen auf das baldige Nachfolgen der Reiter hatte sich die Infanterie gegen 19 Uhr in Bewegung gesetzt. Der mächtige Ansturm zersprengte die Reste von Deutschmeister und Baden vollständig. Botta und Salm entgingen diesem Schicksal nur durch sofortige Flankenbildung. Ehe das nächststehende Regiment Moltke heran war, stand Fürst Moritz-Infanterie oben auf der Kuppe. Wieder trat für die Österreicher ein kritischer Moment ein. Daß sich das Blatt rasch wendete, war das Verdienst der Ligne-Dragoner, die mit den Kolowrat-Dragonern den linken Flügel des zweiten Treffens bildeten. Etwas kleinmütig ordnete Fürst Lobkowitz angesichts der Preußen den Rückzug an. Doch die Offiziere forderten die Attacke, weil das Regiment nicht aus den Niederlanden gekommen sei, um einem Kampf auszuweichen. Wegen der Jugend der erst vor kurzem geworbenen Wallonen fiel die Bemerkung, daß die bartlosen Grünschnäbel das heranziehende Unheil wohl kaum abwenden könnten.* Lobkowitz willigte schließlich ein, Oberst Thieunes ritt vor die Front, wiederholte dort die unfreundliche Vermutung und rief: „Grünschnäbel, zeigt jetzt, daß ihr beißen könnt, auch wenn ihr keinen Bart habt! Zeigt, daß zum Beißen nur die Zähne nötig sind und kein Bart!"

---

* Lobkowitz sagte angeblich: „Aber sie werden mit ihren Grünschnäbeln nicht viel ausrichten." („Mais vous ne ferez pas grand chose avec vos blauc-becs.")
Von dieser Episode leitet sich das Privileg des späteren K. u. K. Dragonerregiments Nr. 14 ab, keine Schnurrbärte zu tragen – das „Regiment der Bartlosen".

Aber die heranbrausenden Dragoner wurden vom Regiment Fürst Moritz in sehr guter Haltung empfangen. Die Wallonen konnten in die rasch gebildeten Karrees nicht eindringen, die wilde Jagd ging erst in einiger Unordnung vorbei; immerhin kam das Vorrücken der Preußen zum Stehen, denn Serbelloni- und Schmerzing-Kürrassiere, Kolowrat- und Porporatio-Dragoner, Prinz Karl-Chevaulegers setzten nach, bedrängten die preußische Infanterie. Zu spät nahte die preußische Kavallerieunterstützung. Mit dem König an der Spitze raste die Reiterschar vorwärts, 20 Eskadronen Penavaire und 15 Eskadronen der Kavalleriereserve. Die österreichische Artillerie konnte ihr Feuer mit voller Wucht auf den Hang richten, als die preußische Kavalleriemasse sich zum schwierigen Aufstieg anschickte. Dieser schweren Probe waren die durch die frühere Attacke erschütterten Reiter nicht gewachsen. Trotz aller Bemühungen der Offiziere kehrten sie um und jagten in wirrem Durcheinander in die schützende Tiefe zurück. Angesichts des entstandenen Chaos war an eine Wiederholung des Versuches nicht zu denken.

Ligne-Dragoner bei ihrer denkwürdigen Attacke auf die preußische Infanterie in der Schlacht bei Kolin (Zeichnung von Ottenfeld).

Da raffte der König einen Trupp von 40 Mann des östlich Chozenitz zurückweichenden Regiments Anhalt um einige Fahnen zusammen, führte die Leute unter klingendem Spiel gegen die Batterie auf der Höhe. Eine hinter ihm einschlagende Kanonenkugel ließ das Häuflein auseinanderstieben. Der König ritt weiter. Dahin war der Zauber der Unbesiegbarkeit, sein Feldherrnruhm gefährdet. Will ein grausames Geschick auf diesen böhmischen Fluren die Größe des Hauses Brandenburg-Hohenzollern für immer vernichten? Bald waren nur noch seine Adjutanten bei ihm. „Sire, wollen Sie denn allein die Batterie nehmen?" fragte sein Flügeladjutant Grant. Friedrich hielt sein Pferd an, schaute noch einmal durch das Glas auf die Höhen hinüber, wo soviel Blut geflossen war. Dann ritt er langsam zum rechten Flügel, gab Bevern den Rückzugsbefehl auf Nimburg und verließ, von der Eskadron Garde du Corps begleitet, das Schlachtfeld. „Sie wissen wohl nicht, daß jedes Menschen Glück seine Rückschläge haben muß?" sagte der König bei diesem Ritt zu dem jungen Grafen Friedrich von Anhalt, „ich glaube, daß ich jetzt die meinen haben werde".

Je weiter die preußischen Bataillone nach Süden vorgedrungen waren, desto ärger erging es ihnen. Die Fürst Moritz-Infanterie wurde am schlimmsten mitgenommen, verlor fast 80 Prozent, Kalckstein mehr als 60. Den am Höhenrand stehenden Bataillonen erging es glimpflicher. Was sich aus der Katastrophe retten konnte, setzte sich in der Deckung fest, um den eigenen Leuten das Sammeln zu ermöglichen. Das Grenadierbataillon Nymschöfsky, das noch gegen 21 Uhr Hülsens Rückzug gedeckt hatte, sah sich plötzlich in Front und Flanke bedrängt. Von den Savoyen-Dragonern im Rücken angegriffen, mußte es die Waffen strecken.

Daun hatte inzwischen alle vom linken Flügel herankommenden Reiterregimenter zu Nádasdys Husaren beordert, die Zieten zum Rückzug zwangen.

Das letzte Gefecht fand bei sinkender Sonne auf dem rechten preußischen Flügel statt: Begierig, nach stundenlangem Warten endlich mit dem Gegner handgemein werden zu können, rückten acht Bataillone, darunter I./Garde und Gemmingen-Grenadiere, den weit überlegenen Österreichern entgegen. In dem jetzt kurzen, aber heftigen Feuergefecht schmolzen sie zusammen. Durch Kreuzfeuer der Artillerie auf den Höhen zum Weichen gezwungen, warf sich Stampachs Kavallerie auf die abziehenden Bataillone. Von allen Seiten von österreichischer Kavallerie umringt, verlor aber I./Garde keineswegs die Ruhe: Als Sachsen-Gotha-Dragoner von rückwärts einhauen wollten, ließ Oberst Tauentzien das dritte Glied kehrtmachen, und endlich ließen die Reiter von den Potsdamer Riesen ab. Wie nach einem Sieg räumte diese auserlesene Truppe als letzte den Kampfplatz, auf dem sie 24 Offiziere und 475 Mann zurückließ. Auch Gemmingen hielt trotz schwerster Verluste stand. Nur die Kaltblütigkeit dieser beiden lebenden Eckpfeiler ermöglichte den Trümmern des linken Flügels, durch Planjan abzuziehen. Alles, was sich bei den Preußen zusammenfand, setzte sich gegen 23 Uhr auf Nimburg in Marsch. Nur Zieten war östlich des brennenden Kutlirz stehengeblieben und traf erst am 19. Juni vormittags ein.

Das kaiserliche Heer verfolgte nicht über den Fuß der Höhenstellung hinaus, die es mit zäher Tapferkeit behauptet hatte, und ordnete die durch die Verschiebungen durcheinandergekommenen Verbände bis in den nächsten Tag hinein. Bei dem späten Ende des Kampfes war an eine Ausnutzung des Erfolges gar nicht zu denken. „Wir freuen uns, wie nur Leute sich freuen können, die ein solches Glück gar nicht gewohnt sind", schrieb der Prinz von Ligne in sein Tagebuch.

Von 24 Postillionen begleitet, brachte Major von Vettesz die Siegesnachricht nach Wien. Der Jubel war ohnegleichen, die Kaiserin stiftete den Theresienorden. „Ihr habt Eure Ordensproben vor den Augen der ganzen Armee schon abgelegt, Ihr seid als der erste Großkreuz aufgenommen" und „die Monarchie ist Ihm die Erhaltung schuldig, und ich meine Existenz und meine schöne und liebe Armee und meinen einzigsten und liebsten Schwager", schrieb die gerührte und entzückte Kaiserin an Daun.

Starhemberg jagte sofort mit Eilpost nach Versailles. „Der Herr hat endlich unsere gerechte Sache siegen lassen", hieß es in dem Brief an den französischen König. Sieg und Niederlage wurden von beiden Seiten teuer bezahlt: Daun, die Generale Serbelloni, Wöllwarth, Wulffen und Schröger waren verwundet, Lützow gefallen.

Die Österreicher verloren an Toten 46 Offiziere und 956 Mann, an Verwundeten 296 Offiziere, 5.176 Mann. Bei den Trophäen verlor man fünf Fahnen und eine Standarte.

Die preußische Armee büßte mehr als ein Drittel ihres Bestandes ein: 79 Offiziere und 4.670 Mann tot und vermißt, 202 Offiziere und 3.863 Mann verwundet, 3.968 Gefangene (davon aber 3.068 Verwundete). Nach der Schlacht desertierten etwa 3.000 Mann (Gefangene und Überläufer), bei der damaligen Ergänzungsart eine unvermeidliche Erscheinung jeder Schlacht.

Verwundet waren auch die Generale Zieten, Ingersleben, Manstein und Hülsen. General Krosigk war gefallen. Treskow und Paunwitz gerieten verwundet in Gefangenschaft.

An Siegeszeichen verblieben bei den Österreichern 22 Fahnen und 45 Geschütze.

Kurze taktische Nachbetrachtung

Kolin war für Daun Bewährungsprobe: zum ersten Mal als Führer eines selbständigen größeren Heeres, zeigte er sicheren Blick für die Wahl der Stellung und die Verteilung der Truppen. In seiner mit Ruhe und eher zäher Energie organisierten Verteidigung, in der Ausnützung aller gegnerischen Blößen ist er der „große General", vortrefflich unterstützt von den Unterführern, die auch erschütterte Infanterie rasch wieder sammeln und erneut vorführten. Österreichs Artillerie hatte sich – wie schon vor Prag – bestens bewährt.

Die alte Gewohnheit einer mehr verteidigungsweisen Kriegsführung ließen an dem langen Junitag Verfolgungsgedanken im österreichischen Heer nicht aufkommen. Allzusehr waren die schlechten Erfahrungen mit dem Nachstoßen eines Teils der Gefechtslinie von Kesselsdorf her in Erinnerung. Wäre der Gegenangriff des linken österreichischen Flügels mit größter Konsequenz geführt worden – Friedrichs Heer hätte seiner Vernichtung kaum entgehen können. Doch auch am 19. Juni sorgten Siegesfreude und verlorengegangene innere Ordnung dafür, daß die Preußen unbehelligt am Vormittag die einzige vorhandene Elbbrücke passieren konnten. Dort mußte die Kavallerie sogar absitzen und die Pferde am Zügel führen. Auch die völlig verfahrene preußische Bagage, nur von einem Bataillon Manteuffel gedeckt, wandte sich ohne größere Schwierigkeiten durch die Hohlwege von Planian.

Friedrich wollte die Österreicher von Anfang an durch bessere Beweglichkeit des Heeres – trotz zahlenmäßiger Unterlegenheit – am rechten Flügel aufrollen und vernichtend schlagen. Das mußte aber angesichts der eigenen Geländeunkenntnis und einer für den Linearangriff auf die gut besetzte österreichische Höhenstellung unverhältnismäßig schwachen Infanterie verhängnisvoll enden.

Der kühne, doch von reichlicher Selbstschätzung getragene Angriffsplan wurde dazu von den Unterführern – allen voran Manstein – entweder mißverstanden oder überhaupt nicht befolgt. So kam ein Unglück nach dem anderen: die schlechtgeführte preußische Kavallerie ließ schwer ringende Infanterie einfach im Stich und scheiterte, Zieten war an der Spitze von 80 Eskadronen eher nur umsichtiger Husarenoberst und wie Penavaire nicht auf der Höhe seiner Aufgaben.

In dieser eigenartigen, aber interessantesten Schlacht der Lineartaktik errang Daun einen Sieg von historischer Bedeutung, rettete Österreich vor dem schwer zu erkaufenden Frieden, zerstörte den Glauben an die Unüberwindlichkeit, den sich Friedrich auf sechs Schlachtfeldern erstritten hatte. Diese Einbuße wog schwer. Kolin eröffnete die Möglichkeit, Preußen endlich doch niederringen zu können und hauchte der von den diplomatischen Künsten des Grafen Kaunitz geschmiedeten Koalition erst Kraft und Leben ein.

Das Schlachtfeld von Kolin heute

Das Schlachtfeld von Kolin ist zu erreichen:
o aus der BRD über Prag und dann weiter auf der Fernverkehrsstraße 12 nach Plaňany (Planjan),
o aus Österreich über die E 84 bis Jihlava, weiter auf der Fernverkehrsstraße 38 nach Kolin und die Fernverkehrsstraße 12 nach Plaňany (Richtung Prag).

Wenig östlich Plaňany ist das kaum veränderte Schlachtfeld schon von der alten Kaiserstraße aus mit den rechts begleitenden Hügeln und ihren teilweise steilen Nordböschungen gut zu erkennen. Nach etwa 4 km wird an der rechten Straßenseite ein größeres, leider verwahrlostes Gehöft sichtbar, der alte Gasthof „Slati Sunce", wo Friedrich Kriegsrat gehalten haben soll. Alle Gebäude sind offenbar baulich im Laufe der Zeit nur wenig verändert worden, eine Besichtigung im Inneren ist aber nicht möglich. Die verrostete, völlig unkenntliche Metallplatte an der der Straße zugewandten Hausseite wies wohl einst auf die historische Exklusivität des alten Gasthofes hin; heute ist schon ein militärgeschichtliches Quellenstudium unerläßlich, will man die Lokalität ausfindig machen. Der Straßenverlauf ist hier übrigens nicht original, „Slati Sunce" befand sich ursprünglich auf der Nordseite der Straße.

Am nächsten Straßenabzweig östlich „Slati Slunce" kann die Besichtigung in Richtung Brezany/Brzezan fortgesetzt werden. Bei der Weiterfahrt über Chocenice/Chozenitz ist die von Daun meisterhaft gewählte Defensivstellung auf den Höhen, insbesondere im Zentrum und am rechten Flügel, bestens zu übersehen, am genauesten 1–2 km südlich Chocenice von der Straße nach Libodřice aus. Gerade hier werden die taktischen Vorteile der Österreicher am Tage der Schlacht wohl am augenfälligsten.

In den auf dem Schlachtfeld liegenden Ortschaften wird der militärischen Ereignisse nicht gedacht, außer in Křečhoř/Krzeczhorz, das von Chocenice nach ungefähr 2 km (Richtung Kolin) zu erreichen ist. Die Straße führt hier übrigens genau durch das Gelände, in dem die Ligne-Dragoner ihre denkwürdige Attacke ritten. Kurz vor dem Ort wird schon wenige hundert Meter südlich im etwas abfallenden Gelände das österreichische Siegesdenkmal sichtbar, man muß hier aber schon genau hinschauen, denn die Straßenbäume und eine wild wuchernde Vegetation um das Denkmal machen das Bauwerk eher unscheinbar. Eine Besichtigung ist wegen der dazwischenliegenden Felder von dieser Stelle ohnehin ungünstig; wir befinden uns jetzt aber bereits auf dem Hauptkampfplatz, dort, wo die anstürmenden preußischen Grenadiere schließlich mangels eigener Unterstützung den Hang hinunterweichen mußten.

Hofansicht des historischen Gasthofes „Slati Sunce". Im ersten Stockwerk soll sich Friedrich der Große aufgehalten haben.

Die Straße führt geradewegs nach Křečhoř. Nur an einem Gebäude, das den Dorfplatz südlich begrenzt, weist ein Doppeladler auf die dramatischen Kämpfe um den Ort hin. Gut erhalten ist der von soliden Mauern umgebene Kirchhof. Südlich davon geht ein unbefestigter schmaler Weg am Hang entlang aus Křečhoř hinaus. Nach höchstens 300 Metern endet dieser Weg an einem verfallenen Gehöft. Gleich links daneben steht das Denkmal an der Geländeböschung.

Leider macht das Areal einen sehr ungepflegten Eindruck, das Denkmal selbst weist jedoch keine Schäden auf. Es wurde 1898 auf Initiative des Zentralvereins zur Erhaltung der Gräber und Denkmale auf den Schlachtfeldern in Böhmen vom Jahre 1866 im Einvernehmen mit dem Maria-Theresien-Orden und aus Anlaß des 50. Regierungsjubiläums Kaiser Franz Joseph I. errichtet. Moritz Černil und Wenzel Weinzettl schufen das pylonförmige Denkmal aus Horitzer Sandstein. 15 Meter hoch, hat das Denkmal eine Urne mit überhändender Draperie als Bekrönung. Oben erhebt sich der österreichische Doppeladler. Das Kapitell ist mit 6 Metallschildern und einem Medaillonbild Maria Theresias geschmückt. An der Nordseite, der alten Kaiserstraße und der damaligen preußischen Schlachtaufstellung zugewandt, weist am Sockel ein großes Relief auf die Attacke der Ligne-Dragoner und den vorherigen (französisch geführten) Wortwechsel hin. Die Ostseite des Sockels schmückt u. a. einen Stern des Ordensgroßkreuzes aus Bronzeguß, darunter die Namen der Offiziere, die sich in der Schlacht hervorgetan hatten und dafür ausgezeichnet wurden.

Weitere Offiziersnamen sind an der Westseite zu lesen; sie wurden zwar nicht ausgezeichnet, aber wegen ihrer Tapferkeit hier genannt. Die Südseite trägt schließlich militärische Embleme. Zurück in Křečhoř führt die Straße nach links über Kutliře/Kutlirz zur Fernverkehrsstraße 12.

Kirche und Kirchhof in Křečhoř von Süden.

Österreichisches Siegesdenkmal bei Křečhoř.

In Kolin, das man nach 4 km erreicht, bewahrt das regionale Museum eine ganze Reihe Fundstücke, Waffen und sonstige Erinnerungen auf, die mit der Schlacht 1757 in Verbindung stehen. Einer Besichtigung wert sind hier vor allem auch einige künstlerische Arbeiten zur Kolin-Thematik: so Reproduktionen von Zeichnungen des bedeutenden böhmischen Historienmalers Mikuláš Aleš (1852–1913) mit Schlachtszenen und ein Ölbild Josef Mánes (1820–1871) zur ersten Theresienordenspromotion.

Die Attacke der Ligne-Dragoner im Relief an der Nordseite des Denkmals.

Militärische Symbole an der Denkmal-Rückseite.

Die Preußen in schwerer Lage

Nach den politischen Ansichten der Zeit hatte Österreich mit Kolin genug getan, denn Friedrich zog sein Heer auf mehreren Wegen schleunigst aus Böhmen zurück, darunter auch am 20. Juni früh das Prager Einschließungskorps. Wer nämlich seine Armee unverhältnismäßig aufopferte, kam bei der Teilung der erhofften Beute entschieden zu kurz. Das legte den österreichischen Führern die Verpflichtung auf, einer nochmaligen Entscheidungsschlacht aus dem Weg zu gehen, ehe die Verbündeten an die Reihe gekommen waren. Selbst ein Sieg förderte mehr deren als die eigenen Geschäfte, eine Niederlage aber brachte sie zum Abfall und Österreich in die gleiche schlimme Lage, wie nach der Schlacht bei Prag. Doch einstweilen kam das Unheil für die Preußen weiter in Gang, als am 15. Juli Puttkamer mit 2.000 Mann bei Gabel kapitulieren muß. Die Landung schwedischer Truppen bei Stralsund stand bevor, die Russen schickten sich nach der Einnahme Memels an, Ostpreußen zu erobern. Westfalen war in den Händen der Franzosen und der Herzog von Cumberland hielt sich mit seinem Observationskorps vorsichtig zurück. Die Nachricht von Kolin hatte die Stimmung im Reich rasch umschlagen lassen.

Aus Schlesien kamen Hiobsbotschaften über das Treiben österreichischer leichter Truppen. Wohin Friedrich auch schaute, standen überlegene feindliche Heere hart an Preußens Grenze. Das Verderben schien unvermeidlich.

Da entschloß sich Friedrich, mit zwei Korps nach Thüringen abzumarschieren, denn auf dem westlichen Kriegsschauplatz sah es trotz beiderseitiger schwacher Führung nach Cumberlands vermeidbarer Niederlage am 16. Juli bei Hastenbeck gegen die Franzosen unter d'Estrées am bedrohlichsten aus. Zudem war dort eine zweite Armee, die bunt zusammengewürfelte Reichsarmee, deren Oberbefehl dem Prinzen von Hildburghausen anvertraut wurde, im Entstehen.

Das Gros des preußischen Heeres blieb mit Bevern gegenüber den Österreichern und verursachte durch General Grumbkow im Gefecht bei Landeshut am 14. August eine weitere Schlappe.

In beschwerlichen Märschen auf regendurchweichten Straßen, bei einem Abgang von über 1.000 Fahnenflüchtigen, erreichte der König Anfang September den Raum um Leipzig. Vor dem Aufbruch zur Saale kam eine weitere Hiobsbotschaft aus Ostpreußen, wo General Lehwald am 30. August gegen Apraxins Russen bei Groß-Jägersdorf einen schweren Mißerfolg erlitten hatte. Und am 10. September schloß Cumberland mit den Franzosen einen Neutralitätsvertrag. Böse Tage für Friedrich! Einen Lichtblick brachten die Nachrichten aus Ostpreußen: Lehwald hatte dort seine Haltung wiedergefunden und zeigte den Russen in guter Stellung nochmals die Zähne, so daß der aussichtsvolle russische Feldzug Anfang Oktober schließlich am Unvermögen des Verpflegungsapparates scheiterte.

Bevern deckte indessen Breslau gegen die Österreicher, die sich daraufhin in Gemütsruhe mit der Überwältigung von Schweidnitz beschäftigen konnten. Und auch die Schweden begannen, sich in Pommern häuslich einzurichten. Am 16. Oktober streifte Hadik sogar mit 3.500 Mann bis Berlin, machte dort 215.000 Taler Beute und erhielt für diesen denkwürdigen Ritt das Großkreuz des Maria-Theresien-Ordens und ein Geschenk von 3.000 Dukaten. Da erreichte Friedrich am 23. Oktober die überraschende Mitteilung, daß die Reichsarmee und die Franzosen unter Soubise über die Saale vorgerückt seien. Sofort verschob der König den geplanten Marsch nach Schlesien, um sich auf den augenblicklich gefährlichsten Feind zu werfen. Er hoffte, daß ihm dies nicht mehr als acht Tage kosten würde ...

Die Schlacht bei Roßbach am 5. November 1757

Die Reichsarmee wird offensiv

Der gesunde Menschenverstand sagte Hildburghausen, daß seine schwerfällige Armee einer preußischen Brigade in offener Feldschlacht nicht gewachsen sein dürfte. Aber Hadiks Zug machte eine Offensive gegen die Elbe erfolgversprechend. Am 16. Oktober trat die Reichsarmee den Vormarsch an, widerwillig folgte Soubise mit den Franzosen, die lieber in die Winterquartiere abrücken wollten.

In der Hoffnung, „dieses Mal den Feind gewiß bei den Ohren zu kriegen", stieß Friedrichs Vorhut von Leipzig trotz strömenden Regens am 31. Oktober nach Weißenfels vor, wo man auf Franzosen traf, die schleunigst das Weite suchten, nicht ohne noch die Saalebrücke abgebrannt zu haben. Die Franzosen zogen sich nach Mücheln zurück, weil ein Angriff Friedrichs aus Richtung Halle befürchtet wurde. Hildburghausen sah sich vor vollendete Tatsachen gestellt und mußte – obwohl die Verpflegungslage immer prekärer wurde – notgedrungen ebenfalls nach Mücheln, wenn der Feldzug überhaupt noch Sinn haben sollte. Als er Soubises Lager besichtigte, meinte er, noch nichts Konfuseres gesehen zu haben.

Doch Soubise wurde langsam kampflustig und suchte den ganzen 3. November nach einem geeigneten Schlachtfeld. Daran, daß Friedrich von Weißenfels kommen könnte, glaubte er nicht. Die Preußen überschritten mit der Direktion Braunsdorf bei Weißenfels, Merseburg und Halle die Saale und trafen am 3. November nachmittags dort ein. Friedrich rekognoszierte persönlich auf die Nachricht, daß die bisher unfaßbare feindliche Armee vor ihm stehe. Hoch erfreut stellte er fest, daß ihm die Verbündeten die Flanke boten.

Der Anmarsch der Preußen riß Soubise aus allen Träumen; im Laufe der Nacht wurde die verbündete Front nach Osten gerichtet, Verschanzungen angelegt.

Friedrich begriff am zeitigen Morgen des 4. November beim weiteren Vorrücken die Aussichtslosigkeit eines Angriffes seiner unterlegenen Kräfte. Über kurz oder lang mußten die Verbündeten wegen ihrer Verpflegungssorgen in der ausgepreßten Gegend entweder zu ihren Magazinen abmarschieren oder selbst angreifen – beides Gelegenheiten zur ersehnten Schlacht. Scheinbar zog er sich zurück hinter die versumpften Niederungen der Leiha zwischen den Dörfern Bedra und Roßbach, um hier in Ruhe zu warten.

Der Rückzug der Preußen löste bei den Verbündeten größten Jubel aus, der Sieg war anscheinend schon billig erfochten. Kavallerie brach zur Verfolgung vor, wurde aber durch das Feuer einer schweren preußischen Batterie bald wieder abgekühlt. Soubise blieb zuversichtlich, Hildburghausen eher bedrückt. Am liebsten wäre er endlich zurückgegangen, wenn nicht Friedrich so gefährlich sprungbereit gewesen wäre. So setzte er bis zum Morgen des 5. November einen Operationsplan durch, nach dem rechts abmarschiert werden sollte, um den Preußen in die einzig mögliche Angriffsrichtung, die linke Flanke, zu kommen. Den Angriffsmarsch zu decken hatte Saint Germain auf den Schortauer Höhen, Laudon hatte auf dem Galgenberg zu bleiben.

Hildburghausens Plan ähnelte dem Friedrichs bei Kolin. Was zum Sieg fehlte, war die manövrierfähige preußische Infanterie. Statt dessen hatte Soubise seine Armee nicht beisammen, weil alles plündernd umherschwärmte, und formulierte mit langsamer Methodik an einer neuen Ordre de bataille.

Das Schlachtfeld

Das Gelände, auf dem sich die Schlacht vom 5. November 1757 abspielte, wurde ursprünglich im Norden vom Leihabach, im Osten durch den Pölzenhügel und die Dörfer Reichardtswerben und Tagewerben, im Süden durch die Straße Tagewerben–Zeuchfeld sowie im Westen vom Galgenberg südlich Gröst begrenzt. Es ist ein wellenförmiges Hügelland, das nach Westen und Süden in Richtung des Unstrut-Tales deutlich ansteigt. Der Janushügel nördlich Reichardtswerben bildete seinerzeit die höchste und weithin sichtbare Erhebung eines Höhenzuges, der sich östlich Müchen hinzieht und über den Pölzenhügel zur Saale südlich Bad-Dürrenberg immer mehr abfällt. Truppenbewegungen nördlich, also hinter diesem Höhenzug, konnten auch von dem relativ hochgelegenen Pettstädt nicht eingesehen werden. Die große flache Mulde um Reichardtswerben wurde das eigentliche Kampffeld, mit dem Hohlweg Reichardtswerben–Großkayna als zentralem Punkt.

Vom Boden des relativ tiefliegenden Herrenhauses am Südende Roßbachs hatte man seinerzeit guten Überblick nach Süden und Westen, Zeuchfeld konnte aber von dort nicht gesehen werden.

Tagebau-Erschließungen zu Beginn dieses Jahrhunderts und Rekultivierung in den letzten Jahrzehnten haben das Schlachtfeld teilweise gründlich verändert. Der ominöse Janushügel, große Teile des blutgetränkten Hohlweges und der Anmarschstraße der Verbündeten ab etwa Pettstädt sind nicht mehr auffindbar.

Ob Roßbach oder vielleicht richtiger Reichardtswerben dem Schlachtfeld den Namen geben sollte, war lange Gegenstand hitziger Kontroversen. Offenbar hat sich dann doch Roßbach, von wo aus der preußische König die Schlacht lenkte, durchgesetzt.

Stärkeverhältnisse

Die Verbündeten und Franzosen

A) Infanterie: 33.200 Mann der Regimenter
  Piémont (franz.)
  Chamont (franz.)
  Brissac (franz.)
  Deux Pouts (franz.)
  Reding (franz.)
  Plauta (franz.)
  Royal-Roussillon (franz.)
  Mailly (franz.)
  La Marck (franz.)
  Royal-Pologne (franz.)
  St. Germain (franz.)
  Castellas (franz.)
  Salis (franz.)
  Wittemer (franz.)
  Diesbach (franz.)
  Poitou (franz.)
  Provence (franz.)
  Rohan-Montbazon (franz.)
  Beauvoisis (franz.)
  Condè (franz.)
  Touraine (franz.)
  La Marine (franz.)
  Blau-Würzburg (Reichsinf.)
  Hessen-Darmstadt (Reichsinf.)
  Varel (Reichsinf.)
  Kurtrier (Reichsinf.)
  Cronegk (Reichsinf.)
  Ferentheil (Reichsinf.)
  Kroaten (österr.)

B) Kavallerie: 7.300 Pferde der Regimenter
  Brettlach (Kür., österr.)
  Trautmannsdorf (Kür., österr.)
  Bayreuth (Kür., Reichskav.)
  Hohenzollern (Kür., Reichskav.)
  Kurpfalz (Kür., Reichskav.)
  Anspach (Drag., Reichskav.)
  Württemberg (Drag., österr.)
  La Reine (franz.)
  Bourbon-Buffet (franz.)
  Fitz-James (franz.)
  Beau-Villiers (franz.)
  Rougrave (franz.)
  Montcalm (franz.)
  Poly (franz.)
  Bourbon (franz.)
  Penthièvre (franz.)
  Saluces (franz.)
  Lameth (franz.)
  Lusignan (franz.)
  Escars (franz.)
  Szecheny (Hus., österr.)
  Nassau-Saarbruck (Hus., Reichskav.)
  Apchon (Drag., Reichskav.)
  Bezons (franz.)
  St. Jal (franz.)
  Gramont (franz.)
  Condè (franz.)

sowie 3 Eskadronen nicht benannte österreichische Husaren.

C) Artillerie: 114 Geschütze, davon 35 schwere.

Die Preußen

A) Infanterie: 16.200 Mann der Regimenter

Markgraf Karl	Meyernick
II. und III. Garde	Itzenplitz
Forcade	Kleist
Alt-Braunschweig	Goltz
Winterfeld	I. Hülsen
und Grenadierbataillone	
Kremzow	Wedel
Ramin	Lubath
Retzow	Fink

Jung-Billerbeck
sowie des Freibataillons Mayr

B) Kavallerie: 5.400 Pferde der Regimenter

Garde du Corps (Kür.)	Gensdarmes (Kür.)
Rochow (Kür.)	Driesen (Kür.)
Leibregiment (Kür.)	Meinicke (Drag.)
Czettritz (Drag.)	Székely (Hus.)
Seydlitz (Hus.)	

C) Artillerie: 80 Geschütze, darunter 25 schwere.

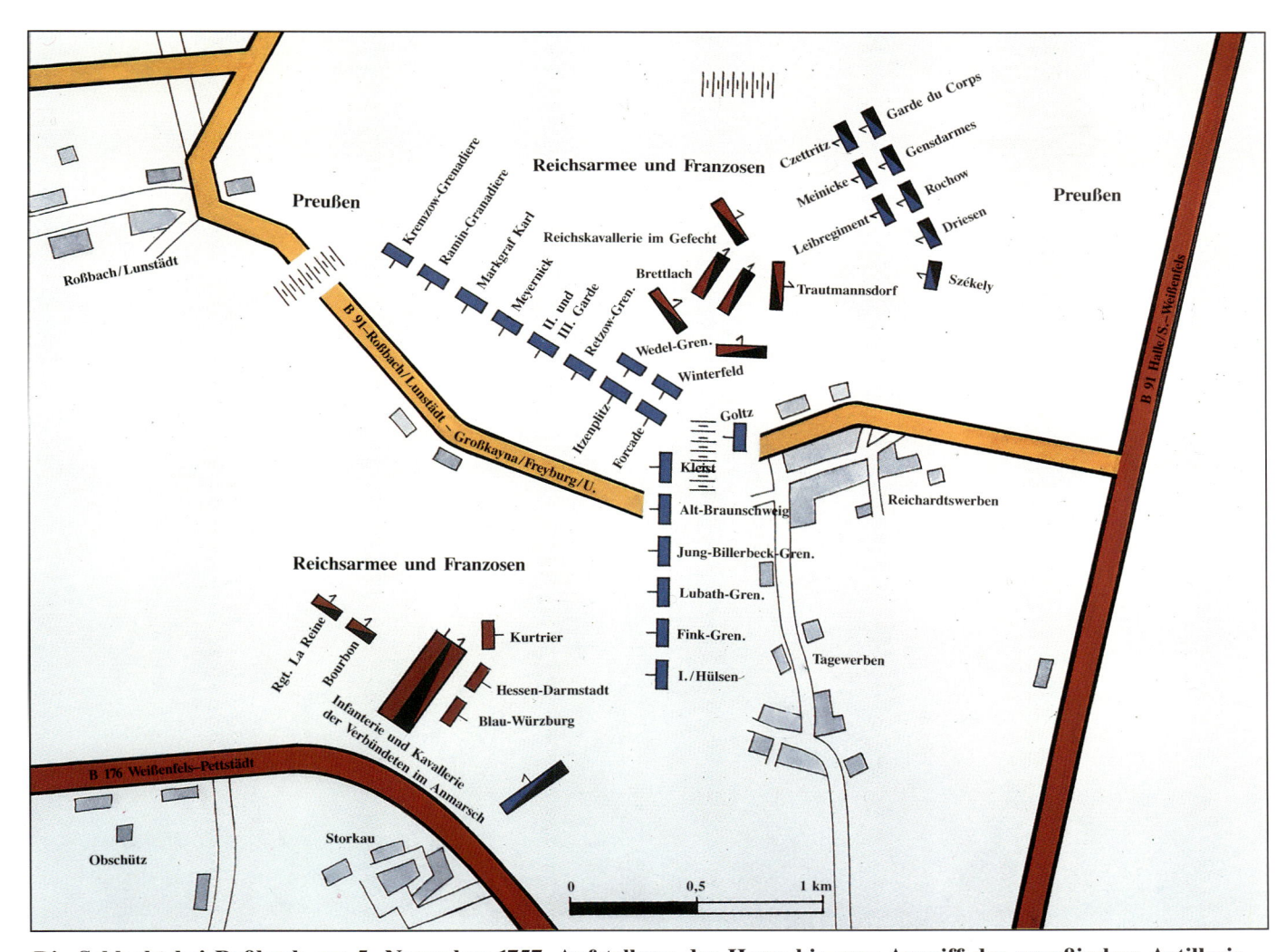

Die Schlacht bei Roßbach am 5. November 1757, Aufstellung der Heere bis zum Angriff der preußischen Artillerie.

Unterschätzt und geschlagen

Schon um 8 Uhr hörte man bei den Verbündeten Generalmarsch; es sollte aber noch 11.30 Uhr werden, bis Hildburghausen wütend die deutschen Kavallerieregimenter ausrücken ließ und damit auch die Franzosen in Marsch brachte. Befehle und Gegenbefehle taten das ihre, um die Marschordnung durcheinander zu bringen. Es waren an die 41.000 Mann, darunter aber nur ein Viertel Reichstruppen, die in fünf Kolonnen nebeneinander den Rechtsabmarsch begannen und sich den halb so starken Gegner vom Hals schaffen wollten. Das Korps des Herzogs von Broglie, das eigentlich die Reserve bilden sollte, marschierte mitten zwischen den anderen, genauso die Reserveartillerie. Man war wohl von Anfang an überzeugt, daß es Friedrich nicht auf einen Kampf ankommen lassen und den Rückzug hinter die Saale antreten würde. Als die Spitze der Verbündeten ungefähr um 14 Uhr über Zeuchfeld den Gasthof „Luftschiff" auf der Pettstädter Höhe erreichte, war Soubises Schlachtenmut auf dem Nullpunkt: Der schickte den General Bourcet zu Hildburghausen und ließ sagen, die Zeit sei für einen Angriff schon zu weit vorgerückt. Wieder gab es Streit im Kriegsrat. Schließlich ritt die Generalität auf einen nahen Aussichtspunkt, um die Preußen zu beobachten.

Noch lag drüben friedliche Ruhe über den Lagerreihen, als plötzlich die Zelte verschwanden und die preußische Armee in Schlachtordnung sichtbar wurde, bald in Kolonnen abmarschierte. Was führte Friedrich im Schilde? Das war die große Frage.

Reiterkampf bei Roßbach, 5. November 1757 (Gemälde von Camphausen).

Der König hatte beim Mittagessen die Meldung bekommen, die Verbündeten kämen über Zeuchfeld in die linke Flanke. Seit 8 Uhr schon ließ er vom Dachboden des Roßbacher Herrenhauses den Gegner beobachten und nahm an, daß die Verbündeten nach Freyburg, näher zu ihren Magazinen wollten. Um dem Gegner wenigstens eine Schlappe beizubringen, traf er Vorbereitungen, Laudon und Saint Germain, die vermeintliche Nachhut, mit Überlegenheit anzufallen.

Nun stieg er selbst hinauf und sah auf den Höhen bei Pettstädt Kavallerie auftauchen, hielt sie aber erst nur für erkundende Reiter, bis ihm die nachfolgende Infanterie eines besseren belehrte. Augenblicklich war der Entschluß gefaßt, dem Gegner im Angriff zuvorzukommen: das Gelände nördlich Lunstädts war denkbar günstig, weil der nördlich Lunstädt nach Osten ziehende Höhenrücken gleichsam als Kulisse für Verschiebungen und Stellungswechsel dienen konnte.

Seydlitz, der jüngste, aber fähigste General, sollte die gesamte Reiterei führen und sich dem gegnerischen Flankenmarsch vorlegen. Die Infanterie hatte links hinter dem Höhenrücken entlang zu marschieren, auf den fünf Husareneskadronen zur Verschleierung und Marschsicherung beordert wurden. Sie sollten gleichzeitig 18 schwere Geschütze decken, die Oberst Moller auf dem höchsten Geländepunkt, dem Janushügel, in Stellung zu bringen hatte. Gegenüber Laudon und Saint Germain blieben ein Freibataillon und sieben Husareneskadronen zurück, um ein Nachdrängen über den Leihabach zu verhindern.

Trautmannsdorf-Kürassiere versuchen bei Roßbach die erste Seydlitz-Attacke abzuwehren (Zeichnung von Ottenfeld).

Bei den Verbündeten wurde zunächst einmal Halt gemacht, damit die Kolonnen aufschließen konnten. Dann brachte Graf Revel von seinen leichten Regimentern willkommene Nachricht: Er hatte die Preußen in größter Eile den Weg nach Klein-Kayna, also Richtung Merseburg einschlagen sehen, kein Zweifel, Friedrich wollte über die Saale zurück! Soubise selbst ritt vor und überzeugte sich, daß die Preußen fluchtartig zurückgingen. Die ganze Generalität der verbündeten Armeen schloß sich dieser Meinung sofort an, und gegen 15 Uhr begann ein hastiges Marschieren hinunter nach Reichardtswerben, um die Preußen noch zu fassen und ihre Rückzugslinie abzuschneiden. Selbst der sonst kaltblütige Herzog von Broglie wurde mitgerissen, zog seine Reservekavallerie vor, um schneller verfolgen zu können.

Und Hildburghausen war nur zu geneigt, alles zu glauben, was seinem Tatendurst entsprach. Klar war aber, daß die Preußen nur eingeholt werden konnten, wenn sich ihr Marsch durch Reiterattacken verzögern ließ. Dazu schlug jetzt die vorn befindliche deutsche Kavallerie ein schärferes Tempo an, Broglie mit den zehn Eskadronen des Reservekorps und General Mailly mit den acht am Ende des 1. Treffens hatten rasch zu folgen. Die Kavalleriemasse sollte den Preußen nicht direkt nachsetzen und so an Reichardtswerben vorbeigehen, daß sie die rechte Flanke der nach Merseburg abziehenden Preußen gewann.

Ahnungslos, was hinter den Kulissen, hinter dem Höhenzug von Lunstädt bis zum Pölzenhügel vor sich ging, ungesichert, nur bestrebt, sich den Preußen anzuhängen, erreichte die deutsche Kavallerie gegen 14.15 Uhr, ungefähr 2.000 Schritt vor der Front des Gros, den Raum nordwestlich Reichardtswerben.

Seydlitz, Kommandeur über 38 Eskadronen, führte unterdessen die preußische Kavallerie in scharfem Trab nach Osten hinter dem Janushügel herum und ließ am Abhang des Pölzenhügels Gefechtsformation bilden. Zwei Treffen, jedes Regiment zu zwei Gliedern, um eine möglichst breite Front zu erhalten. Er selbst ritt mit einigen Eskadronen Székely-Husaren auf dem Höhenrücken entlang, seine Bewegungen zu decken und den günstigsten Angriffsmoment zu finden.

Als die Reichskavallerie eben über Reichardtswerben hinaus war und in die leichte Senke hinter das Dorf kam, fuhren auch Mollers Geschütze auf dem Janushügel auf und begannen sofort in die Flanke der Reiter zu feuern, es gab die ersten Toten und Verwundeten. Eine kleine französische Batterie ging in Stellung, erwiderte das Feuer, ohne etwas zu erreichen, denn die preußischen Geschütze waren ja kaum sichtbar.

Plötzlich, es war gegen 14.30 Uhr, erschien auf dem Kamm des Pölzenhügels, wie eine breite Mauer, die sich rasend fortbewegte, preußische Kavallerie. Vor der Front ein einzelner Reiter, eine kurze Bewegung des Arms, die Tonpfeife flog in weitem Bogen durch die Luft und aus allen Scheiden rasselten die blanken Säbel. Wie die Windsbraut stürmten die Preußen auf ihre nichtsahnenden Gegner. „Entwickeln, entwickeln!" hieß es dort. Doch schon war die lebendige Mauer da, die französische Batterie konnte gerade noch das Geschütz gegen die angreifenden Reitermassen wenden. So marschierten wenigstens an der Spitze Brettlach und Trautmannsdorf noch auf und warfen sich tapfer, von Hildburghausen und Brettlach persönlich geführt, auf das preußische 1. Treffen. Ihr Anprall hielt den Gegner so weit auf, daß weitere drei Regimenter notdürftig Front machen konnten.

In wirrem Knäuel tobte jetzt das Handgemenge. Weil das 1. Treffen keinen vollen Erfolg hatte, teilte Seydlitz das 2. Treffen, ließ es rechts und links in die gegnerische Flanke einbrechen.

Das 1. Treffen bekam Luft und drang durch, die Kavallerie der Reichsarmee war geworfen. Als sich noch die preußischen Husaren in die Flanke stürzten, jagte die ganze Masse unaufhaltsam davon, den Schrecken in die eigenen Reihen tragend: „Ihr Brüder lauft, was laufen kann", riefen die fliehenden Reichsreiter ihrem Fußvolk zu.

Da galoppierte der Comte de Mailly mit vier Reiterregimentern heran, versuchte, im Winkel anreitend, der preußischen Kavallerie von links in die Flanke zu kommen. Beim Anreiten fluteten bereits flüchtige Regimenter entgegen, eins noch gut gesammelt und fest geschlossen. Der Graf blickte sich wütend nach den vermeintlichen Feiglingen um, hielt es für ein deutsches Kreiskavallerie-Regiment. Aber es waren die preußischen Gensdarmes, die im Nu kehrtmachten und ihm im Rücken saßen. Von vorne und hinten angegriffen wurde Maillys Kolonne auseinandergesprengt, Mailly selbst gefangen. Beim Rückzug ging dann auch die Batterie verloren.

Von rechts war inzwischen der Herzog von Broglie mit der Reiterei des französischen Reservekorps – 14 Eskadronen – in die linke Flanke der Preußen gestürmt. Die Fliehenden rissen sie strudelnd mit, Székely-Husaren umzingelten alles und viermal brach Seydlitz durch die französischen Reihen.

Im völligen Durcheinander hauten österreichische Husaren einen württembergischen Fahnenträger nieder, entrissen ihm die Fahne, ein Irrtum, der der Ähnlichkeit der Uniformen zuzuschreiben war.

Geschlagen gerieten die Reiterregimenter der Verbündeten zu ihrem Unglück auch noch an den tiefen Hohlweg nördlich Reichardtswerben nach Kayna und viele mußten vor den verfolgenden Preußen die Waffen strecken. Ein entmutigender Anblick für die im Eilschritt heranrückende Infanterie; sie sprang jetzt allein, es war gegen 16 Uhr, ohne weiter auf Kavallerieunterstützung rechnen zu können, in die Bresche. Denn der größte Teil der Kavallerie der Verbündeten hielt in voller Auflösung nicht eher an, als bis die Unstrut im Rücken lag.

Schon begann in den dichten Massen Unordnung einzureißen. Zuerst ließen sich die das Ende der Kolonne bildenden sechs fränkischen Bataillone nicht mehr halten. Gewehre und Ausrüstung wegwerfend, flohen sie südwärts gegen die Unstrut. Die folgende Reserveartillerie wurde genauso von Panik ergriffen und stob davon. Ein Teil der Stallknechte schnitt einfach die Stränge durch und ließ die Geschütze stehen.

Friedrichs Infanterie war um diese Zeit hinter dem Janushügel angekommen, der dritte Akt des Kampfes begann. Die Bataillone ließ der König in einer Linie Lundstädt–Reichardtswerben schwenken, ein Manöver, das günstige Gelegenheit für Flankenangriff und Sieg bot.

Kampfbegierig ging die preußische Infanterie im Geschwindschritt in zwei Treffen mit halblinks über die Höhe gegen dem Feind entgegen. Es war die von Friedrich so geliebte schiefe Schlachtordnung, die bei Kolin noch keinen Erfolg gebracht hatte. Zu spät erkannte Hildburghausen, der sich blutend beim 1. Treffen der Infanterie einfand, daß der eilige Rückzug Friedrichs eine arge Täuschung war.

Krampfhaft war er bemüht, die eigene Infanterie schnell vorzubringen. Doch wurde der Aufmarsch auf die Tête aus den dicht zusammengeballten Kolonnen zum Kunststück, als sich die preußischen schweren und Bataillonsgeschütze mit höllischem Konzert ins Avancieren mischten.

Die französischen Offiziere gaben sich die erdenklichste Mühe, Angriffskolonnen zu formieren, sie schworen dem Prinzen, sie würden den Janushügel jetzt mit dem Bajonett stürmen. Hildburghausen setzte sich selbst an die Spitze von Piémont; Chamont, La Marck, Mailly, Provence und Poitou folgten.

Es war jetzt 16.30 Uhr, als die Preußen über Reichardtswerben hinaushasteten, einen verlängerten Haken bildeten. Mit lautem „Vive le roi!" brachen die Franzosen in Kolonne vor, Hildburghausen und Soubise mitten unter den Stürmenden, bewährte Regimenter, die im österreichischen Erbfolgekrieg, am Rhein, in Italien, in Amerika den Boden mit ihrem Blut getränkt hatten.

Plötzlich sah Hildburghausen wenige hundert Meter vor sich die entwickelte preußische Infanterie mit der unerbittlichen Genauigkeit eines Uhrwerkes anrücken. Bis auf vierzig Schritt kamen die Franzosen an die Preußen heran. Da krachte ihnen das Peletonfeuer von Kleist und Alt-Braunschweig entgegen, Salve auf Salve, ein unaufhörliches Rollen und Knattern, ganze Glieder stürzten vornüber, in zehn Minuten waren die tapferen französischen Regimenter weggewischt.

„Vater, aus dem Weg, daß wir schießen können", sollen hier die Musketiere von Alt-Braunschweig ihrem König zugerufen haben. Der Trommelwirbel des Pas de charge verstummte und die hinteren Treffen der Verbündeten wendeten sich schon zur Flucht. Nach rechts versuchte Prinz Georg von Hessen die Reichsregimenter Blau-Würzburg, Hessen-Darmstadt und Kurtrier zu formieren. Es half nichts. Hinten war Auflösung, vorn feuerspeiende Mauern. Kurtrier konnte sich gerade noch zu einer Salve aufraffen. Dann gab es kein Halten mehr. In die dichtgedrängten Haufen der flüchtenden Regimenter schlugen ununterbrochen Stückkugeln ein, hagelte das tödliche Blei von Alt-Braunschweig, Kleist und Billerbeck.

Aber das Unglück war damit noch nicht voll. Hinter Tagwerben hatte Seydlitz sich neu gesammelt und wartete auf seine zweite Gelegenheit. Und in diese Auflösung, dem Gewirr weichender Regimenter, zersprengter Kavallerie und festgefahrener Artillerie brach er jetzt in Karriere. Reiche Ernte bot sich den Säbeln der einhauenden Reiter.

Friedrich der Große nach der Schlacht bei Roßbach (Stich von Bolt).

Nur die Mehrzahl der Schweizer Regimenter und drei Bataillone des Prinzen von Hessen befanden sich noch in kampffähigem Zustand und gingen – unterstützt von La Reine, Rougrave und Bourbon – in Ordnung zurück, ernstlich aufhalten konnte man die Preußen nicht.

Bei Obschütz hatten sich Infanterieabteilungen der Verbündeten festgesetzt, sie wurden durch eine Attacke der Gensdarmes und Garde du Corps vollständig zersprengt. Das war die letzte Episode des Kampfes.

Saint Germains Infanterie und Laudons Kroaten kamen gerade noch zurecht, um die Deckung des Rückzuges zu übernehmen.

Gegen 18 Uhr verhüllte die einbrechende Dunkelheit das Schlachtfeld und hinderte das preußische Heer an der weiteren Verfolgung. Die Rückzugsstraße der Verbündeten war mit Gepäcksstücken, Kürassen, Reiterhelmen, Stulpenstiefeln und Waffen übersät. Aus den weggeworfenen Gewehrschäften unterhielten die preußischen Bataillone ihre Lagerfeuer, für viele Gewehre der Reichsarmee vielleicht die erste Gelegenheit, Feuer zu geben.

Mit dem Sieg fiel den Preußen große Kriegsbeute in die Hände: Teile der französischen Bagage, viele Gefangene, 72 Geschütze, 15 Standarten, sieben Fahnen, drei Paar Pauken. Die Verluste waren, wie bei dem Schlachtverlauf nicht anders zu erwarten, sehr ungleich. Sie betrugen auf preußischer Seite 541 Mann, darunter 165 Tote (drei Offiziere, 162 Mann), während die Verlsute der Verbündeten auf über 10.000 Mann (3.500 für die Reichsarmee, 6.500 für die Franzosen) geschätzt werden.

Seydlitz und Prinz Heinrich von Preußen wurden schwer verletzt. Der französische Marschall Revel starb an seiner Verwundung in Merseburg.

Von der preußischen Infanterie waren lediglich sieben Bataillone zum Feuern gekommen, von denen nur zwei etwa 12 bis 15 Patronen verschossen hatten.

Friedrichs Sieg zeigt nicht nur die musterhafte Ausführung des genialen Planes; der Zeit weit voraus war das im Siebenjährigen Krieg unübertroffene Zusammenwirken aller drei Waffengattungen.

In völliger Auflösung kamen die Franzosen am 9. November bei Sondershausen und Nordhausen an. Der Reichsarmee ging es nicht besser, in unbeschreiblichem Zustand erreichte sie am 16. November den Main bei Lichtenfels. Hildburghausen verlor das unrühmliche Kommando, Friedrich konnte König Georg von England wieder günstiger stimmen und hatte nun freie Hand, sich der für ihn wenig hoffnungsvollen Lage in Schlesien zu widmen.

Aus der Schlacht bei Roßbach wird von Archenholz eine Anekdote erzählt, die einen nationalen Zusammenhalt aller Deutschen gegen die Franzosen ausdrücken soll: Als ein preußischer Reiter einen Franzosen vom Pferd stechen will, eilt ein Österreicher dem Verbündeten zu Hilfe. „Bruder Deutscher", ruft der Preuße, „laß mir den Franzosen!" „So nimm ihn halt", entgegnet der Österreicher und reitet davon. Mag die Geschichte auch erfunden sein, so ist sie doch bezeichnend für die seinerzeit allgemein gegen die Franzosen gerichtete Stimmung.

Das Schlachtfeld von Roßbach heute

Das Schlachtfeld von Roßbach ist zu erreichen
○ von Leipzig auf der B 87 nach Weißenfels und von dort über die B 91 (Richtung Halle) wie ausgeschildert nach Reichardtswerben,
○ von Berlin auf der Autobahn Berlin–Nürnberg bis zur Abfahrt Weißenfels und von dort auf der B 91 weiter wie oben,
○ von Dresden auf der Autobahn Dresden–Leipzig bis zum Schkeuditzer Kreuz, von dort weiter in südliche Richtung auf der Autobahn Berlin–Nürnberg zur Abfahrt Weißenfels über die B 91 nach Reichardtswerben.

Ausgangspunkt einer Besichtigung des Schlachtfeldes sollte das Dorf Zeuchfeld sein, von Reichardtswerben über Roßbach in Richtung Freyburg/U. relativ schnell zu erreichen. Südlich der Straße zwischen Grost und Zeuchfeld befindet sich der Galgenberg (162 m), eine geringe Erhebung, auf der heute Feldbau betrieben wird, damals Standort des Laudonschen Korps. Von Zeuchfeld aus führt ein von Obstbäumen gesäumter Feldweg nach Osten auf die Höhe von Pettstädt (195 m). Hier kann man – allerdings nur zu Fuß – den Marsch der Verbündeten nachholen und erreicht nach 2 km das auf dieser Höhe liegende einsame Gehöft „Luftschiff", als solches nur noch an einer kleinen, in die der Straße zugewandten Hausseite eingelassenen Reliefplatte zu erkennen. Die Truppen der Verbündeten marschierten am Schlachttag in drei Treffen nebeneinander – auf beiden Seiten die Kavallerie – zu dieser Stelle, wo die Generale zunächst einmal – etwas unschlüssig – Kriegsrat hielten.

Die durch den Bergbau veränderte Landschaft versperrt heute die Sicht nach Roßbach, so daß auch Friedrichs Blickrichtung nicht mehr nachvollzogen werden kann. Das gleiche gilt leider auch für den weiteren Weg der Verbündeten in Richtung Reichardtswerben. Deshalb sollte jetzt von Zeuchfeld aus Roßbach besucht werden, ein an sich wenig beeindruckender Ort, wo sich am Südrand (Zeuchfelder Weg) das ehemalige Herrenhaus inmitten landwirtschaftlich genutzter Gebäude befindet. Das ganze Anwesen ist in ziemlich unerfreulichem, eher baufälligem Zustand. Eine Besichtigung des Hauses ist mit Schwierigkeiten verbunden, weil die Räumlichkeiten größtenteils noch immer bewohnt werden.

Nach der Überlieferung (und einem Bild Seilers) soll auf dem Giebel ein Taubenschlag gewesen sein, aus dem auf Friedrichs Befehl mehre Dachziegel entfernt wurden. Nach heutigem Ermessen müßte dies im westlichen Anbau gewesen sein. Dorthin hatte sich Friedrich von der Mittagstafel sofort mit Keith, den Prinzen Ferdinand von Braunschweig und Heinrich sowie den Generalen Geist und Seydlitz begeben, um die Meldung seines Adjutanten Gaudi zu überprüfen, wonach die Generalität der Verbündeten vom „Luftschiff" aus das preußische Lager erkundete. Ein Begleiter soll Friedrich zugerufen haben, er könne nicht in den Taubenschlag kommen. „Ach was", sagte der König angeblich, „wohin er kommen kann,

Das im Reichardtswerbener Pfarrhaus aufgestellte Zinnfigurendiorama zeigt den Kampf am Hohlweg nach Kayna.

kann ich auch". Friedrich soll sich aber abwartend verhalten haben, speiste noch ruhig zu Ende. Gegen 14 Uhr dann gab er von hier aus den entscheidenden Befehl, aus dem hinter Roßbach liegenden Terrain die Verbündeten mitten im Marsch anzugreifen. An die Episode erinnert heute noch ein Steinrelief über der Haustür: „Hier weilte Friedrich der Große – 5. November 1757."

Die Besichtigung des Schlachtfeldes sollte dann von Reichardtswerben aus fortgesetzt werden, das auf der Straße über Lunstädt schon nach 1 km wieder erreicht ist. Drei attraktive Punkte sind hier nennes- und sehenswert. Nördlich der Straße zur B 91 biegt eine schmale Straße zum Pölzenhügel hinauf ab. Oben angekommen, eröffnet sich – nach Reichardtswerben zu unverändert – ein schöner Gesamtblick zu den dramatischen Stellen des Schlachtfeldes vor der Linie Lunstädt–Reichardtswerben und man steht genau an dem Ort, an dem sich die preußische Kavallerie zur ersten Attacke fertig machte. Halb rechts befand sich der bis 159 m ansteigende Janushügel; dahinter nahmen die Preußen gut gedeckt Aufstellung. 1000 m vorwärts etwa prallte die Kavallerie zusammen. Genau 1,5 km westlich Reichardtswerben, etwas nördlich der Straße Tagewerben–Obschütz, dann der Schauplatz der zweiten preußischen Kavallerieattacke und zwischen Lunstädt und dem westlichen Vorgelände Reichardtswerbens die Angriffslinie der preußischen Infanterie.

Einige wenige der im 18. Jahrhundert für die ganze Gegend sehr typischen Windmühlen sind übrigens noch heute, teilweise aber leider meist als Ruinen, um Reichardtswerben zu sehen.

Der alte Flammenhelm von 1766 auf dem Lutherdenkmal.

Das Denkmal von 1814.

Der Hohlweg nördlich aus Reichardtswerben hinaus, Haupthindernis im Fluchtgetümmel der Verbündeten, ist fast vollständig eingeebnet und nur noch andeutungsweise in unmittelbarer Ortsnähe zu erkennen.

Die Schlacht von Roßbach wurde Anlaß zur Errichtung von vier Denkmälern: Schon 1766 setzten die Einwohner Reichardtswerbens auf dem Janushügel eine Sandsteinsäule, gekrönt von einem sogenannten Flammenhelm, der Nachahmung einer lodernden Flamme in Stein, mit einigen verschlungenen, jetzt schwer zu deutenden Buchstaben. 1796 veranlaßte der 1806 bei Saalfeld gefallene Prinz Louis Ferdinand von Preußen die Umsetzung der durch Witterungseinflüsse schon mitgenommenen Säule, und Offiziere des preußischen Leib-Husarenregiments Göking stifteten ein ähnliches Denkmal, wohl größer und

Herrenhaus in Roßbach, Vorderansicht.

Seitenflügel des Herrenhauses, oben der vermutliche Taubenschlag.

Der Eingangsbereich des Herrenhauses mit dem Friedrich dem Großen gewidmeten Relief.

mit mehr Verzierungen, das an der gleichen Stelle aufgestellt wurde. Das erste Denkmal stand dann noch einige Zeit am Hohlweg Reichardtswerben–Kayna.

Alles, was heute noch bei Reichardtswerben vom früheren Hohlweg nach Großkayna zu sehen ist.

Das „Luftschiff" auf der Pettstädter Höhe; eigentlich verrät dies nur noch die Reliefplatte an der Hauswand.

Nur zehn Jahre stand diese zweite Säule: Napoleon I. gab am 18. Oktober 1806, als er nach der Schlacht bei Jena am Janushügel einen Teil seiner Truppen vorbeimarschieren ließ, Befehl, die Säule zu entfernen und nach Paris zu bringen. Die Verbündeten fanden allerdings 1814 bei ihrem Einzug nichts mehr davon vor.
Die alte Sandsteinsäule vergruben die Bauern in der Zeit der napoleonischen Fremdherrschaft. Nur der Flammenhelm konnte später gerettet werden und befindet sich auf dem 1817 errichteten Lutherdenkmal in Reichardtswerben, das im oberen Teil ziemlich genau der ersten Säule nachgebildet ist.
Am 18. Oktober 1814 wurde dann das dritte Denkmal eingeweiht, eine gußeiserne dreiseitige Säule, die auf einem Sandsteinsockel ruht. Ihre Höhe beträgt ungefähr 3 m. Gestiftet wurde diese Säule vom III. Preußischen Armeekorps nach der Schlacht bei Leipzig am 23. Oktober 1813. So auch die Inschrift: „Denkmal der Schlacht bei Rosbach / den 5ten Nov. 1757 / auf dem Marsche / nach der / Deutschland / befreyenden / Schlacht von / Leipzig / von preussischen / Kriegern / des 3ten Armee- / corps wieder / errichtet / den 23. Oct. 1813."

Dieses Denkmal steht heute restauriert an der Hauptstraße in Reichardtswerben, ursprünglich aber auch am Hohlweg. Die Kuppe des Janushügels trug schließlich ein viertes Denkmal, früher ein weithin sichtbares Sandsteinrelief, das König Friedrich Wilhelm IV. stiftete und zu dem am 5. November 1857, zum hundertsten Jahrestag

Ansicht des von Friedrich Wilhelm IV. 1857 gestifteten Denkmals auf dem Janushügel, das heute leider nicht mehr erhalten ist.

der Schlacht, die Grundsteinlegung stattfand. Dieses Denkmal ist heute ebenfalls nicht mehr erhalten.
Im Pfarrhaus von Reichardtswerben wird der Schlacht auf besondere Weise gedacht: ein aus 4.500 Zinnfiguren zusammengesetztes Diorama vermittelt das heute wohl einzige genaue Bild der blutigen Ereignisse (siehe Seite 59).

Der Kriegsverlauf bis zum Frühherbst 1758

Nach Roßbach errang die preußische Armee am „Tag von Leuthen" (5. Dezember 1757) den zweiten ihrer bedeutendsten Siege, diesmal über die österreichische Hauptmacht unter Daun. Fast alle verlorengegangenen Gebiete waren wiedergewonnen. Doch Friedensangebote lehnten Österreich und Frankreich ab.

Anfang 1758 stießen die Russen wieder vor, besetzten diesmal Ostpreußen. Und in Mähren scheiterte im Juli ein preußischer Belagerungsversuch um Olmütz. Nur im Westen konnte Friedrich die Lage nach dem Sieg über die Franzosen am 26. Juni bei Krefeld stabilisieren. Österreicher und Russen ergriffen nun die Initiative, doch in der blutigsten Schlacht des gesamten Krieges kam es am 25. August bei Zorndorf wieder zu keiner Entscheidung. Die angeschlagenen Russen zogen sich erst einmal zurück. Ebenso die Schweden, obwohl sie am 28. September bei Fehrbellin über Wedels Korps gesiegt hatten.

Der Überfall von Hochkirch am 14. Oktober 1758

Wettlauf in die Lausitz

Daun hatte sich nach dem Abmarsch des preußischen Königs – mit Zustimmung der Kaiserin – entschlossen, in die Lausitz zu marschieren, um von dort entweder mit den Russen vereint zu operieren oder auf Berlin vorzugehen. Die Reichsarmee sollte dann den Prinzen Heinrich in Sachsen festhalten.

Langsam setzte sich die österreichische Hauptarmee aus Böhmen am 10. August in Bewegung und erreichte über Turnau, Reichenberg und Zittau am 20. August Görlitz. Hier änderte Daun seine Entschlüsse, denn die Russen waren vor Friedrich auf das nördliche Wartheufer gegangen und Berlin noch zu stark von den Preußen gedeckt. Und in Schlesien würden die preußischen Festungen schwer zu schaffen machen. So erschien allein der Marsch nach Sachsen lohnenswert, um das für die Kriegsführung wichtige Land gemeinsam mit der Reichsarmee dem Prinzen Heinrich zu entreißen. Bis zum 11. September bezog die Hauptarmee deshalb ein befestigtes Lager bei Stolpen; vorher war Pirna zur Kapitulation gebracht worden und Laudon hatte die Niederlausitz mit leichten Truppen durchstreift – da traf die Nachricht ein, der König stehe nordöstlich Meißen.

Was folgte, war ständige preußische Bedrohung der österreichischen Rückzugslinie, um Daun zu bewegen, entweder nach Böhmen zurückzugehen oder endlich die Entscheidung zu erzwingen. Der besorgte Daun ließ sich tatsächlich darauf ein, der König folgte sofort, weil auch aus Schlesien bedrohliche Nachrichten kamen, und am 10. Oktober standen sich beide Heere östlich Bautzen nur 4 km gegenüber, Daun um Kittlitz, Friedrich in einem Lager bei Hochkirch, das sich vom Dorf Hochkirch im Süden 3,5 km nach Nordosten bis an die Dörfer Niethen und Rodewitz hinzog. Die Front war durch sumpfige Wiesen gut gedeckt, dagegen der rechte Flügel im dicht herantretenden Wald leicht zu umgehen und deshalb besonders gefährdet. Das sah auch Friedrich, doch weil Daun ihn noch nie angegriffen hatte, glaubte er auch jetzt nicht an einen Angriff, Rückzug dagegen wäre ein Schwächezeichen gewesen. Sobald der ausstehende Brottransport eingetroffen wäre, wollte er ein neues sicheres Lager in Dauns rechter Flanke beziehen, was die Österreicher mit Sicherheit noch stärker gefährdet hätte.

Am 14. Oktober abends sollte der Abmarsch stattfinden, es kam nicht dazu, denn schon am 12. Oktober hatten die meisten höheren österreichischen Führer Daun in turbulentem Kriegsrat mit Erfolg zum Angriff gedrängt. Sofort wurden alle Vorbereitungen getroffen, die Preußen durch Anlage von Verhauen, im Glauben bestärkt, es handle sich um reine Verteidigungsmaßnahmen.

Das Schlachtfeld

Friedrichs Lager bei Hochkirch lehnte sich mit dem rechten Flügel an die weit und breit, vor allem von Osten her, auffällige Höhe von Hochkirch. Die Kirche, deren schlanker, weißer Turm kilometerweit sichtbar war, wurde von einem ummauerten Friedhof umgeben, der die ursprünglich tiefer liegende Straße nach Bautzen um fast 2 m überragte und so bestens für die Verteidigung geeignet war. Die heutige Fernverkehrsstraße 6 begradigt den ehemals flachen Bogen der alten Chaussee südlich des Kirchenareals.

Von der Südostecke Hochkirchs fällt das Gelände allmählich nach Südosten zu einer sumpfigen Wiesenmulde ab, gegenüber, im ganzen Süden, steigen Waldflächen an.

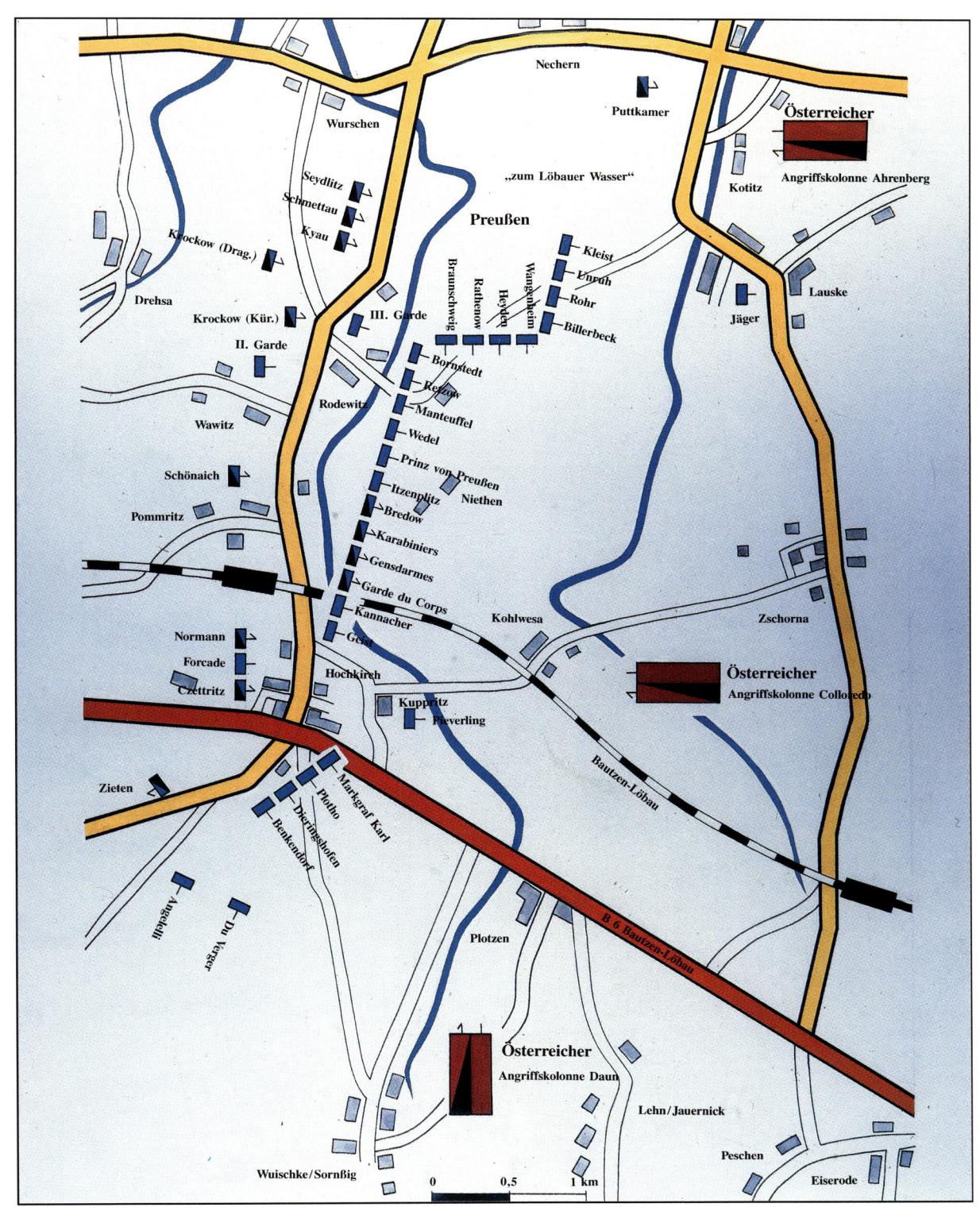

Überfall von Hochkirch am 14. Oktober 1758, Aufstellung der Heere unmittelbar vor dem österreichischen Angriff auf Hochkirch.

Der aus den bewaldeten Höhen südlich Lehn kommende Bach druchfließt etwa ab Kuppritz einen schluchtartigen Geländeeinschnitt, in dem auch Niethen liegt, und mündet nördlich Nechern in das Löbauer Wasser. Der Kuppritz-Niethen-Grund bildete zwar ein starkes Hindernis, trennte das preußische Lager aber auch, weil dessen linker Flügel bis Lauske reichte.

Von Zschorna aus fällt das Gelände insgesamt nach Norden in Wellenlinien, einzelne Anhöhen heben sich heraus.

Der äußerste linke Flügel des preußischen Lagers hatte den steilen, tiefen Grund vor sich, der sich von Zschorna über Lauske nach Kotitz zieht.

Den Drehsaer Grund im Rücken des Lagers durchzieht ein Bach; Übergänge befanden sich 1758 in Drehsa und westlich Waditz.

Das preußische Lager fiel von Hochkirch bis Lauske von 302 m auf 185 m. Für die anstürmenden Österreicher betrug der Höhenunterschied, namentlich von den Bachsenken aus, durchschnittlich 30 bis 40 m.

Stärkeverhältnisse

Die Österreicher (Hauptarmee/Angriffskolonnen)

A) Infanterie:
- Ligne
- Browne
- Los Rios
- L. Daun
- H. Daun
- Harrach
- L. Wolfenbüttel
- Wallis
- J. Esterházy
- N. Esterházy
- Harsch
- Clerici
- Alt-Colloredo
- Starhemberg
- Batthyanyi
- Königsegg
- Thürheim
- Neipperg
- Puebla
- Andlau
- Mainz
- Karl von Lothringen
- Waldeck
- Gaisruck
- Würzburg
- Sachsen-Gotha
- Kaiser
- Hildburghausen
- Botta
- Anger
- Ahrenberg
- Forgach
- Erzherzog Karl

B) Kavallerie:
- Erzherzog Ferdinand (Kür.)
- Erzherzog Leopold (Kür.)
- Anspach (Kür.)
- Serbelloni (Kür.)
- Batthyanyi (Kür.)
- O'Donell (Kür.)
- Stampach (Kür.)
- Anhalt-Zerbst (Kür.)
- Darmstadt (Drag.)
- Erzherzog Josef (Drag.)
- Württemberg (Drag.)
- Kaiser (Hus.)
- Esterházy (Hus.)
- Batthyanyi (Hus.)

Hinzuzurechnen ist das selbständig handelnde Korps Laudon mit den Infanterieregimentern Haller, Kolowrat und Arberg, den Kavallerieregimentern Gelhay, Schmerzing (Kürassiere), Löwenstein, Zweibrücken (Dragoner) und Nádasdy, Karoly, Dessewffy (Husaren) sowie 6.700 Kroaten. Insgesamt umfaßten die österreichischen Hauptkräfte 69.000 Infanteristen und 15.000 Pferde Kavallerie sowie 290 Geschütze.

Die Preußen (Lager Hochkirch)

A) Infanterie: 28.800 Mann der Regimenter
- Markgraf Karl
- Geist
- Kannacher
- Itzenplitz
- Prinz von Preußen
- Wedel
- Retzow
- Bornstedt
- Manteuffel
- Alt-Braunschweig
- Rathenow
- Heyden
- Wangenheim
- Rohr
- Unruh
- II. und III. Garde
- Forcade
- Jäger
- Pieverling

einschließlich der Grenadierbataillone Plotho, Dieringshofen, Billerbeck, Kleist, Benkendorf sowie der Freibataillone Du Verger und Angelelli.

B) Kavallerie: 13.200 Pferde der Regimenter
- Schönaich (Kür.)
- Krockow (Kür.)
- Seydlitz (Kür.)
- Kyau (Kür.)
- Schmettau (Kür.)
- Garde du Corps (Kür.)
- Karabiniers (Kür.)
- Gensdarmes (Kür.)
- Bredow (Kür.)
- Krockow (Drag.)
- Normann (Drag.)
- Czettritz (Drag.)
- Zieten (Hus.)
- Puttkamer (Hus.)

C) Artillerie: 172 Geschütze.

Daun als Angreifer

Der österreichische Hauptangriff sollte überraschend von 35 Bataillonen und sechs Kavallerieregimentern bei Hochkirch gegen den rechten preußischen Flügel geführt werden. Die Angriffstruppen mußten sich dazu im Laufe der Nacht bis an den Hochkirch gegenüberliegenden Saum des Waldes heranarbeiten. „Eine halbe Stunde vor Tags" hatten sie dort zu stehen, um 5 Uhr sollte der Angriff beginnen, und zwar „nach der ersten Decharge mit dem Sabl in der Faust und dem Bajonett". Daun selbst wollte den Angriff leiten. Dagegen hatte der Herzog von Ahrenberg mit 22 Bataillonen und sieben Reiterregimentern den linken preußischen Flügel anzugreifen, Graf O'Donell und Laudon mit neun Bataillonen und 64 Eskadronen den Preußen durch Linksumgehung in den Rücken zu fallen, schließlich Durlach Retzows sechs Bataillone und 15 Eskadronen bei Weißenberg festzuhalten. Für die Verbindung der beiden Hauptgruppen sollte Graf Colloredo mit sechs Bataillonen und einem Kavallerieregiment sorgen.

In größter Stille rückten die österreichischen Truppen vor. Die Wachtfeuer wurden weiter unterhalten, Zapfenstreich und Scharwacht geschlagen, noch immer Bäume gefällt und die Preußen glaubten wirklich an den Bau weiterer Verhaue. Dabei standen ihre Feldwachen 300 Schritt vor dem Lager. Zahlreiche Überläufer kamen während der Nacht an, erzählten von den Bewegungen im österreichischen Heer. Niemand glaubte ihnen. Aber Daun war schon seit 18 Uhr des Vortages im Vorwerk Jauernick, jetzt um 4 Uhr traf er bei seinen Truppen ein.

Noch lag Nacht und dichter Nebel auf den im Lager sorglos schlafenden Preußen. Da ertönte auf dem Kirchtum von Hochkirch der erste Glockenschlag der 5. Stunde, für viele Tapferen die Todesglocke. Daun gab den Angriffsbefehl. Die Regimenter Erzherzog Karl und Nikolaus Esterházy stürzten sich, ohne einen Schuß abzugeben auf die vorgeschobenen preußischen Freibataillone Du Verger und Angelelli. Erste Gewehrschüsse fielen, lebhaftes Geknatter folgte. Es mochten Kroaten sein wie in den letzten Nächten, schnell zu vertreiben. Plötzlich aber krachten Kartätschenschüsse, und schon waren die Österreicher, vermischt mit den geworfenen Freibataillonen, bei den preußischen Feldwachen. Das Feuer weckte die Dieringshofen-, Benkendorf- und Plotho-Grenadiere. In wenigen Minuten waren sie geordnet zur Stelle, warfen die Österreicher mit gefälltem Bajonett zurück. Doch Regiment Haller und Laudons einhauende Löwenstein-Dragoner waren nicht aufzuhalten, richteten ein Blutbad an, und Kroaten im Rücken, mußten die Preußen auf den Dorfrand zurück. Alles, was noch in den Zelten war, wurde niedergestoßen. Wer fliehen konnte, erschien nicht wieder.

Die Nacht war voll von den Rufen preußischer Offiziere: „Kinder! Steht – Kameraden! Haltet! Es wird Sukkurs kommen!" Dann das ungarische Angriffsgeschrei: „Hudry, hudry", das Durcheinanderkommandieren österreichischer und preußischer Offiziere, das Quetschen der treffenden Kugeln und Säbel. Die pechschwarze Nacht erleuchtete das andauernde Blitzen so, daß man im Handgemenge die Montur der Kämpfenden deutlich unterscheiden konnte.

Die preußischen Kavallerieregimenter Zieten und Czettritz waren zwar schnell zu Pferd, ritten aber wieder zurück, um sich zu sammeln und den Tagesanbruch zu erwarten.

Das Kampfgetümmel wurde noch schlimmer, als ein Teil der Sieger mit der Plünderung des eroberten Lagers begann und die auf der Höhe von Steindörfel aufgefahrenen Geschütze in der Dunkelheit auf Freund und Feind schossen. Dem preußischen Regiment Forcade – als erstes konnte es sich sammeln – gelang es noch einmal, die Österreicher ein paar hundert Schritt zurückzudrängen, aber immer stärkere Kolonnen marschierten heran, und von neuem angegriffen, wurden die tapferen Preußen geworfen, die sich erst hinter Hochkirch wieder sammeln konnten.

Gefallene und schwerverwundete Österreicher nach preußischem Kartätschenfeuer (Zeichnung von Menzel).

Während Daun und seine Generale die inzwischen auf der Höhe angekommenen Truppen formierten, stürmte die Avantgarde die große preußische Batterie. Trotz der aufopferungsvollen Verteidigung von I./Markgraf Karl eroberten die Österreicher außer Regimentsgeschützen auch 20 schwere Geschütze.

Die österreichische Artillerie, inzwischen auf der Anhöhe, richtete nun im Verein mit dem eroberten preußischem Geschütz ein verheerendes Feuer gegen Hochkirch, dessen Strohdächer schnell Feuer fingen. Bald loderten auch im Zeltlager Flammen und beleuchteten schauerlich das Dorf und die umliegenden Felder, bis dichter Rauch alles verhüllte.

Beim ersten Lärm war auch Friedrich sofort aus seinem Quartier in Rodewitz getreten, glaubte zunächst auch nur an Kroatengeplänkel. „Bursche, geht nachs Lager, das seindt Panduren!" rief er den herumeilenden Leuten zu. Vom rechten Flügel erfuhr der König jetzt die Niederlage seiner Grenadiere und den Verlust der Batterie, befahl den nächsten Truppen: „Bursche, nehmts Gewehr zur Hand", ließ sofort den Prinzen von Braunschweig mit seiner Brigade rechtsum machen und nach Hochkirch abrücken und bestieg nur halb bekleidet das inzwischen gesattelte Pferd.

Retzow erhielt die Weisung, mit seinem Korps heranzurücken. Dann sprengten Friedrich und seine Begleitung dorthin, wo die größte Gefahr drohte.

Hier hatte sich inzwischen preußische Kavallerie – Zieten, Czettritz, Normann und Schönaich – den Angreifern

Die Schlacht bei Hochkirch. Der Stich von Will zeigt in starker Vereinfachung den österreichischen Überraschungsangriff. Während die Preußen bereits im Rückzug sind, fallen – in der Mitte links – noch Keith und der Prinz von Braunschweig (Staatliche Museen zu Berlin).

entgegengeworfen. Trotz tapfersten Einhauens und schwerer Verluste der österreichischen Grenadiere mußten auch sie vor immer neuen Angriffskolonnen weichen. Da führte Keith das pommersche Regiment Kannacher vor. Er erhielt einen Unterleibsschuß, achtete ihn nicht. Die verlorene Batterie wurde wieder genommen. Aber auch schon im Rücken, vom Dorf her, wurden die Pommern beschossen, mit dem Bajonett mußte sich das Regiment den Rückzug erzwingen, sich durchschlagen. Den Feldmarschall traf eine zweite Kugel in die Brust, und eine Kanonenkugel warf ihn vom Pferd. Seine Leiche bargen später die Österreicher.

In Hochkirch tobte der Kampf weiter in furchtbarem Durcheinander. Nach den ungeheuren Verlusten der österreichischen Grenadiere – sie waren beinahe aufgerieben – ließ Daun nacheinander Clerici, Batthyanyi, Starhemberg, Alt-Colloredo, Arberg, Kolowrat, Los Rios und Puebla den Kirchhof stürmen, in dem – von einer stabilen Mauer umgeben – II./Markgraf Karl postiert war. Der tapfere Führer des Bataillons, Major Langen, hatte erkannt, daß die Preisgabe des Friedhofes den Preußen noch Schlimmers bringen würde. Mit beispiellosem Heldenmut verteidigten sich 600 Mann, nachdem die anderen Truppen das brennende Dorf verlassen mußten, bis zur letzten Patrone gegen 18 österreichische Bataillone. Jede Kapitulation schlug Langen aus. Erst gegen 9 Uhr stürmte das Häuflein mit gefälltem Bajonett zum Kirchhofstor hinaus. Von allen Seiten angefallen und völlig aufgerieben, konnte nur ein kleiner Teil entkommen, fast alle fielen, darunter der Kommandeur, elffach verwundet.

Allein Batthyanyi eroberte vier Fahnen und machte 300 Gefangene. Düsterer Qualm lag über Hochkirch, dazwischen aufschlagende Flammen und blitzende Flintenschüsse. Noch einmal führte Markgraf Karl I./Kannacher vor, Fürst Moritz von Anhalt wurde zugleich durch zwei Schüsse schwer verwundet, dem Prinzen Franz von Braunschweig riß eine Kanonenkugel den Kopf ab. Für kurze Zeit nur wechselte das Dorf den Besitzer, dann mußten die Preußen wieder weichen.

Der König hatte inzwischen westlich von Hochkirch eine neue Linie aus den Regimentern Wedel und Bornstedt, II./Garde und dem Garde-Grenadierbataillon Retzow gebildet, führte diese Truppen dann selbst gegen den linken österreichischen Flügel. Die Bataillone begannen zu feuern. Hinter Wedel hielt der König. Dicht schlugen die Kugeln um ihn ein. Da ritt Major Chmielinski heran: „Euer Majestät Pferd ist blessiert." „Wo seindt meine Pferde? Ein anderes Pferd", rief Friedrich, saß ruhig ab und bestieg ein neues Pferd.

Zwischen 6 und 7 Uhr attackierten O'Donells Reiterregimenter den rechten preußischen Flügel, aber sofort war auch preußische Kavallerie zur Stelle. Garde du Corps, Leibkarabiniers und Bredow-Kürassiere stürzten sich den österreichischen Reitern entgegen, während Gensdarmes und Schönaich in die Infanterie südlich Hochkirch einhauten. Zieten und Normann schlossen sich an. Die Österreicher wurden in den Wald geworfen. Mit drei österreichischen Standarten und einigen hundert Gefangenen kamen die Eskadronen erschöpft zurück. General Vitelleschi wurde gefangen, der preußische General Krockow tödlich verwundet. Doch jetzt setzte sich Graf Lacy an die Spitze von fünf Karabinier-Kompanien und griff die preußische Kavallerie frontal an, seitlich drangen Laudons Kroaten vor. Die Preußen mußten wieder weichen und sammelten sich erst hinter Pommritz. Vergebens waren die Anstrengungen.

Es mag 7.30 Uhr gewesen sein, als Hochkirch – bis auf den Kirchhof – endgültig in den Händen der Österreicher war. Der Nebel sank. Wieder bildete der König hinter

Österreichischer Husar in Wintermontur (Zeichnung von Ottenfeld).

Hochkirch, nördlich Pommritz, aus frischen Truppen eine Linie, die die jetzt zurückweichenden Trümmer aufnahm. Da kam von II./Wedel der Leutnant Barsewisch mit drei Fahnen und einer kleinen Schar beim König an. „Wo seindt die anderen?" fragte Friedrich. „Hier bringe ich die Fahnen, so gerettet, die andern seindt gefangen, und diese 15 Mann seindt die letzten." „Gebe er die Fahnen an Unteroffiziere", befahl Friedrich. „Euer Majestät, ich habe nicht einen mehr." „So gebe er sie an Soldaten und stelle er die Leute in Glieder." Schließlich fanden sich an die 150 Mann zusammen. Aber der ebenfalls erschöpfte Gegner folgte nicht aus Hochkirch. Mit den fünf frischen Bataillonen der Brigade Saldern, zwei Batterien und den Trümmern aufgeriebener Einheiten stabilisierte sich der zurückgeschlagene preußische Flügel. Doch Daun zauderte, wollte nicht eher erneut angreifen, als bis vom rechten Flügel sichere Nachrichten heran waren.

Dort hatte der Herzog d'Ursel neun Bataillone, zwei Bataillone in der Front, die anderen im Karree, gegen die Höhen bei Kotitz und die dort stehende große preußische Batterie von 30 schweren Geschützen vorgeführt. Von Norden unterstützte ihn die Kolonne des Herzogs von Ahrenberg. Dazu kamen noch Verstärkungen des Prinzen von Durlach: ein Grenadier- und sechs Füsilierbataillone. Die Deckung besorgte General Buccow mit vier Kavallerieregimentern.

Im dichten Nebel und unter dem Feuer der preußischen Geschütze stürmten die Österreicher, allen voran Grenadier-Bataillon Burmann die Höhen. Was von den Preußen fliehen konnte, entkam auf die jenseitigen Höhen und formierte sich wieder. Ahrenberg ließ aber nicht verfolgen, weil Retzows Korps aus Richtung Weißensee heran war und die österreichische Flanke bedrohte. Des-

Noch einmal die Schlacht bei Hochkirch in einem zeitgenössischen Stich. Rechts Daun, vor ihm blutiger Nahkampf.

halb mußte auch O'Donells Kavallerie, schon im Rücken der Preußen, zurückgehen.

Friedrich hatte, von den Österreichern nicht behelligt, Zeit gehabt, den Rückzug zu organisieren und unter dem Schutz der Kavallerie zog nun die gesamte Infanterie und der Rest der Bagage durch das vorher von III./Garde unter Major Möllendorff gesicherte Defilee bei Drehsa nach Kleinbautzen, nahm erneut Aufstellung. Unterwegs zeigte der König größte Gelassenheit: „Kanoniers, wo habt Ihr Eure Kanonen gelassen?" „Der Teufel hat sie in der Nacht geholt." „So wollen wir sie ihm bei Tage wieder abnehmen. Ich werde auch dabei sein."

Am Abend rückte Dauns Armee wieder in das Kittlitzer Lager. Nur Graf Colloredo blieb mit seiner Kolonne und allen Grenadier- und Karabinier-Kompanien zur Bestattung der Gefallenen und Versorgung der Verwundeten auf dem Schlachtfeld, sammelte die Gefangenen ...
Wieder war bloß ein Blutbad erreicht und der Erfolg von Daun nicht ausgenutzt worden. Dabei hatten es die österreichischen Flügel, vor allem O'Donell und Durlach, in der Hand, die Falle zu schließen.

Die Preußen verloren an diesem Tag 5.381 Mann an Toten, Vermißten und Gefangenen, 127 Offiziere und 3470 waren verwundet, fast ein Drittel ihrer Gesamtstärke. Daneben büßten sie 101 Geschütze, 165 Munitionskarren, 28 Fahnen und zwei Standarten ein.

Keiths Leiche wurde von den Österreichern am nächsten Tag mit militärischen Ehren begraben. Prinz Franz von Braunschweig war gefallen, die Generale Geist und Krockow erlagen ihren Wunden.

Doch auch die Österreicher erkauften den Sieg teuer: nach den offiziellen Listen waren 315 Offiziere und 4.992 Mann tot, verwundet oder vermißt. Die Zahl der Gefangenen ist nicht bekannt.

Am Tage nach der Schlacht veranstalteten die Österreicher in Hochkirch noch ein Freudenfeuer aus allen Geschützen und Gewehren. Morgens um 8 Uhr war die Siegesnachricht schon in Wien und am 18. Oktober folgte Freiherr von Tillier feierlich mit 24 blasenden Postillionen und den eroberten Fahnen und Standarten.

Das Schlachtfeld von Hochkirch heute

Das Schlachtfeld von Hochkirch ist zu erreichen
o von Berlin auf der Autobahn Berlin–Dresden bis Dresden, von dort weiter auf der Autobahn Hermsdorfer Kreuz–Bautzen bis zur Ausfahrt Bautzen-Ost und auf der B 6 nach Hochkirch (etwa 10 km),
o von Dresden auf der Autobahn Hermsdorfer Kreuz–Bautzen und weiter wie oben oder auf der B 6 über Bischofswerda nach Bautzen, was empfehlenswerter ist,
o von Leipzig und Hermsdorfer Kreuz auf der Autobahn Leipzig–Dresden bzw. Hermsdorfer Kreuz–Bautzen bis Bautzen-Ost und weiter wie oben.

Das Schlachtfeld ist heute noch im wesentlichen unverändert. Ausgangspunkt für eine Besichtigung sollte Hochkirch sein, speziell die Dorfkirche und ihre Umgebung. Das Gotteshaus selbst ist 1720 errichtet worden (1856 erneuert); der mächtige Turm, im oberen Teil achteckig und mit prächtiger Haube, stammt aus dem Jahr 1750.

Unmittelbar rechts neben dem Eingang zur Kirche stehen eng nebeneinander zwei Obelisken von 1908. Der rechte trägt die Inschrift: „Zur ehrenden Erinnerung / an die tapferen Gefallenen / österreichischen und preußischen Soldaten, / welche auf diesem / Schlachtfeld am 14. Oktober 1758 / für Kaiser, König und Vaterland / den Heldentod gestorben sind / Gott schenke Ihnen / den ewigen Frieden!"

Der links stehende Obelisk ist dem Major Simon Moritz Wilhelm von Langen (1704–1758) gewidmet, der mit seinem Bataillon den Kirchhof gegen achtzehnfache Übermacht bis zur Aufreibung seiner Truppe bravourös verteidigte und am 21. Oktober 1758 seinen Wunden in Bautzen erlag. Auf dem Obelisk heißt es dazu: „Simon Moritz Wilh. v. Langen / Königl. preuß. Major / verteidigte am 14. Oktober 1758 / diesen Friedhof mit dem II. Bataillon / des Regiments Markgraf Karl / gegen zehnfache Übermacht / bis zur Vernichtung seiner Mannschaft / Seid getreu bis in den Tod / Offenb. 2.10." (Die abweichenden Aussagen des Autors beruhen auf glaubwürdigeren Ermittlungen von C. A. Kubitz, um 1895 Pfarrer in Hochkirch). Beim Betreten der Kirche fällt links im Durchgang das dort ausgestellte Läutwerk (1731) vom Tage der Schlacht auf, das Kircheninnere erweist sich als dreiseitig geschlossener Saal mit flacher Decke. Ausstattung und Emporeneinbauten stammen allerdings aus der Zeit der Erneuerung.

Hinter dem Altar befindet sich ein weiteres Denkmal – eine weiße Urne aus Marmor auf einem ebensolchen Sokkel. Die schwarze Platte trägt folgende lateinische Inschrift: „Gewidmet dem Andenken Jacob Keiths, dem Sohne des Grafen Wilhelm, Erbmarschall im Königreich Schottland, und der Maria Drummond; dem Feldmarschall Friedrichs, des Königs von Preußen; dem Manne von einfachreinen Sitten und leuchtender Tapferkeit, welcher in der Schlacht unfern von hier die wankenden Reihen seiner Soldaten nach eignem Plan und in eigner Person, durch Zuruf und Beispiel wieder ordnete und kämpfend, wie es Helden ziemt, am 14. Oktober 1758 fiel."

Dieses Denkmal ist Keith 1776 von seinem Vetter Robert Murrey Keith, damaliger englischer Bevollmächtigter in Wien, zunächst auf dem Kirchhof von Hochkirch gesetzt worden, der ersten Begräbnisstelle. Seit dem 8. Februar 1777 war Keith dann in der Berliner Garnisonkirche beigesetzt.

Zu den österreichischen Trauerfeierlichkeiten für Keith gibt es einige Überlieferungen: danach soll der Feldmarschall – nur von einem Kroatenmantel bedeckt, ansonsten völlig ausgeplündert – am Morgen des 15. Oktober 1758 mit anderen Gefallenen auf einer Schubkarre zum Haupteingang der Kirche gebracht und dort niedergelegt worden sein. Als Daun mit seinem Gefolge die Kirche betrat, habe General Lacy den Mantel anhebend in tiefer Bewegung ausgerufen: „Es ist meines Vaters bester Freund –

Eingang zum Pfarrhaus.

Die Hochkirchner Kirche; von ihrem Turm kam das Angriffssignal für die Österreicher.

Keith!" Da ein Sarg nicht zu beschaffen war, wurde Keith in einem Sargdeckel – vom Sarg der am 13. Oktober verstorbenen Frau von Warnsdorf – beerdigt. Über dem Grab erdröhnten dreimal die Schüsse aus zwölf Geschützen und die Ehrensalven zweier Regimenter. Friedrich dem Großen, der um würdige Bestattung seines Feldherrn bat, konnte Daun antworten, daß er schon dieser Ehrenpflicht nachgekommen sei.

Hinter dem Altar der Kirche sind weiter zu sehen: eine Lithographie Menzels, die eine Szene der Schlacht darstellt, eine Widmung des deutschen Kaisers Wilhelm II. („Der Gemeinde Hochkirchen in dankbarer Anerkennung für die Pflege der Tradition") sowie Traditionsschleifen der beteiligten preußischen Regimenter.

Die Blutgasse in Hochkirch, Schauplatz der erbittertsten Kämpfe am frühen Morgen des 14. Oktober 1758.

Denkmal für den preußischen Major Simon Moritz Wilhelm von Langen.

Das den gefallenen Österreichern und Preußen gewidmete Denkmal.

Durch den Hinterausgang der Kirche kann der Friedhof betreten werden, die Grundfläche und Teile der Ummauerung dürften unverändert sein. Auszugehen ist davon, daß die Toten der Schlacht in ihrer Mehrheit in bzw. um den Kirchhof beigesetzt wurden.

Historische Bezüge hat auch das links hinter der Kirche stehende Pfarrhaus: Über der Haustür verkündet eine Tafel „Gubernante Iehova 1758 / Im Kriege brandt ich nieder / der Friede baut mich wieder / 1764".

Nordöstlich geht vom Kirchenvorplatz und entlang dem Kirchhof die Blutgasse ab. Nach zeittypischer Übertreibung soll hier das Blut der Gefallenen und Verwundeten in Strömen hinabgeflossen sein, sicherlich aber der Punkt des Schlachtfeldes, an dem mit größter Erbitterung und unter höchsten Verlusten gekämpft wurde.

Blickt man nach Südwesten – der beste Standort dazu befindet sich wenige Schritte jenseits der B 6 – kann das

Aus dieser Richtung griff Dauns Kolonne Hochkirch an.

Dauns Stabsquartier in Kittlitz von Norden.

Angriffsfeld des ersten österreichischen Sturms völlig übersehen werden. Diesseits der Straße verdient das Gasthaus „Alter Fritz" (1814) zumindest im Inneren Beachtung (Menzel-Lithographie, Schlachtplan und eine Zinnfigurenvitrine zur Schlacht von Hochkirch).

Die weitere Besichtigung des Schlachtfeldes sollte nun über Pommritz, Rodewitz, Nechern nach Kotitz fortgesetzt werden (ca. 6 km). 1 km südlich Kotitz – in Richtung Löbau – fällt rechts der Straße ein Geländeanstieg auf. Hier etwa griff der rechte österreichische Flügel die große preußische Batterie oben auf der Höhe an.

Weiter in Richtung Löbau wird nach etwa 4 km Kittlitz erreicht, das in den Tagen der Schlacht das österreichische Hauptlager war. Daun und sein Gefolge sollen in dem südlich links der Straße kurz hinter dem Ortsausgang heute noch zu sehenden größeren Gehöft logiert haben. Von Kittlitz gelangt man bei Mechern wieder auf die B 6

Die Höhe von Kotitz, Ahrenbergs Ziel.

Das Vorwerk Jauernick im 19. Jahrhundert.

Vorwerk Jauernick heute.

in Richtung Hochkirch/Bautzen. Nach etwa 2 km biegt man in Plotzen nach Lehn ab, von dort weiter nach Jauernick, im ganzen höchstens 2 km. Sehenswert ist hier das alte Vorwerk Jauernick – am 13./14. Oktober 1758 vorgeschobener Befehlsstand Dauns –, heute im offenen Hof eines Kinderheimes gelegen. Die baulichen Veränderungen sind geringfügig, lediglich das Dachgeschoß wurde erweitert.

Zurück in Plotzen ragt nordwestlich 2 km gegenüber Hochkirch auf, das sich jetzt noch einmal in seiner ganzen militärhistorischen Bedeutsamkeit zeigt.

Das Kriegsjahr 1759

„Ich bin wie jemand, der den Schluß eines Epigramms sucht und nicht findet", soll Friedrich nach Hochkirch gesagt haben, „ich sehe nicht, wie ich das Ende meines Feldzuges finden soll". Mit der Räumung Schlesiens und Sachsens durch die Österreicher, Pommerns, der Mark Brandenburg durch Russen und Schweden und Hannovers, Hessens und Westfalens durch die Franzosen war zwar der Feldzug zu Ende, nicht aber der Krieg.

Der Aufmarsch des österreichischen und preußischen Heeres für den neuen Feldzug begann im März 1759 ziemlich zeitgleich: Daun sammelte das Haupttheer – etwa 83.000 Mann – nahe Königgrätz, während sich Hadiks 16.000 Mann in Franken mit dem Reichsheer vereinigten. De Ville bezog mit 26.000 Mann Quartier in Österreichisch-Schlesien.

Die Preußen hatten sich geteilt: Mit Friedrich lagerten 50.000 Mann bei Landeshut, unter Prinz Heinrich standen 28.000 Mann zwischen Dresden und Pirna, kleinere Kontingente bei Posen, Landsberg/Warthe und Oberschlesien.
Österreichs Hauptverbündete waren noch weit: die Russen unter Soltikow hinter der Weichsel, die Franzosen auf dem linken Rheinufer. Nur Soubise hielt sich nahe Frankfurt/Main, 50.000 Mann stark.

Die Kampfhandlungen wurden noch im März mit kleineren preußischen Vorstößen zur Wegnahme von Magazinen in Franken, Thüringen, Böhmen und Polen eröffnet. Im Westen aber unterlagen deutsch-englische Truppen Soubise im Treffen bei Bergen am 13. April. Eine Gegenoffensive der Franzosen scheiterte dann am 1. August bei Minden, in Schlesien mußte Friedrich Daun, der sich in einem stark befestigten Lager hinter dem Queiß verschanzte, nicht fürchten, aber die Kräftekonstellation verbot auch jeden Angriff. „Das sind die Folgen des Defensivkrieges", klagte der König, „hier stehen wir wie die Hammels gegeneinander, und keiner will beißen."

Das Unglück nahte für die Preußen nun zuerst von den Russen: Wedels 28.000 Mann wurden von der heranrückenden russischen Armee bei Kay am 23. Juli geschlagen. Die Russen vereinigten sich daraufhin mit 19.000 Österreichern unter Laudon bei Frankfurt/Oder, worauf Friedrich Anfang August Sachsen entblößen mußte, um gegen beide Verbündete zu marschieren. Am 12. August kam es zur Schlacht bei Kunersdorf, die schwerste Niederlage der Preußen im Siebenjährigen Krieg überhaupt. Fast 40% des Mannschaftsbestandes waren gefallen oder verwundet. Nur die Uneinigkeit der Verbündeten bewahrte Friedrich vor der militärischen Katastrophe.

In Sachsen vertrieb die Reichsarmee unter dem Prinzen von Zweibrücken ab Ende Juli die Preußen aus Halle, Merseburg, Leipzig, Torgau und Wittenberg, im Falle Torgaus erst nach Belagerung und Sturmangriffen. Es war ein neuer Schlag, der Friedrich traf, als er am 7. September von der Übergabe Dresdens (5. September) und dem Vordringen der Schweden in die Uckermark erfuhr, neue Klippen, die er „ohne die göttliche Eselei" seiner Gegner kaum umschiffen würde können.

Die Kapitulation von Maxen am 21. November 1759

Vorspiel

Während Friedrich den Russen gegenüber stehenblieb und beobachtete, beorderte er einen seiner fähigsten Generale, Fink, nach Sachsen, um die dortigen Reichstruppen zu schlagen und Dresden so bald als möglich zurückzugewinnen. Die Verhältnisse schienen sich zu bessern, als es dem König durch schnellen Marsch gelang, Daun von der Belagerung Glogaus abzubringen und sein Bruder unter Umgehung des österreichischen Hauptheeres in Sachsen eindringen konnte.
Von einem heftigen Gichtanfall geplagt, erwartete Friedrich mit Ungeduld günstige Nachrichten vom Prinzen Heinrich, der Daun völlig nach Böhmen zurücktreiben sollte. Zwar ging Daun vor dem Prinzen am 6. November auf eine Stellung zwischen Meißen und Nossen zurück, ein Flankenmarsch Finks veranlaßte ihn lediglich, sich bei Wilsdruff zu verschanzen. Nach Friedrichs Vorstellung sollte Fink jetzt ein verstärktes Korps nach Maxen, in den Rücken Dauns führen, um die Österreicher endgültig nach Böhmen abzudrängen. Daun wollte ohnehin abmarschieren, doch sein Generalquartiermeister, Graf Lacy, überzeugte ihn von der verlockenden Möglichkeit, Fink sogar einzuschließen. Daun verließ daraufhin mit der Hauptmacht Wilsdruff und ging bis südlich Dresden zurück. Der König – in der Hoffnung Daun in ein Nachhutgefecht verwickeln zu können – folgte prompt und eines Erfolges sicher. Unbekannt war ihm allerdings eine glückliche Koordination der Österreicher, die die Reichsarmee nach Bergieshübel, südlich Pirna, dirigierte.

Fink war am 18. November nach äußerst beschwerlichen Märschen in Maxen angekommen. Unterwegs hatten die Preußen bei einem Zusammenstoß mit Teilen der Reichsarmee deren Vorposten vertrieben, eine Anzahl Gefangene gemacht und zwei Kanonen erbeutet. So konnte Fink an den König berichten: „Wie es heist, gehet alles über Halss und Kopff nach Böhmen; in Dresden soll kein Mensch mehr an einer Defension gedencken; nach allen Ansehen ist alles in Confusion und bekommen wir gewiss noch was ab." Friedrich war in bester Stimmung. Für ihn stand jetzt der Abmarsch Dauns fest. „In acht Tagen ist Sachsen vom Feinde gesäubert und gereinigt", schrieb er von Limbach an Prinz Ferdinand von Braunschweig. Aus dieser Zuversicht sollte er bald aufgeschreckt werden.

Das Schlachtfeld

Sanfte Höhen, von steilen, tief eingeschnittenen Tälern durchfurcht, charakterisieren die Osterzgebirgslandschaft. Die Straßen führten daher fast ausschließlich über die Berge, so daß sich unzählige Stellungen und Möglichkeiten für den Kleinkrieg boten.

Südwestlich von Maxen erheben sich mehrere annähernd parallele Höhenrücken, die nordwestlich-südöstlich laufen und im Westen von den Gewässern der Lockwitz, im Osten von der Müglitz begrenzt werden. Für den Verlauf der historischen Geschehnisse von Bedeutung sind der südöstlich von Hausdorf auf immerhin 417 m ansteigende Höhenzug – am westlichen Abhang liegt Reinhardtsgrimma – sowie die Höhen zwischen Hausdorf und Maxen, die an der sogenannten Finkenfanghöhe 395 m erreichen. Diese „Finkenfanghöhe" liegt 500 m südwestlich von Maxen. Sie wird von einer knapp 600 m langen, 200 m breiten Ebene gekrönt, aus der sich zu beiden Seiten der Straße zwei Kuppen bis auf 395 m hervorheben.
Die Hausdorfer Straße steigt hier aus der Bergmulde auf 200 m um 35 m.

Zwischen Finkenfanghöhe und dem nordöstlich sich erhebenden Scheerberg liegt Maxen, 365 m hoch, der Südausgang des Dorfes liegt fast 70 m tiefer als das Nordende. Nasse Wiesen erhöhten damals noch mehr als heute die Schwierigkeiten des Geländes. Nordöstlich von Maxen befinden sich ebenfalls mit steilem Abfall nach Südwesten einzelne Höhen, die sich nach Norden zu allmählich gegen Wittgendorf und Tronitz senken. Östlich liegt ein großes Plateau, rings von Schluchten umgeben und nur von Westen frei zugänglich. Auf ihm liegt das Dorf Falkenhain (das in Schlachtbeschreibungen erwähnte Ploschwitz ist heute Ortsteil von Falkenhain), am östlichen Abhang, schon fast an der Müglitzeinmündung ins Elbtal, Dohna.

Über diese Bergrücken zogen zwei Straßen: Die eine von Dippoldiswalde nach Dresden über Reinhardtsgrimma, Hausdorf, Maxen zwischen Wittgendorf und Tronitz nach Norden. Die andere zweigte kurz hinter Maxen von der ersten ab und führte über das Plateau nach Dohna und ins Elbtal. Dies war die Gegend, die Fink am 18. November 1759 mit seinem Korps besetzt hatte. Sie war für den Zweck, der erreicht werden sollte, ungemein günstig. Die beiden einzigen Straßen, die Dresden auf dem linken Elbufer mit Böhmen verbanden, führten in unmittelbarer Nähe an beiden Seiten der Höhen vorbei. Für Fink war es also klar, sich mit den Hauptkräften ungefähr in der Mitte zwischen beiden Straßen, d. h. auf den Bergen bei Maxen aufzustellen und nach den Seiten durch vorgeschobene Detachements beobachten zu lassen. Sobald sich herausstellte, daß der Feind auf einer der beiden Straßen abziehen wollte, konnte er je nach gegnerischer Stärke entweder mit ganzer Macht über sie herfallen oder durch kleinere Abteilungen beunruhigen.

Vor dem Angriff

Am 18. November verabredete Daun mit dem Oberbefehlshaber des Reichsheeres, dem Prinzen von Zweibrücken, den gemeinsamen Angriff auf Fink: Teile der Reichsarmee sollten bei Dohna preußische Kräfte binden, während sich ein Hauptangriff der Österreicher über Reinhardtsgrimma gegen Maxen richten würde. Im Falle des Gelingens sollte Brentano von Wittgendorf-Tronitz her eingreifen.

Mit sicherem Blick hatten Daun und Lacy den gefährlichsten Punkt der preußischen Stellung erkannt, peinlich genau – ein Kennzeichen aller Daunschen Schlachtenpläne – die verfügbaren Kräfte eingesetzt.

Sincere hatte schon um 11 Uhr Brentano mit fünf Grenadierkompanien, sechs Bataillonen und elf Eskadronen (Brettlach- und Daunkürassiere, St.-Ignon-Dragoner, Palatinalhusaren) über das Lockwitztal gesandt und die Generale Siskowitz und Senkendorff, den Oberstwachtmeister von Beaulieu und den Hauptmann Siegel mit starken Kräften gegen Dippoldiswalde aufklärend vorgehen lassen, denn die Bauern hatten wenig Lust zu Aufklärungsdiensten; plündernde Kroaten fielen in ihre Höfe, Vieh, Hab und Gut wurden fortgeschleppt, Häuser und Scheunen zum Feuermachen eingerissen.

Nach Dauns Berichten an Maria Theresia waren in der Nacht vom 18. zum 19. November zum Angriff auf Finks Korps bereitgestellt: die Infanterieregimenter Anger, Marschall, Giulay, Ligne, Wied, Harsch, Botta, Alt-Colloredo, Durlach, Haller und Tillier, im ganzen 20.107 Mann, sowie die Kavallerieregimenter Serbelloni, Brettlach, Schmerzing, Alt-Modena, Stampach, Anhalt-Zerbst (Kür.), Stabs-Dragoner, Jung-Modena (Drag.), Szecheny (Hus.), insgesamt 6.538 Reiter, dazu einige hundert Kroaten.

Bei bitterer Kälte brach die von Daun zum Hauptangriff bestimmte Streitmacht am 19. November gegen 7 Uhr südlich Dresdens von Rippien auf: 12.226 Infanteristen, darunter 2.653 Grenadiere und 3.868 Reiter, 50 schwere Geschütze, zu denen noch etwa 40 Regimentsstücke kamen. Daun hatte sich die Oberleitung vorbehalten. O'Donell sollte die Kavallerie, Sincere die Infanterie führen. Nur langsam kam man mit den abgetriebenen Pferden auf der einzigen benutzbaren Straße nach Dippoldiswalde voran. Obwohl Daun zur Eile trieb und sogar die Pioniere „um Gottes Willen gebethen hatte, bald zu machen, daß die Laufbrücken fertig würden" – jedenfalls für sumpfige Stellen in der Dippoldiswalder Heide – stieß seine Spitze doch erst gegen 15 Uhr auf Finks Brotwagen, die, von zwei Bataillonen und drei Husareneskadronen bedeckt, die Straße Dippoldiswalde–Reinhardtsgrimma befuhren.

Fink sandte seiner Verpflegungskolonne die Grendierbataillone Kleist, Billerbeck und Röhrsdorf sowie die Württemberg-Dragoner unter Führung des Generals Platen entgegen, und es gelang sogar, die Wagen noch recht-

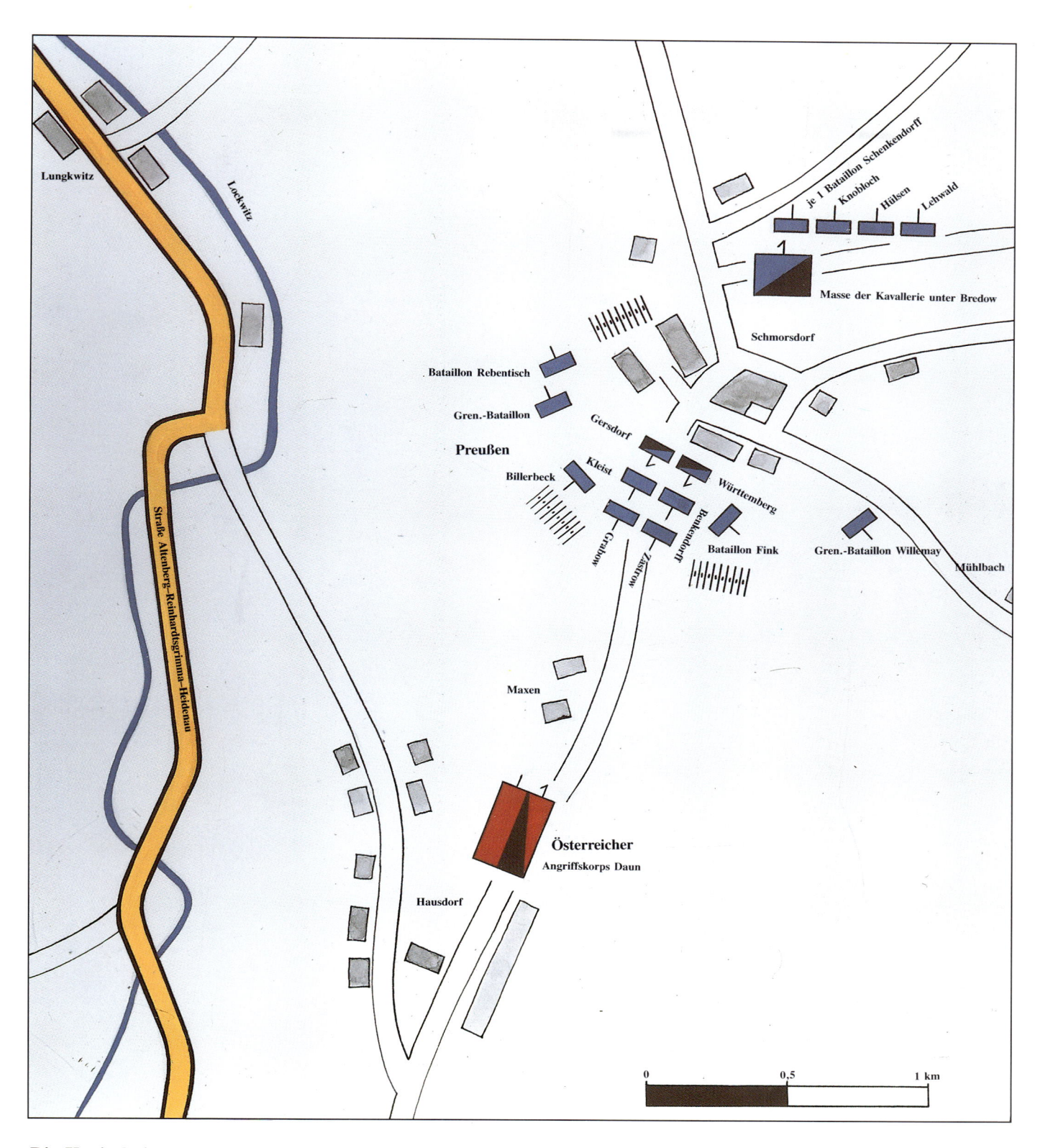

Die Kapitulation von Maxen am 21. November 1759, Aufstellung kurz vor dem österreichischen Angriff auf Maxen.

zeitig in Sicherheit zu bringen, nur einige – Fink sagte „ohngefähr 6" – fielen den Österreichern in die Hände. „Man konnte wegen der Enge der Straßen und Defilees dem Feinde nicht gleich beikommen", berichtete Daun.

Mit besserem Ergebnis hatte der Marschall Dippoldiswalde angreifen lassen. Das Städtchen war ohne Kampf am Nachmittag genommen worden.

Während des Tages hatte Brentano seine Streitmacht von 6.300 Mann ebenfalls im Süden Dresdens, bei Lockwitz gesammelt. Vom Reichsheer war Prinz Stollberg mit sechs Bataillonen, sechs Grenadierkompanien – 5.400 Mann und einem Dragonerregiment mit 360 Pferden – sowie einigen schweren Geschützen nach Burkhardtswalde vormarschiert.

Bei Dohna standen unter dem Grafen Palffy 1.600 Husaren (Hadik, Splenyi, Slavonier) und 2.600 Kroaten der Generale Ried und Kleefeld. Diese österreichischen Truppen waren dem Reichsheer beigegeben worden.

Am 19. November früh ritt Fink zur Erkundung von Maxen in nördliche Richtung und konnte die nach Dippoldiswalde marschierenden österreichischen Kolonnen beobachten. Es war klar: ein Angriff stand unmittelbar bevor, Reinhardtsgrimma und Dohna waren die Ausfalltore, und man konnte sich je nach Lage der Dinge mit überlegenen Kräften auf den Feind werfen oder sich im schlimmeren Fall auf eine Verteidigung der Höhenstellung einlassen.

So stand Fink mit neun Bataillonen und 24 Eskadronen bei Maxen, während Wunsch mit fünf Bataillonen und drei Eskadronen, Dohna und Platen mit drei Bataillonen und acht Eskadronen Reinhardtsgrimma besetzt hielten. Ein Bataillon wurde auf den Höhen nordwestlich Hausdorf aufgestellt.

Fink hatte insgesamt vier Grenadierbataillone (Kleist, Billerbeck, Willemay und Benkendorf), 13 Bataillone Infanterie (je zwei Rebentisch, Münchow, Kassel, je ein Lehwald, Hülsen, Knobloch, Fink, Zastrow, Grabow, Schenkendorf), ein Freibataillon (Salenmon), 15 Eskadronen Kürassiere (Vasold, Horn, Bredow), 10 Eskadronen Dragoner (Platen, Württemberg) und 10 Eskadronen Husaren (Gersdorf) sowie 70 Geschütze.

Die Infanterie war reichlich 10.000 Mann, die Kavallerie etwas über 4.000 Pferde stark.

Fink entschloß sich, in einer kompakten Stellung zwischen Maxen und Schmorsdorf den Angriff abzuwarten. Die Beschaffenheit der Gegend zwang Fink, nach mehreren Seiten Front zu machen, da die Österreicher von Norden wie von Süden auf der Dresdener Straße anrükken konnten. Daß damit die Verteidigungskraft erheblich geschwächt wurde, hat Fink bei seiner großen Kriegserfahrung sicher empfunden, aber nun verlangten die Umstände eine Stellung, die jeder Anfänger tadeln konnte. Dazu kommt noch, daß der feindliche Anmarsch sowohl von Reinhardtsgrimma wie von Tronitz her sehr lange, fast bis auf Kartätschenschußweite, völlig gegen Sicht gedeckt war. Die vielen toten Winkel machten außerdem eine Beschießung des angreifenden Gegners fast wirkungslos.

Die Nacht zum 20. November verbrachte das Korps schon dicht gedrängt im Kessel zwischen Maxen und Schmorsdorf, es fehlte an Holz und Stroh. Als man die Zelte am nächsten Tag abbrechen wollte, waren sie festgefroren und mußten stehenbleiben, hinderten die Truppenbewegungen. Denn die Infanterie und Kavallerie befand sich zum großen Teil im Lager, als der Kampf begann.

Unterdessen schrieb Fink an den König: „Ich weiß noch nicht, ob es zu einer Affäre kommen wird; ich glaube, sie wollen sich die Passage nach Böhmen freimachen. In meinem Posten werden sie mich nicht attackieren; allen Abbruch von der Welt werde ich ihnen tun. Sollten Sie aber wider Vermuten mich einschließen wollen, so bin ich versichert, Eure königliche Majestät, werden mich degagieren." Tatsächlich schickte Friedrich Hülsen mit sieben Bataillonen und 18 Eskadronen in den Rücken der Österreicher auf Dippoldiswalde. Ehe sie ankamen, war Finks Schicksal entschieden.

Finkenfang

Gegen 7 Uhr am 20. November traten die Österreicher den Vormarsch gegen Reinhardtsgrimma an, voraus die Szechenyhusaren, Kroaten und die Grenadiere. In vier Marschsäulen folgte die Masse. Eben als die Spitzen in die Nähe von Reinhardtsgrimma kamen, traf Daun bei seinen Truppen ein. O'Donell übernahm nun die Kavallerie, Sincere die Infanterie.

Schleunigst räumten Platens Preußen Reinhardtsgrimma und zogen sich auf Hausdorf zurück. Ein verhängnisvoller Befehl Finks, die schwierige Passage freizugeben.

Von Norden hatte sich inzwischen auch Brentano mit sechs Bataillonen und 12 Eskadronen von der Straße Dresden–Dohna her auf Maxen in Bewegung gesetzt, und von Osten marschierte Prinz Stollberg mit etwa 5500 Mann Reichstruppen heran; so zog sich der Ring um Finks Stellung enger und enger. Trotz verschneiter und vereister Wege entschloß sich Daun zum Vormarsch, rückte langsam durch die Talgründe vor, die umherschwärmenden preußischen Husaren wurden zurückgedrängt.

Es war etwa 13.30 Uhr. Der Musketier Dominicus vom Bataillon Schenkendorf schrieb in sein Tagebuch: „Den 20. November hatten (wir) Gerstengraupen gekocht, wollten gleich dran und essen; indem fingen die Österreicher an zu attackieren. Indem kömmt Genral Reventish (Rebentisch), rief: ‚Vor! Vor! Angetretten!‘ Wir musten gleich antretten, musten Essen und Zelter stehen lassen. Da kam Ordre, die Burschen sollten die Zelter geschwind apbrechen. Wir waren kaum dabey, konten sie auch wegen Frost nicht loßmachen. Es komt wieder Ordre, die Furir und Furirschützen solten die Zelter apbrechen. Wir musten wieder antretten, da komt Genral Reventish, comandiert ‚Rechts um!‘ Wir marschirten vorwärts, besetzten die Anhöhn; so stunden wir stille, plantzten unsre Canonen auf."

Da der Anmarsch Dauns bis auf etwa 500 m zu den südwestlich Maxen gelegenen Höhen gegen Sicht völlig gedeckt war, hat das Erscheinen der österreichischen schweren Geschütze die Preußen sicherlich erschreckt. Es dauerte eine Weile, ehe die österreichischen Artilleristen sich eingeschossen hatten, die ersten Kugeln flogen weit über Maxen hinweg, schlugen aber in die Gepäckswagen. Als Dauns Geschütze zum Kampf riefen, gaben die acht Achtpfünder Breutanos dröhnend Antwort. Die preußischen Knechte versuchten, mit den Pferden in Sicherheit zu kommen und jagten kopflos durch Infanteristen, die die Zelte abbrachen, Essen retten und antreten wollten. Fink befahl, Ordnung herzustellen, das gesamte Gepäck nach Schmorsdorf abzufahren, was nur zum Teil gelang. Mit den wenigen schweren Geschützen, die er an dieser Stelle zur Verfügung hatte, konnte Fink das Feuer nur schwach erwidern. Die Österreicher kamen schnell ans Ziel, Maxen fing bald an zu brennen.

Während des etwa einstündigen Geschützkampfes marschierten die österreichischen Angriffstruppen hinter den Anhöhen auf, die Infanterie bataillonsweise, die Kavallerie eskadronweise in Tiefkolonnen.
Als die Sturmkolonnen auf dem Höhenkamm sichtbar wurden, begrüßte sie heftiges Geschütz- und Gewehrfeuer. Aber in guter Haltung gingen sie auf schnee- und eisbedecktem Boden an den Feind. Beim Durchschreiten der Mulde brachen die Grenadierbataillone Kleist und Benkendorf den Angreifern in die rechte Flanke. Im übermächtigen Artilleriefeuer scheiterte der mit großer Tapferkeit unternommene Gegenstoß.

Inzwischen war es auch einigen Grenadierbataillonen von Dauns rechtem Flügel gelungen, in Maxen einzudringen und die preußischen Batterien zu stürmen. Grabow und Zastrow, in denen viele gepreßte Sachsen und russische und österreichische Überläufer waren, ergriffen sofort die Flucht.

Die preußische Kavalleriereserve kam nicht mehr zum Einhauen, denn die Württemberg-Dragoner wurden durch den Tod ihres Kommandeurs, Oberst Münchow, der gleich bei Beginn der Attacke fiel, völlig verwirrt und durch eine aus nächster Nähe abgegebenen Salve zurückgejagt.

Rebentisch wollte sich jetzt mit seinem Regiment auf die linke Flanke der Österreicher werfen. Da ritten von Nordwesten her zwei Reiterregimenter heran. Graf O'Donell, der Bruder des Führers der Reiterei, war mit Anhalt-Zerbst und Jung-Modena um den linken Flügel der österreichischen Infanterie im Tal herumgeritten. Dann hatten seine 827 Reiter mit größter Mühe, zum Teil einzeln die Pferde führend, die steilen Höhen erstiegen und sich oben geschickt geordnet.

Sofort warfen sich beide Regimenter auf die von Norden herbeieilenden Preußen, während gleichzeitig die österreichischen Grenadiere einschwenkten und sie mit heftigem Feuer empfingen. Rebentisch und Platen-Dragoner wurden über den Haufen geworfen, fast völlig aufgelöst. Damit war das Schicksal des Tages entschieden. Denn während der Infanteriekampf um Maxen wogte, hatte Daun unter schweren Anstrengungen seine Artillerie vorgezogen und trieb jetzt alles, was noch standhielt, nach Nordosten zurück. Die preußischen Flügelbataillone waren völlig umringt und mußten sich nun mit Mühe durchschlagen.

Mit einem Gewaltstoß hoffte Fink, sich die unter Artilleriefeuer vordringenden 6.300 Mann Brentanos vom Halse zu schaffen, wenigstens noch die Schmorsdorfer Höhen zu behaupten: Die gesamte noch in der großen Mulde östlich Maxen stehende Reiterei setzte sich gegen die Linie Tronitz-Wittgendorf in Bewegung, voran die Generale Bredow, Vasold und Horn. Anfangs ging alles gut. Doch dann brachten Geschützfeuer und ungünstiger Boden die Reihen ins Schwanken und Brentanos Reiter galoppierten zum Gegenangriff heran. Finks Geschwader wurde geworfen, nach rechts abgedrängt, floh nach Ploschwitz. Letzte Hoffnungen, Luft zu bekommen, brachen zusammen.

Die Reste der preußischen Infanterie sammelte Fink am Abend unter starken Verlusten auf den Falkenhainer Höhen. Im Osten hatte Wunsch die nur auf Plänkeleien beschränkten Reichstruppen zwar fernhalten können. Als er sich an die Spitze der zu ihm gezogenen geworfenen preußischen Kavallerie setzte, die gegenüberstehenden Husaren Palffys schon entmutigt attackierte, mißlang der letzte Versuch, die feindliche Umschlingung zu zerreißen. Viele, die sich durchschlagen wollten, wurden von den leichten ungarischen Truppen gefangengenommen: als die Nacht kam allein fünf Stabsoffiziere und 426 Mann.

Die Österreicher waren über Maxen hinaus gefolgt und standen am Abend, mit Brentano vereint, im Südwesten und Nordwesten um die traurigen Reste des Finkschen Korps. Allmählich neigte sich der kurze Novembertag seinem Ende zu, so daß die einsetzende Dunkelheit der weiteren Verfolgung bald Einhalt gebot. Erschöpft und todmüde ruhten Freund und Feind, so gut es in der kalten Nacht ging. Die meisten mußten sie ohne Feuer, ohne Stroh und ohne Verpflegung im Freien zubringen.

Bei den Preußen verging die Nacht mit der Erörterung von Ausbruchsplänen. Ein Überschlag über die verfügbaren Truppen ließ dann alle Aufbruchsgedanken fallen. Denn wie sollten entmutigte geschlagene Truppen ihren siegreichen Gegner, vor dem sie am Tage vorher geflohen waren, aus seiner günstigen Stellung verjagen und dann noch einen gefahrvollen Rückzug überstehen? Das konnten die Preußen von 1815, aber nicht die preußische Armee von 1759.

In einem Kriegsrat sämtlicher Generale wurde schließlich der schwere Kapitulationsentschluß gefaßt. War doch die geringe Hoffnung vorhanden, daß Daun den tapferen Truppen freien Abzug ließ, besonders so lange er ihre schwache Zahl nicht übersehen konnte. Da tauchte noch ein Vorschlag auf, wenigstens einen Versuch zum Entkommen zu machen: Wunsch wollte mit den Husaren und Dragonern im Norden, der schwächsten Einschließungsstelle zum König durchbrechen. Gegen 3 Uhr rückte er auf Dohna zu ab, aber wirklichen Erfolg scheint sich Fink auch davon nicht mehr versprochen zu haben, denn eine Stunde vor Tagesanbruch sandte er Rebentisch in das österreichische Hauptquartier, um über eine Kapitulation zu verhandeln. Daun bestand auf unbedingte Ergebung des ganzen Korps. Schon wurden die Feindseligkeiten wieder eröffnet. Fink sah ein, daß er keine Bedingungen mehr stellen konnte und schickte Rebentisch zu den Österreichern. Lacy begab sich ins preußische Lager, verlangte Waffenstreckung und Wunschs sofortige Umkehr. Doch das einzige Zugeständnis daraus war das Belassen der Bagage.

Am frühen Vormittag, etwa 9.30 Uhr, konnte Lacy dem Marschall in Maxen die ausgehandelte Kapitulation melden.

Gefangengenommen wurden neun Generale, sechs Oberste, drei Oberstleutnante, 32 Majore und weitere 500 Offiziere sowie 14.373 Mann. An Kriegsgerät erbeuteten die Österreicher u. a.: drei Paar silberne und ein Paar kupferne Heerpauken, 24 Standarten, 96 Fahnen, alle 70 Geschütze, 44 Munitionskarren und drei Lafetten, 8.050 Gewehre, 616 Karabiner, 1.823 Paar Pistolen, 2.324 Bajonette, 4.169 Säbel und Pallasche, 3.073 Patronentaschen, 82 Trommeln, 1.072 Kürasse und 49 Zelte, aber nur noch 1.000 Pferde.

Viele der Gefangenen sahen ihre Heimat nicht wieder; zu Hunderten fielen sie in der Untersteiermark der Ruhr zum Opfer. Die Verluste, mit denen die Österreicher den Sieg erkauft hatten, waren nicht allzu groß. Bei der Infanterie waren vier Offiziere und 299 Mann tot, 26 Offiziere und 586 Mann verwundet, bei der Kavallerie nur zehn Mann gefallen, ein Offizier und 57 Mann verwundet.

Von den Preußen ist nur bekannt geworden, daß 745 Mann in Lazarette kamen, die Zahl der Toten ist in keiner Quelle erwähnt.

Maxen bot ein Bild der Verwüstung. Sechs Bauerngüter und die Schule waren geplündert und niedergebrannt worden. Auch die Kirche hatten die Kroaten nicht verschont, da kam ein österreichischer Offizier „und riß das Feuer auseinander".

Hülsens Entsatzversuch dagegen scheiterte an den eingetretenen Realitäten; am 22. November zog er sich in Richtung Freiberg zurück.

„Es ist wahrhafftich nicht par veine gloire oder pralerey, aber lediglich die alliirte zue contentieren", bemerkte Daun in seinem Bericht an die Kaiserin. Mit großem Jubel wurde überall die Siegesbotschaft aufgenommen, außer natürlich im preußischen Hauptquartier. „Es ist bis dato ein ganz unerhörtes Exempel, daß ein preußischer Korps das Gewehr vor seinem Feinde niedergeleget", schrieb Friedrich an Fink. Ganz ähnlich fiel das Urteil auf der österreichischen Seite aus. „Es ist ganz unbegreiflich", sagte Kaiser Franz beim Eintreffen der Kapitulationsnachricht, „daß ein solches Korps mit allen seinen Generalen sich auf die Art ergeben hat; das ist höchst schimpflich für sie und gleicht nicht den Preußen von früher."

Ein im April 1763 eingesetztes Kriegsgericht verurteilte Fink und Gersdorf zu Kassation und ein- bzw. zweijährige Festungshaft. Fink wurde dabei vor allem der Vorwurf gemacht, daß sein Korps auch bei einem erneuten Angriff der Österreicher kein schlimmeres Schicksal erwartet hätte, als die Kriegsgefangenschaft, „wobei – wie das Urteil sagt – statt dessen, daß ein ganzes Korps im freien Felde die Waffen auf eine deshonorierende Weise niedergeleget, die Ehre der Waffen konservieret und ein Exempel zu übler Nachfolge vermieden sein würde". Ansichten, denen man sich bei genauer Kenntnis von Vorgeschichte und Verlauf des aufsehenerregenden Ereignisses auch unter damaligen Verhältnissen der Kriegsführung nicht ohne weiteres anschloß. Friedrich entließ zudem sämtliche, auch nicht angeklagten Generale Finks, nur Wunsch blieb im Dienst. Seine „Fanfaronade" hatte gewirkt.

Fink verbüßte seine Strafe in Spandau und ging später in dänische Dienste, wo er als Erneuerer der Infanterie Wertvolles leistete. Bereits 1766 starb er, noch nicht 48 Jahre alt, in Kopenhagen.

Das Schlachtfeld von Maxen heute

Das Schlachtfeld von Maxen ist zu erreichen
o von Berlin auf der Autobahn Berlin–Dresden bis Dresden und von dort weiter auf der B 170 in Richtung Glashütte; in Niederfrauensdorf links nach Reinhardtsgrimma, Hausdorf und Maxen einbiegen,
o vom Grenzübergang BRD/CSFR in Zinnwald auf der

Ansicht Maxens vom „Finkenfang" aus.

B 170 bis Schmiedelberg, dort rechts abbiegen und weiter über Reinhardtsgrimma, Hausdorf nach Maxen,
o von Leipzig und Hermsdorfer Kreuz auf der Autobahn Leipzig–Dresden bzw. Hermsdorfer Kreuz–Bautzen bis zur Ausfahrt B 101 (Nossen Ost bzw. Siebenlehn) und weiter bis Freiberg, von dort über Dippoldiswalde, Reinhardtsgrimma und Hausdorf nach Maxen,
o von Dresden die Elbe aufwärts auf der B 172 über Heidenau nach Dohna und von dort über Falkenhain und Schmorsdorf bis Maxen.

Maxen und seine Umgebung sind früher und später Schauplatz zahlreicher Kämpfe gewesen. Fast in jedem Jahr des Siebenjährigen Krieges standen sich hier die feindlichen Heere gegenüber und hier bot auch Napoleon 1813 den Verbündeten die Spitze.
Das Schlachtfeld, eigentlich die Positionen der Kontrahenten bis zur Finkschen Kapitulation, denn eine Schlacht im engeren Sinn hat nicht stattgefunden, eher eine Anzahl Gefechte, ist im wesentlichen von der Straße Reinhardtsgrimma–Hausdorf–Maxen–Schmorsdorf–Dohna aus zu übersehen. Hier, vor allem dicht südlich von Maxen, spielten sich die entscheidenden Kampfhandlungen ab, hier rückte Dauns Hauptkorps vor. Mit etwas Phantasie kann man die Schwierigkeiten ermessen, die die marschierenden Österreicher an diesem November-Vormittag in den engen und mit Glatteis bedeckten Gassen Reinhardtsgrimmas, in Hausdorf und auf der schmalen Wald- und Paßstraße nach Maxen erwarteten. Zudem führt der Weg erst ins Tal, dann wieder steil auf den Höhenzug im Südwesten von Maxen. Vor allem Artillerie und Kavallerie – die Pferde waren, wie Tielke berichtet, nicht scharf beschlagen – kamen nur mit Mühe vorwärts.

Nachdem die strapaziösen Höhen erklommen waren, schafften die Österreicher Artillerie auf die beiden Hausdorf flankierenden Kuppen. Von der in Hausdorf liegenden Straßengabelung Maxen/Kreischa sind die Höhenverhältnisse besonders gut zu erkennen; es war schon ein Bravourstück, mit den damals zur Verfügung stehenden Mitteln nun noch steil querfeldein Artillerie in Stellung zu bringen, immerhin im ganzen ein bis zwei Batterien. Die eigentliche Kanonade der Österreicher begann aber mit 40 Geschützen von dem Maxen unmittelbar südlich vor-

Maxen, so wie es sich den österreichischen Artilleristen als Ziel bot. Im Hintergrund der Scheerberg.

Die Falkenhainer Höhen, letzter Zufluchtsort der geschlagenen Preußen vor der Kapitulation.

Der Kroatengrund. Zu erkennen sind die schwierigen Anmarschverhältnisse für die Österreicher, insbesondere die der Kavallerie.

gelagerten Höhenzug, auf den sich die Straße umständlich emporschlängelt. Oben angekommen, ergeben sich die eigentlich besten Besichtigungsmöglichkeiten: von der Höhe, im Volksmund der „Finkenfang" beziehungsreich überliefert und heute immer noch so genannt, schaut man geradewegs auf das tiefer liegende Maxen. Rechts und links die Standorte der österreichischen Artillerie. Am nach Hausdorf hinfallenden Abhang formierten sich die österreichischen Kolonnen zum Hauptsturm auf Maxen, später kam etwa von hier aus die österreichische Kavallerie zuerst zum Einsatz. Links zieht sich Weideland zur Kuppe hinauf; nach wenigen Metern gewinnt man ganz reizvolle Blicke auf die Maxener Berge und Schluchten.

Vor allem das südwestlich jetzt gut erkennbare Tal, der „Kroatengrund", war Schauplatz der erfolgreichen Flankenbewegung der österreichischen leichten Truppen, ohne die das schwierige Defilee Reinhardtsgrimma–Maxen von Daun gar nicht zu bewerkstelligen gewesen wäre. Steigt man von der Finkenfanghöhe hinab zum „Kroatengrund", muß man noch heute angesichts der jähen Hänge – auf 200 m fällt das Gelände hier um über 20 m – Willenskraft und Tatendrang der Österreicher bewundern. Auf der Straße ist man nun nach wenigen Metern in Maxen, ein dörflich geprägter Ort, der eigentlich nur durch einige sehenswerte Fachwerkhäuser und die alles dominierende Kirche aus dem 13. Jahrhundert auffällt. Die Besichtigung des Schlachtfeldes sollte jetzt noch fortgesetzt werden, um bei Falkenhain das Plateaugelände zu besehen, wo Fink mit seinen erschütterten und entmutigten Truppen kapitulierte.

In zahlreichen Liedern gedachte das Volk der Gefangennahme des Finkschen Korps, eines für damalige Verhältnisse tiefsten Eindruck hinterlassenden Ereignisses, das bald überall der „Finkenfang" hieß. Die Namen Fink und Wunsch gaben Gelegenheit zu allerhand Deutung: die „Lerchen" waren die Österreicher, die „Meisen" die Preußen. So wird in einem Lied gefragt und geantwortet:

„Wo ist der beste Herd zum Vogelfang in Sachsen?
Nicht weit von Falkenhayn, beim Rittergute Maxen.
Auf einen Ruck fing Daun, wer sollte das wohl meinen,
ja, es wird aller Welt ganz lügenhaft erscheinen,
ein Fink, acht große Schnern und 18.000 Meisen,
zum Braten taugen sie, der Teufel mag sie speisen."

Weniger kunstvoll sangen die österreichischen Soldaten auf den Märschen:

„Bei Maxen, bei Maxen,
da ist ein Kraut gewachsen,
darein man Finklein sticht."
und
„Du großer König Friedrich,
das malen ließ Dein Witz in Stich,
wir seynd nun an der Danz.
So geht es halt in dieser Welt,
wann einer steigt, der andre fällt.
Heuntt ziegst du ein den Schwanz."

Wieder um Sachsen

Fest entschlossen, nicht aus Sachsen zu weichen, erklärte Friedrich nach dem Maxener Debakel: „Das letzte Bund Stroh und der letzte Bissen Brot sollen darüber entscheiden, wer von uns beiden in Sachsen bleiben wird."
Doch sorgten tiefer Schnee und strenge Kälte dafür, daß sich die Fronten in gehörigem Abstand etwa auf der Linie Dresden–Freiberg verfestigten, bezüglich des Nachschubs zweifellos vorteilhafter für Friedrich. Um so weniger optimistisch war die militärische Gesamtlage Preußens nach den 1759 zu verbuchenden Niederlagen; zerrüttete Staatsfinanzen und immer spärlicher fließende Hilfsquellen führten zwangsläufig zur Wiederbelebung der Friedensverhandlungen. Ein preußisch-englisches Angebot vom 25. November 1759 jedoch lehnten Österreich und Rußland im April 1760 ab. Denn in Wien hoffte man angesichts der Erschöpfung Preußens, wenigstens Schlesien in gemeinsamer Aktion mit Rußland endgültig festzuhalten. Und Rußland hatte immer noch Interessen an Ostpreußen.

Ende Juni 1760 setzten die Kämpfe wieder ein: mit überlegenen Kräften zerschlug Laudon das 11.400 Mann starke Korps Fouques, nur Trümmer konnten sich nach Breslau retten, über 8.000 Mann wurden gefangengenommen.
Friedrich hatte keine Wahl mehr und zog Anfang Juli Richtung Schlesien. Wieder einmal sollte gegen Daun die entscheidende Schlacht geschlagen werden, wenn der folgte. Aber Daun kam ihm in Gewaltmärschen zuvor, nun Lacy blieb bei Pirna zurück.

Jetzt lag Dresden vor dem König, eine neue verlockende Gelegenheit. Die gut gewappneten Österreicher brachten den König mit erfolgreichen Ausfällen zur Einsicht, daß hier nur längere Belagerung zum Ziel führte. Der inzwischen aus Schlesien wieder nahende Daun veranlaßte dann endgültig den Abzug der Preußen am 30. Juli auf Meißen.

Am 26. Juli fiel Glatz, Friedrich stürzte in tiefe Verzweiflung. Zum zweiten Mal marschierte jetzt der König nach Schlesien, legt in fünf Tagen 150 km zurück, obwohl die leichten österreichischen Truppen alles taten, um den Marsch aufzuhalten. Am 7. August erreichte er den Bober bei Bunzlau, am 10. August Liegnitz, um ihn herum 90.000 Österreicher unter Daun, Laudon und Lacy. In drei Nachtmärschen entzog sich Friedrich der Umklammerung und konnte Laudons Gruppierung – 32.000 Mann stark – nordöstlich der Stadt in einer Begegnungsschlacht am 15. August besiegen. So war zwar die Lage in Schlesien für Preußen wieder einigermaßen hergestellt, sogar Schweidnitz entsetzt, aber eine Entscheidung immer noch nicht gefallen. Statt dessen besetzten österreichisch-russische Truppen unter Lacy und Tottleben vom 9. bis 13. Oktober Berlin, belagerten Österreicher und Reichstruppen am 14. Oktober erfolgreich Wittenberg.

Daun hatte sich mit dem von Berlin zurückgehenden Lacy am 22. Oktober unweit Torgau vereinigt. Dasselbe tat Friedrich am 25. Oktober mit Hülsen nördlich Dessau. Zweibrücken wich mit den Reichstruppen nach Leipzig zurück, um dort auf Daun zu treffen. Aber aus Wien kam der Befehl, unter allen Umständen Sachsen mit Leipzig und Torgau zu behaupten, auch um den Preis einer Schlacht. So ähnlich war auch Friedrichs Lage. Der Besitz Sachsens entschied über Winterquartiere, Geld und Rekruten. Bei den festen Vorsätzen beider Seiten sollte die Entscheidung nicht lange auf sich warten lassen.

Die Schlacht bei Torgau am 3. November 1760

Bekannte taktische Konzepte

Daun kehrte, nachdem er am 27. Oktober die Elbe bei Torgau überschritten hatte und auf dem Marsch nach Leipzig bei Eilenburg von Friedrichs Elbeübergang erfuhr, nach Torgau zurück, weil er befürchten mußte, von dort abgeschnitten zu werden. Zweibrücken war auf Dauns Umkehr hin schleunigst muldeaufwärts bis in die Gegend von Chemnitz abmarschiert. Friedrich dagegen hielt sich an Daun und erreichte am 2. November Schildau, 12 km südwestlich von Torgau. Dort berichteten Fahnenflüchtige, daß Daun auf den Süptitzer Höhen, 3 km westlich Torgaus, lagere.

Diese Stellung war den Preußen bestens bekannt. 1759 hatte sich dort Prinz Heinrich gegen Daun, und vor kurzem Hülsen gegen die Reichstruppen behaupten können, ohne – trotz gegnerischer Überlegenheit – angegriffen zu werden. Eine Schwäche der Stellung sah Friedrich in der geringen Tiefe, die bei gleichzeitigem Angriff von Norden und Süden gute Durchbruchsmöglichkeiten bot, Anlage zu einer Vernichtungsschlacht, die den Österreichern nur die Wahl lassen sollte zwischen Waffenstreckung und Untergang. Ohne Sturmangriff auf Dauns Lager ließ sich das nicht bewerkstelligen, aber ohnehin mußte Friedrich alles auf eine Karte setzen: „Ich weiß, daß er (Daun, d. Verf.) in guter Stellung steht, aber er ist auch zugleich eingeschlossen, und zwar so, daß, wenn ich siege, seine ganze Armee gefangen ist oder in der Elbe versaufen muß. Wenn wir geschlagen werden, so sterben wir alle und ich am ersten, denn mir ist dieser Krieg überdrüssig. Wir endigen ihn morgen. Ich verlasse mich auf die Bravour meiner Offiziere." Den im Pfarrhaus von Langenreichenbach versammelten Generalen war damit klar, daß ein zweites blutiges Kunersdorf bevorstand.

Daun hatte seine Hauptstreitmacht defensiv zunächst in einer Front nach Norden aufgestellt, von hier erwartete er den König. Als ihm am 2. November der Standort des Königs im Süden bekannt wurde, nahm er seine Front auch in diese Richtung.

Das Lacysche Korps, 22.800 Mann stark, stand bei Torgau hinter dem Großen Teich in unmittelbarer Verbindung zur Hauptarmee. Reserven befanden sich auf den Höhen von Großwig. Die gesamte, auf 240 schwere Geschütze zu veranschlagende Reserveartillerie parkte am Weg von Süptitz nach Neiden und wurde nicht, wie damals sonst üblich, in Positionen aufgestellt. Dieser zufällige Umstand und der Standort der ganzen österreichischen Kavallerie nahe Zinna sollte für die Preußen noch verhängnisvoll werden.

Das Schlachtfeld

In Torgaus unmittelbarer Umgebung bilden die Süptitzer Höhen, ein zusammenhängender Rücken im Norden des Dorfes Süptitz, der von der Elbe sanft nach Nordwesten ansteigt, die einzige nennenswerte, wenn auch geographisch bescheidene Erhebung. Außer der südwestlichen Seite, wo der Höhenrücken relativ steil abfällt und die Umgebung beherrscht, neigt sich das Gelände ansonsten sanft und glacisartig, insbesondere nach Norden in Richtung Neiden. Das Höhengelände, nord-südwärts etwa 600 m tief, war seinerzeit von einer Vielzahl Teichen, wasserführenden Gräben, Sümpfen und Morasten umschlossen, so vor allem im Süden vom Röhrgraben, im Norden und Osten durch den Striebach- bzw. Zscheitzschkegraben.

Wegen der sumpfigen Bachufer konnten größere Trup-

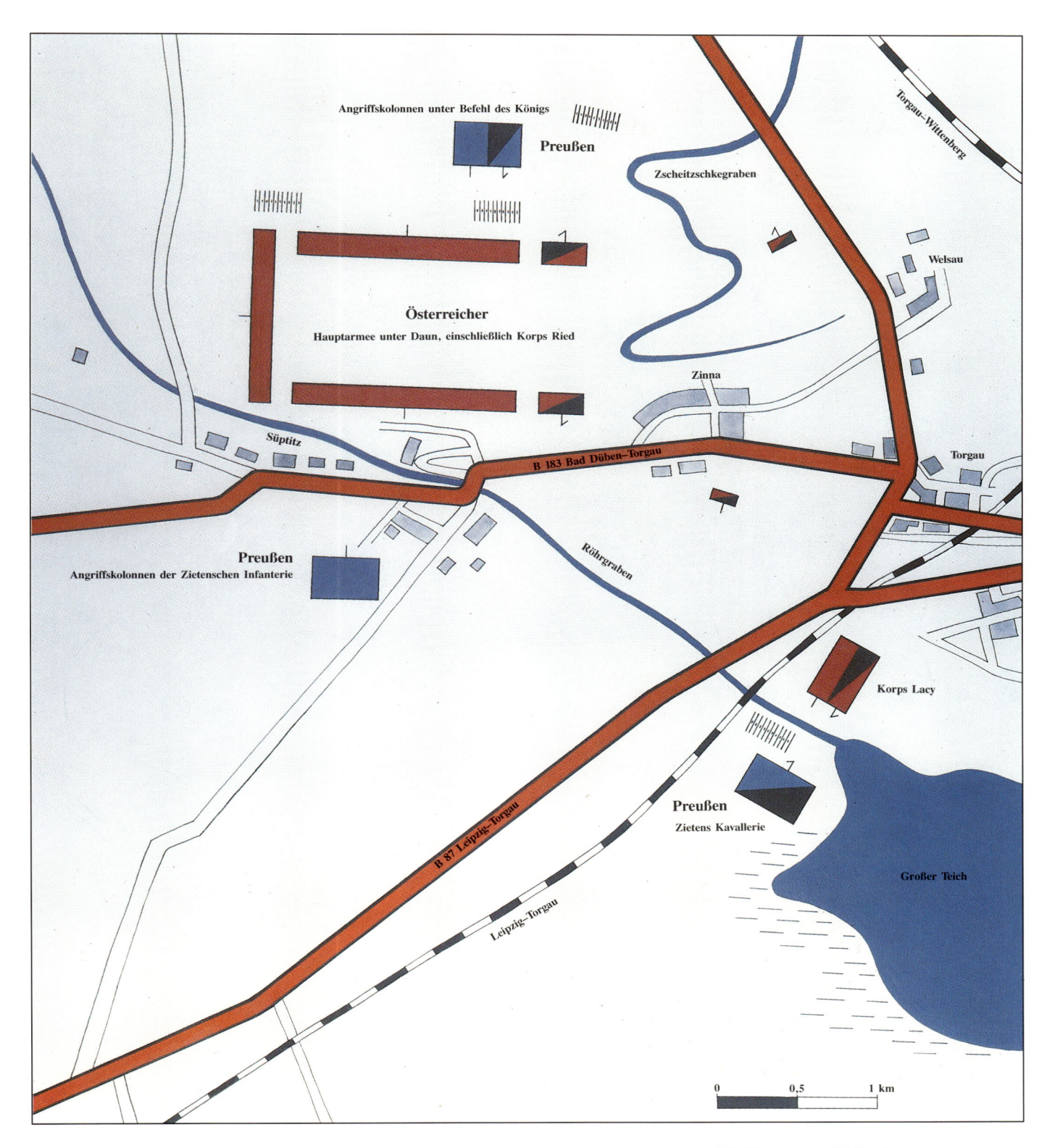

Die Schlacht bei Torgau am 3. November 1760, Aufstellung der Heere beim Angriff Zietens auf Süptitz.

penmassen – und auch dort nur unter Schwierigkeiten und erheblichem Zeitverlust – lediglich über einen Damm beim Zietenhof nahe Süptitz und einige primitive über den Striebach bei Neiden führende Holzbrücken die Höhen erreichen. In den Tagen der Schlacht gab es auf den Höhen zudem eine Vielzahl von Prinz Heinrich 1759 angelegter Verhaue und Schanzen.

Durch Bodenkultivierung und Entwässerung hat sich das Gelände um die Süptitzer Höhen wesentlich verändert. Nur die drei genannten Gewässer sind noch erhalten, stellen aber schon unter historischen Maßstäben keine nennenswerten Hindernisse mehr dar. Verändert sind auch die Waldverhältnisse. Denn während zur Zeit der Schlacht der südliche Abhang – abgesehen von bei Süptitz gepflegtem Weinanbau – und auch das westlich Süptitz gelegene Terrain mit Wald bedeckt war, ist das ganze Gelände hier heute eher kahl und auch auf der Westseite der Höhen tritt die Dommitzscher Heide viel weiter zurück als früher. Ebenso ist auf dem Nordabhang, nach Neiden zu, der Wald, der damals einen geschlossenen Bestand bildete, bis auf geringe Überreste verschwunden.

Friedrichs Plan berücksichtigte die Geländeschwierigkeiten um die Süptitzer Höhen und konzentrierte sich auf eine Umgehung der österreichischen Stellungen durch die Dommitzscher Heiden und die damit gegebenen Möglichkeiten zur Verschleierung des Angriffs. Zieten hatte die Österreicher vor Süptitz demgemäß nur fest- und Lacy fernzuhalten, ohne daß man genau wußte, wo Lacy überhaupt stand.

Aus strategischer Sicht war das Schlachtfeld von Daun nicht besonders gut gewählt worden: Denn erfochten die Preußen einen entscheidenden Sieg, kamen die Gegner höchstwahrscheinlich zur gleichen Zeit an die Elbebrükken; die vollständige Vernichtung der österreichischen Hauptarmee wäre unausbleiblich gewesen. Die ganze Sicherheit der Österreicher, insbesondere ihre Verbindung mit Dresden, beruhte also auf dem Besitz der Elbebrücken. Doch Daun schien das bedacht zu haben, denn er ließ das Korps Lacy westlich Torgau gleichsam zur Deckung stehen. Weniger tadelswert war die Wahl Dauns in taktischer Hinsicht: Der Höhenzug gab dem rechten Flügel eine vortreffliche Stellung, nur die äußere rechte Flanke blieb angreifbar. Unverständlich, warum Daun, der sich hier vom 29. Oktober bis zum 3. November 1760 aufhielt, gegen seine sonstigen Gewohnheiten nichts tat, um Verschanzungen anzulegen, sie hätten auf den Gang der Schlacht sicherlich Einfluß gehabt. Zweckmäßig erwies sich die spätere Aufstellung der österreichischen Geschütze aus der Reserveartillerie auf erhöhten Standorten; sie fügte der angreifenden preußischen Infanterie, aber auch Artillerie, schwerste Verluste zu.

Stärkeverhältnisse

Die Österreicher (Hauptarmee, Korps Ried, Korps Lacy)

A) Infanterie: 38.549 Mann der Regimenter
  Ahrenberg
  Botta
  H. Daun
  N. Esterházy
  Jung-Colloredo
  Wolfenbüttel
  Harrach
  Hildburghausen
  Kolowrat
  Tillier
  Ligne
  Mercy
  Puebla
  Wied
  Lacy
  Durlach
  L. Daun
  Erzherzog Karl
  Bayreuth
  Alt-Colloredo
  Gaisruck
  Harsch
  Kaiser
  Giulay
  Haller
  Karl von Lothringen
  Neipperg
  Sincere
  Bethlen
  Thürheim

B) Kavallerie: 16.715 Pferde der Regimenter
  Anhalt-Zerbst (Kür.)
  Buccow (Kür.)
  B. Daun (Kür.)
  Erzherzog Ferdinand (Kür.)
  Erzherzog Leopold (Kür.)
  O'Donell (Kür.)
  Portugal (Kür.)
  Serbelloni (Kür.)
  Stampach (Kür.)
  Birkenfeld (Kür.)
  sowie 2.150 Kroaten
  Batthyanyi (Drag.)
  Darmstadt (Drag.)
  Savoyen (Drag.)
  Liechtenstein (Drag.)
  St. Ignon (Drag.)
  Kaiser (Hus.)
  sächs. Garde-Karabiniers

Prinz Karl (sächs. Chev.)
Prinz Albrecht (sächs. Chev.)
Graf Brühl (sächs. Chev.)

C) Artillerie: 275 Geschütze.
Stärke der Korps Ried und Lacy:
Ried 2.400 Mann Infanterie, 1.285 Pferde Kavallerie
Lacy 11.500 Mann Infanterie, 6.900 Pferde Kavallerie

Die Preußen

A) Infanterie: 35.000 Mann der Regimenter

Syburg	Zeuner
Prinz von Preußen	II. und III. Garde
Forcade	Wedel
Braunschweig	Saldern
Lestwitz	Wied
Gablentz	Hülsen
Sydow	Ramin
Jung-Stutterheim	Alt-Stutterheim
Queiß	Bevern
Schenkendorf	Markgraf Karl
Kanitz	Dohna
Goltz	Manteuffel
Dierecke	

und der Grenadierbataillone

Rathenow	Lossow
Anhalt	Hacke
Alt-Billerbeck	Jung-Billerbeck
Behr	Carlowitz
Nymschöfsky	Falkenhayn
Heilsberg	Schwartz
Lubath	Burgsdorf
Beyer	Nesse

sowie des Freibataillons Salemon

B) Kavallerie: 13.500 Pferde der Regimenter

Garde du Corps (Kür.)	Czettritz (Drag.)
Gensdarmes (Kür.)	Normann (Drag.)
Karabiniers (Kür.)	Krockow (Drag.)
Prinz Heinrich (Kür.)	Schorlemer (Drag.)
Markgraf Friedrich (Kür.)	Kleist (Hus.)
Leibregiment (Kür.)	Zieten (Hus.)
Seydlitz (Kür.)	Möhring (Hus.)
Dingelstedt (Hus.)	Spaen (Kür.)
Schlabrendorf (Kür.)	Bayreuth (Drag.)
Schmettau (Kür.)	Württemberg (Drag.)
	Jung-Platen (Drag.)

C) Artillerie: 244 Geschütze.

Im Zangenangriff

Am Morgen des 3. November 1760, ein trüber, regnerischer und kalter Wintertag, trat das preußische Heer um 6.30 Uhr noch in der Dunkelheit den Marsch an. Bald nach Verlassen des Lagers mußte Zieten mit 21 Bataillonen, 54 Eskadronen und 48 schweren Geschützen haltmachen. Er erhielt, zum ersten Mal mit einer größeren selbständigen Aufgabe betraut, Befehl, bis zur Heide südlich der österreichischen Stellung an der Leipzig–Torgauer Straße vorzugehen, hier stehenzubleiben und zu warten, bis der König seine weit durch die Heide nach Westen ausholende Umgehung vollendet und den Gegner von Norden im Rücken angegriffen haben würde. Dann sollte er gegen Dauns Front vorgehen und die Österreicher gegen die Elbe drücken.

Der übrige Teil der preußischen Armee setzte inzwischen in drei Kolonnen – Markgraf Karl, Hülsen, Prinz von Holstein –, eine vierte Kolonne deckte den Rücken und die Bagage, den Marsch fort. Nach Umgehung der rechten Flanke Dauns sollten zehn an der Spitze der ersten Kolonne marschierende Grenadierbataillone in der Elbeniederung bei Neiden nach Süden einschwenken, die übrigen Bataillone der Kolonne sich links daneben anschließen. 25 Bataillone sollten das erste Treffen bilden, Hülsens Kolonne das zweite. Den eigentlichen Angriff hatte zuerst der linke Flügel einzuleiten.

Schon bei Großwig gerieten die Preußen an leichte österreichische Truppen, die sich eiligst auf die Hauptmacht zurückzogen. Den St. Ignon-Dragonern, die einzeln marschierten, glückte das nicht und das Regiment kam zwischen die gegnerischen Kolonnen, wurde von den Zieten-Husaren umzingelt; ein Entkommen war nicht mehr möglich, bei der anschließenden Attacke wurde der größte Teil der Dragoner gefangengenommen, unter ihnen Graf St. Ignon. Einige konnten sich durchschlagen und Daun vom Anmarsch der Preußen benachrichtigen.

Zum zweiten Mal veränderte Daun jetzt die österreichische Stellung: sie beschrieb nun ein nach Osten geöffnetes Viereck, zu dem Lacys Korps – hinter sich Torgau –

einen Haken bildete und die Rückzugsstraße über die Elbestadt deckte.

Noch schwieriger gestaltete sich der Weitermarsch der preußischen Kolonnen durch die tief aufgeweichten Wege der Domitzscher Heide. Es wurde 13.30 Uhr, ehe die Spitze der Kolonne mit dem König aus der Heide nordwestlich Neidens heraustrat. Jetzt erst beschloß Friedrich, den Angriff auf die Süptitzer Höhen anzusetzen, weil hier Wald und Bodenwellen etwas Deckung boten und Zieten am nächsten gegenüberstehen mußte, von dort ertönte auch schon Kanonendonner. Um keine Zeit zu verlieren, erhielten 5 Grenadierbataillone an der Spitze sofort Angriffsbefehl, gingen unter Rechtsziehen gegen die Höhe vor. Furchtbare Lücken riß das österreichische Kartätschenfeuer, zwei Drittel der Angreifer wurden verwundet oder getötet, der Rest wich zurück, Durlach, Wied und Puebla stürmten nach, mühsam entging der König der Gefangennahme. Die Bataillon für Bataillon aus dem Wald tretenden preußischen Kolonnen brachten Hilfe, warfen die Österreicher, stießen sogar bis auf die Höhe vor und konnten sich hier eine Zeit lang halten, bis Daun persönlich vier Bataillone vorführte und österreichische Kavallerie in die Flanke der Preußen brach. Unter ungeheuren Verlusten – einige Regimenter, so Queiß, büßten fast 80% der Gesamtstärke ein – mußten die Angreifer wieder gegen die Heide zurückweichen.

Inzwischen war es 15 Uhr, als Daun, beim Vorgehen am Fuß verwundet, siegessicher den Triumph nach Wien melden ließ. Da traf mit einiger Verspätung die Kavalleriekolonne des Prinzen von Holstein bei Neiden ein. Spaen und Markgraf Friedrich galoppierten als erste gegen die rechten österreichischen Flügel vor, in scharfem Trab folgten Bayreuth und Schmettau. Die südlich des Striebaches haltenden Buccow-, Daun- und Erzherzog Leopold-Küraßiere und Savoyen-Dragoner wurden im ersten Ansturm geworfen. Aber Bayreuth schwenkte rechts ein, stürzte sich auf die österreichische Infanterie und rollte sie auf. Da faßte frische österreichische Kavallerie, die nördlich Zinna gestanden hatte, die Dragoner in Rücken und Flanke. Im Handgemenge durcheinandergekommen, wurden die erschöpften preußischen Reiter auf ihre Infanterie zurückgeworfen.

Die österreichischen Bataillone hatten wieder Atem geschöpft und begannen jetzt ein allgemeines Vorgehen, vor dem die Trümmer der preußischen Regimenter schließlich in wildem Durcheinander an den Striebach zurückwichen. Östlich des Zscheitzschkegrabens war währenddessen auch der Versuch der preußischen Kavallerie, von Zinna her die rechte österreichische Flanke zu umfassen, an dem über seine Ufer getretenen Graben gescheitert; vom westlichen Grabenrand kam zudem wirksames österreichisches Kartätschenfeuer. Auch noch rechts von österreichischer Kavallerie angefallen, wurden die Preußen auf Neiden zurückgedrängt.

So war gegen 16.30 Uhr, bei einbrechender Dunkelheit, der preußische Angriff überall völlig gescheitert. Die unversehrten Bataillone, Eskadronen und Batterien gingen in eine Aufnahmestellung am Waldausgang, in deren Schutz sich die übrigen Truppen bei Nacht nördlich des Striebaches sammeln sollten.

Während am Nordhang der Süptitzer Höhen Friedrichs Angriff von den Österreichern endgültig abgeschlagen wurde, der König, dem drei Pferde erschossen worden waren, übermüdet nach Elsnig ritt und der greise Hülsen das Kommando erhielt – auf der anderen Seite ließ sich der verwundete Daun nach Torgau bringen und übergab O'Donell das Oberkommando –, wurde Zieten durch seine Infanterieführer bedrängt, von Lacy abzurücken und seinerseits Daun anzugreifen; es sollte die rühmlichste Tat während der ganzen Schlacht werden.

Um 15.30 Uhr schickte sich die preußische Brigade Tettenborn zum Sturm auf Süptitz an, und es gelang, den unteren Teil des Dorfes zu besetzen.

Einem Befehl des Königs, sich ihm mehr zu nähern, folgend, ließ Zieten dann seine übrige Infanterie hinter der Brigade Tettenborn links ziehen. So überwand die Brigade Saldern, Süptitz rechts lassend, im österreichischen Artilleriefeuer den Röhrgraben und erklomm, bereits durch Verluste geschwächt, bei beginnender Dämmerung den westlich von Süptitz liegenden Hang. Dort von konzentriertem Feuer empfangen, wurde sie, zumal keine Unterstützung eintraf, über den Röhrgraben zurückgeworfen. Und doch waren die Österreicher nicht Sieger.

Beim Schein des brennenden Süptitz hatte Saldern bemerkt, daß sich die Österreicher, um ihre gelichteten Reihen zu schließen, auf der Hochfläche mehr und mehr nach Zinna hinzogen. Ein erneuter Angriff auf die Höhen mußte demnach auf viel geringeren Widerstand stoßen.

Inzwischen war auch der Damm über den Röhrgraben entdeckt worden. Dort setzte Saldern seine Brigade an und gab damit den Impuls zum Entscheidungsstoß. Es gelang – gefolgt von Zietens übriger Infanterie – auf den Höhen Fuß zu fassen und von der preußischen Gegenseite wurde der Angriff nun unterstützt: Major Lestwitz formierte aus Versprengten des Königs drei Bataillone mit etlichen Tambours und brach sofort auf, als das Gefecht auf der Höhe von neuem aufflackerte. Spaen und Markgraf Karl gingen noch einmal vor, und schwere Geschütze wurden herangebracht.

Dieser Angriff traf die gegen Zieten noch im Kampf

Rückzug der Österreicher nach der Schlacht bei Torgau über die Elbe (zeitgenössischer Stich).

stehenden österreichischen Kräfte völlig unvermutet und zum Teil im Rücken. 25 preußische Bataillone hatten sich jetzt auf den heiß umstrittenen Höhen festgesetzt. Zu ihnen stießen bald darauf die hinter dem Striebach versammelten Truppen des Königs – gegen 21 Uhr war die österreichische Höhenstellung endgültig in der Hand der Preußen. Im Schlachtendurcheinander konnten sich die von Norden und Süden vorgehenden preußischen Bataillone nur am Trommelwirbel ihrer Märsche erkennen. Die österreichischen Bataillone fluteten auf Zinna zurück; einige Regimenter Lacys, die über Zinna vorgehen, nahmen nur noch die Geschlagenen auf.

Dann senkte sich die Nacht auf das stiller werdende Schlachtfeld.

Die Kavallerie Lacys war zwar auch über den Röhrgraben vorgegangen, wagte aber in der Dunkelheit keinen Angriff gegen die gefechtsbereit dort haltende Kavallerie Zietens. In der Dommitzscher Heide irrten inzwischen Hunderte von Freund und Feind im Dunkeln umher, ohne ihre Regimenter finden zu können.

Beim Eintreffen der Nachrichten vom Verlust der Höhen gab Daun sofort Befehl zum Rückzug. Bereits um Mitternacht überschritt die österreichische Artillerie auf den oberhalb Torgaus geschlagenen Schiffsbrücken die Elbe, gegen 2 Uhr folgten die übrigen Truppen.

Das Korps Lacy blieb auf dem linken Elbeufer, um den Abmarsch der Hauptarmee zu decken und marschierte später ebenfalls in Richtung Dresden.

107 Offiziere und 3.895 Soldaten des preußischen Heeres waren gefallen, 271 bzw. 8.861 Mann verwundet, 4.100 Mann vermißt oder gefangen, 41% der Gesamtstärke. Verlorengegangen waren 43 Fahnen, zwei Standarten und drei Geschütze. Nicht ganz so hoch waren die österreichischen Verluste: 2.065 Tote, 3.946 Verwundete, 9.185 Gefangene und Vermißte, also etwa 31% von der Gesamtstärke. Außerdem hatten auch sie 30 Fahnen, eine Standarte und 40 Geschütze verloren.

Zu einer Verfolgung war das preußische Heer viel zu erschöpft. Es biwakierte auf dem Schlachtfeld, nur zehn Bataillone und 25 Eskadronen gingen noch auf Torgau vor, das sie schon geräumt fanden; von den abgebrochenen Schiffsbrücken konnten 20 Pontons erbeutet werden.

Wenn auch Daun einen Angriff des Königs auf seine starke Stellung für ausgeschlossen gehalten hatte und ihm der Gedanke nicht kam, dem unerwarteten Angriff mit geteilten Kräften durch eigene Offensive zu unterlaufen, scheiterte der preußische Vernichtungsplan, lediglich der Abzug der Österreicher war mit ungeheuren Verlusten erkauft worden. Davon unbenommen ist die Schlacht bei Torgau die letzte große Feldschlacht Friedrichs gewesen, gleichzeitig auch die modernste Schlacht des 18. Jahrhunderts, deren außerordentlicher Charakter auf der Teilung der preußischen Armee in zwei selbständig voneinander kämpfende Flügel oder Heeresverbände zur Umfassung und Vernichtung des Gegners beruhte.

Das Schlachtfeld von Torgau heute

Das Schlachtfeld von Torgau ist zu erreichen
o von Berlin über Wittenberg auf der B 2 bzw. B 182 nach Torgau, ab Torgau weiter auf der B 183 Richtung Bad Düben bis Süptitz,
o von Leipzig auf der B 87 in Richtung Torgau und etwa 7 km hinter Mockrehna wie ausgeschildert auf einer Nebenstraße nach Süptitz,
o von Dresden über Riesa auf der B 6 bzw. B 182 nach Torgau, von dort in Richtung Bad Düben auf der B 183 bis Süptitz,
o aus dem südwestlichen Raum Sachsens und Thüringens auf der Autobahn Hermsdorfer Kreuz–Bautzen bis zur Ausfahrt Siebenlehn, dann weiter auf der B 101, B 6, B 169, B 182 und B 183 über Meißen, Riesa und Torgau nach Süptitz.

Die Gegend um Süptitz – 3 km im Westen der alten sächsisch-preußischen Festungsstadt Torgau – hat sich in den zurückliegenden 230 Jahren insgesamt eigentlich nur wenig verändert und wird noch immer von den ausge-

Das preußische Siegesdenkmal auf den Süptitzer Höhen.

Die Süptitzer Kirche, Ansicht von Südwesten.

dehnten Heidegebieten im Nordwesten und Südosten geprägt. Längst allerdings sind viele der bei Zietens Angriff eine gewichtige Rolle spielenden Gräben und Teiche im Süden und Osten des Dorfes landwirtschaftlich bzw. raumordnend kultiviert worden; das eigentliche Schlachtfeld aber im Norden zeigt sich relativ unverändert.

Süptitz weist bis auf die Kirche keine Gebäude oder Anlagen auf, die mit der Schlacht von 1760 in irgendeine Beziehung gebracht werden könnten, denn das Dorf war im übrigen vor der Schlacht von den Österreichern niedergebrannt worden, um die aus den südlich Süptitz gelegenen Gehölzen unter Zieten angreifenden Preußen („Zieten aus dem Busch") besser in Schach halten zu können. (Ein namentlich unbekannter österreichischer General – offenbar der für die Einäscherung verantwortliche – stiftete übrigens später 200 Taler für den Wiederaufbau, eine so unübliche Geste, daß sie in den Chroniken Torgaus ausdrücklich Erwähnung fand.) Tatsächlich läßt sich vor der Kirche – einziger stummer Zeuge der Schlacht und ziemlich genau im Ortszentrum gelegen – der Anstieg nach Norden zur Süptitzer Höhe, Schauplatz der kriegerischen Ereignisse, deutlich ausmachen. Heute nicht mehr aufzufinden sind Spuren des am Südhang der Süptitzer Höhe seinerzeit betriebenen und im Schlachtverlauf verwüsteten Weinanbaus. Das schlichte sakrale Bauwerk ist romanischen Ursprungs, wurde 1951 restauriert und hat außer der Sakristei von 1607, dem Renaissanceportal und dem aus dem 18. Jahrhundert stammenden Altaraufbau nichts Sehenswertes vorzuweisen. Während der Schlacht war die Kirche Hauptzufluchtsort der Dorfbewohner.

Von der Süptitzer Kirche aus ist das Schlachtfeld schnell erreicht: noch vor dem Ortsausgang in Richtung Torgau geht eine Seitenstraße am Friedhof nach Norden ab. Auf ihr gelangt man, hinter den letzten Gebäuden des Dorfes links abbiegend, nach etwa 150 Meter auf einem unbefestigten Weg zum sogenannten Zietenhof und nach weiteren 100 m mitten in Felder auf dem Höhenzug. Genau links in einer kleinen Baumgruppe wird jetzt das preußische Siegesdenkmal von 1860 sichtbar, „errichtet von Patrioten des Kreises, der Stadt und der Garnison Torgau am 3. November 1860 zum Andenken der vor hundert Jahren hier gefallenen tapferen Krieger". Das Denkmal hat heute nicht mehr seine ursprüngliche Gestalt, denn zu sehen ist nur noch die etwa 6 m hohe Sandsteinsäule. Verlorengegangen sind die acht Kanonenrohre, die das Denkmal umgaben und mit einer Kette untereinander verbunden waren sowie ein Adler auf dem Denkmal, der mit ausgebreiteten Schwingen seinen Blick nach Westen richtete.

Vom Denkmal, noch besser etwa 100 Meter nördlich des

Dorfkirche in Elsnig.

Elsniger Kirchenportal mit dem Erinnerungsrelief für Friedrich den Großen.

Die Lisière des Neidener Waldes auf den Süptitzer Höhen, Ausgangspunkt des letzten preußischen Angriffs.

Feldweges, liegt das Zentrum des Schlachtfeldes genau im Blickwinkel. Vorn der Standort vom österreichischen linken Flügel und des Zentrums, der rechte Flügel an Zinna angelehnt bzw. umgekehrt, da man österreicherseits nach Süden und Norden focht.

Links im Hintergrund beginnt die Dübener Heide mit dem Neidener Wald, von dem aus die Preußen ihre verlustreichen Angriffe vortrugen und vor massiertem österreichischen Feuer Zuflucht suchen mußten. Näher an den Wald kommt man auf dem Feldweg, der beim Zietenhof nordöstlich abbiegt, und gewinnt einen Eindruck von den Schwierigkeiten, mit denen es vor allem Friedrichs Infanteristen auf ihrem Umgehungsmarsch durch den Heidewald zu tun hatten.

Am Waldrand mündet der Feldweg in die Straße Süptitz–Elsnig. Ein Abstecher nach Elsnig lohnt allemal, denn in der dortigen Dorfkirche verbrachte Friedrich die kritischen Nachtstunden der Schlacht.

Nach kaum 3 km kommen Ort und Kirche jenseits der Bahnlinie Torgau–Berlin auch schon in Sicht.

Über dem Kirchenportal fällt eine reliefartige haubenförmige Verzierung auf, die folgenden, nicht mehr besonders gut lesbaren Text enthält: „Auf den Stufen des Altars befehle schreibend erhielt König Friedrich der Große in der Nacht vom 3. zum 4. November 1760 durch die Meldung Kapitäns Graefenitz die Nachricht von dem durch Zietens rechtzeitiges Eingreifen erzielten endgültigen Siege der Schlacht bei Torgau."

Im Inneren des Gotteshauses erkennt der Schlachtfeldbesucher an der Wand links neben den Altarstufen hinter einem Glasrahmen einen handgeschriebenen Zettel, bei näherem Hinsehen eine Mitteilung des besagten preußischen Kapitäns: „Hier habe ich meinem großen König meinen Rapport gemacht – v. Grevenitz Capitain." Die Authentizität ist zwar die aller vergleichbarer Relikte, doch hat sich das Papier, nur an die Wand geheftet, schon um 1850 in der Kirche zu Elsnig befunden.

Auch sonst ist die Kirche romanischen Ursprungs eine nähere Besichtigung wert: der Westturm querrechteckig, Schiff, Chor und halbkreisförmige Apsis nach Breite und Höhe gestaffelt, das Schiff flachgedeckt mit barocken Emporen, ein geschnitztes Kruzifix von 1689, die Kanzel mit gemalten Brüstungsfeldern ebenfalls aus dem 17. Jahrhundert.

Jenseits der B 182, der alten Poststraße Torgau–Wittenberg, befindet sich die Stelle am Heiderand, an der die Preußen nach dem Waldmarsch südlich auf die österreichischen Stellungen einschwenkten.

Die Feldzüge 1761 und 1762

Obwohl bei allen Kontrahenten die Kriegsmüdigkeit wuchs, kam immer noch kein Frieden zustande. Die Österreicher hielten nach der Torgauer Niederlage den südlichen Teil Sachsens in unangreifbarer Stellung, während Preußens Situation sich keineswegs gebessert hatte. Der König war mit seinen militärischen Unternehmungen, wie er selbst sagte, ungefähr wieder in derselben Lage wie bei der Eröffnung und sah sich überall in der Defensive.

Am 4. Mai 1761 brach Friedrich mit 55.000 Mann aus der Meißener Gegend nach Schlesien auf, um dort Laudon und die Russen in Schach zu halten, konnte aber deren Vereinigung mit den Österreichern am 19. Juli 1761 bei Liegnitz nicht verhindern. Nun endgültig in die Defensive gedrängt, bezog Friedrich am 20. Juli 1761, um Schweidnitz zu decken, ein befestigtes Lager nahe Bunzelwitz. Trotz ihrer Überlegenheit griffen die Verbündeten den König nicht an; die Russen marschierten wegen Verpflegungsschwierigkeiten sogar wieder nach Polen ab. Doch blieb Laudon nicht untätig: in der Nacht zum 1. Oktober 1761 stürmten die Österreicher im Handstreich Schweidnitz. Den Russen fiel dafür Kolberg am 16. Dezember 1761 trotz tapferster preußischer Gegenwehr in die Hände. So waren Ende 1761 ganz Hinterpommern, halb Schlesien und große Teile Sachsens von Österreichern und Russen besetzt.

In Nordamerika und Indien war schon 1760 die französische Kolonialherrschaft zusammengebrochen, jetzt Grund genug für England, Preußen die Subsidien zu streichen.

Auch das neue Jahr begann für Preußen nicht besser. Da erhielt der König am 19. Januar 1762 in Breslau die rettende Nachricht vom Tod seiner erbitterten Gegnerin Elisabeth von Rußland. Ihr Nachfolger, der Herzog von Holstein-Gottorp, Friedrichs begeisterter Verehrer, nun Zar Peter III., schloß am 5. Mai 1762 Frieden mit Preußen, gab alle Eroberungen zurück und vermittelte den preußisch-schwedischen Friedensschluß vom 22. Mai 1762, mit dem der Vorkriegsstand wieder hergestellt wurde. Hoch verstiegen sich noch einmal Friedrichs Pläne: Dresden, Prag und Olmütz schwebten ihm als Preis für einen erneuten siegreichen Feldzug in Mähren vor. Und natürlich die Rückeroberung der verlorenen schlesischen Gebiete.

Anfang Juli 1762 begann die preußische Offensive, in der Daun am 21. Juli in einer Umgehungsschlacht bei Burkersdorf unter hohen Verlusten geschlagen wurde. Nochmals unterlag Daun am 16. August bei Reichenbach und am 9. Oktober fiel Schweidnitz. Aber die erhoffte türkische Hilfe blieb für Friedrich aus; nach den Erfahrungen des Jahres 1758 mußte der Vormarsch nach Olmütz zur „elenden Pointe" werden.

Auf dem westlichen Kriegsschauplatz kam es nach einem preußischen Sieg über die Franzosen bei Wilhelmsthal am 24. Juni 1762 und der Einnahme Kassels am 1. November zu keinen weiteren Kampfhandlungen mehr.

Etwa zur selben Zeit ging in Sachsen nach der letzten Schlacht des Krieges am 29. Oktober bei Freiberg der Krieg zu Ende.

Die Schlacht bei Freiberg am 29. Oktober 1762

In Sachsen hatte Prinz Heinrich von Preußen inzwischen mit Geschick gegen Österreicher und Reichsheer operiert. Ausgelöst durch eine Schlappe bei Döbeln am 12. Mai 1762 und die folgende Abdrängung der Österreicher nach Dresden, beschloß die Wiener Zentrale am 7. September, Serbelloni durch Hadik zu ersetzen. Schon Ende September machte sich das neue Kommando durch den preußischen Rückzug nach Freiberg fühlbar und nach einer ersten Freiberger Schlacht am 14. und 15. Oktober zwangen Österreicher und Reichsarmee – nun gemeinsam unter dem Prinzen Stolberg – die preußischen Truppen zum Rückzug auf Nossen. Weil Prinz Heinrich eine österreichische Verstärkung an Stolberg befürchtete, entschloß er sich, sofort anzugreifen. Die Verbündeten waren aber auf der Hut und begannen, sich auf den Höhen westlich Freibergs, vor allem am Hospitalwald, zu verschanzen, als sie vom Anrücken des Prinzen Heinrich aus nordwestlicher Richtung von Nossen erfuhren.

Der rechte Flügel der Stolbergschen Armee stand hinter Kleinwaltersdorf, die Mitte schloß sich an und hatte den Hospitalwald vor sich, der linke Flügel reichte über die „Drei Kreuze" hinaus. Außerdem war westlich von Brand das Hilfs- und Beobachtungskorps Mayer aufgestellt.

Das Schlachtfeld

Das Schlachtfeld im unmittelbaren westlichen Vorfeld Freibergs („die alte und getreue Bergstadt") liegt im Übergangsbereich zwischen dem allmählich nach Norden hin abfallenden östlichen Erzgebirge und dem mittelsächsischen Hügelland und wird im Osten durch Freiberg und im Westen etwa vom Talzug der großen Striegis begrenzt. Das meist leicht gewellte Gebiet zeigt keine größeren Erhebungen.

Im Zentrum liegt auf dem nordwestlichen Teil der Brand-Erbisdorfer Hochfläche, etwa zwischen 450 m und 515 m ü. NN, der Hospitalwald, westlich vorgelagert und westlich tiefer die in der Schlacht eine Rolle spielenden Dörfer Kleinwaltersdorf (340 m ü. NN), Kleinschirma (370 m ü. NN) und St. Michaelis (400 m ü. NN).

Der Hospitalwald dehnt sich bis nahe an den südwestlichen Stadtrand Freibergs aus, seine Lage hat sich mit 500 ha bis heute kaum verändert.

Die Täler der Flüsse und Bäche sind landschaftlich abwechslungsreich, ihre mitunter steilen und felsigen Hänge häufig bewaldet.

Die außerordentliche wirtschaftliche Bedeutung Freibergs, auch die strategische, war bis ins ausgehende 19. Jahrhundert weit über Sachsen hinaus durch den Silberbergbau und wichtige zur Stadt führende Handelsstraßen bestimmt, so die sächsisch-böhmische Paß- und auch die alte Ost-West-Landeshauptstraße von Dresden nach Nürnberg.

Der Silberbergbau hatte in Freibergs Umgebung vor Ausbruch des Siebenjährigen Krieges gerade wieder das Aufkommen von 1618 erreicht, der Krieg selbst brachte den Bergbau fast zum Erlöschen.

Hauptkampfplatz war der von Teichen durchsetzte Hospitalwald, der von den Verbündeten vor der Schlacht an der westlichen und nördlichen Lisière durch die Anlage von Schanzen und Verhauen zur Verteidigung hergerichtet wurde. Die Bäume waren über der Erde so angesägt und umgelegt, daß sie mit den Kronen ein wirres Durcheinander bildeten, das von Angreifern nur schwer überwunden werden konnte, zumal die Bäume noch an den Stümpfen hingen. Lediglich im nördlichen Teil des Hospitalwaldes ermöglichten schmale Dämme, die allerdings im Feuerbereich der verteidigenden Artillerie lagen, eine Umgehung der Befestigungen.

Eine weitere Schanze, besetzt mit schwerer Artillerie, befand sich zwischen Hospitalwald und „Drei Kreuze", einer Höhe etwa 1 km östlich des Hospitalwaldes, über die die Straße Freiberg–Brand führt.

Der Grund von Kleinwaltersdorf bildete mit seinen steilen und tiefen Böschungen und dem Walterbach ein nicht unbedeutendes Hindernis für die nach Südosten angreifenden Preußen und konnte nur in aufgelöster Gefechtsordnung passiert und erstiegen werden.

Ähnlich wie die Österreicher in der Schlacht bei Torgau

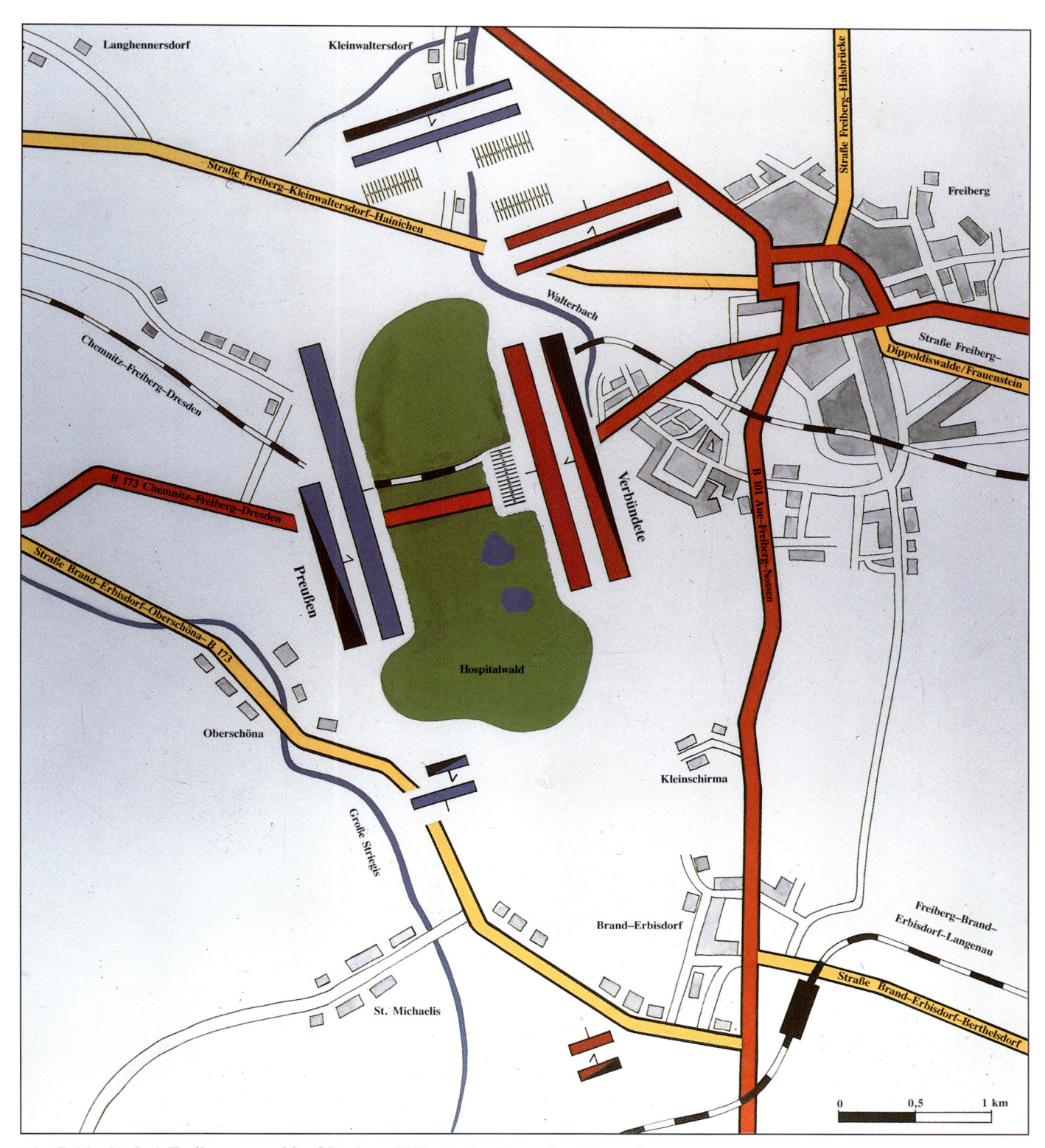

Die Schlacht bei Freiberg am 29. Oktober 1762, Aufstellung der Heere im Moment des preußischen Angriffs auf die verbündete Stellung am Hospitalwald.

machten die Verbündeten zwei entscheidende Fehler: durch die Aufstellung hinter dem Hospitalwald war jeglicher Einblick in die Bewegungen und vermeintlichen Absichten des Gegners von vornherein unmöglich; andererseits hätten die auch hier wieder schlachtentscheidenden Dämme (im Hospitalwald) mit geringem Aufwand zerstört werden können, um jeglichen Durchbruchsversuch zu vereiteln.

Stärkeverhältnisse

Verbündete (Österreicher und Reichstruppen)

A) Infanterie: 18.600 Mann der Regimenter
   Luzany   Effern
   Hildburghausen   Mainz
   Pallavicini   Kurtrier
   Clerici   Zweibrücken
   Kaiser   Kroneck
   Ahrenberg   Salzburg
   N. Esterházy   Württemberg
   Salm   Varell
   Lamberg   Gotha und Weimar
   Rot-Würzburg   Wied
   Jung-Colloredo   Giulay
   einschließlich 32 Grenadier-Kompanien und 3 Bataillone Kroaten.

B) Kavallerie: 8.400 Pferde der Regimenter
   De Ville (Kür.)   Anspach (Drag.)
   Portugal (Kür.)   Württemberg (Drag.)
   Bayreuth (Kür.)   Löwenstein (Drag.)
   Pfalz (Kür.)   Schiebel (Ulanen)
   Hohenzollern (Kür.)   Rudnitzki (Ulanen)
   Sachsen-Gotha (Kür.)   Bielack (Ulanen)
   sächs. Karabiniers   De Sofy (Hus.)
   Brühl (Drag.)   Hadik (Hus.)
   Prinz Albrecht (Drag.) Baronay (Hus.)
   Prinz v. Kurland (Drag.) Palatinal (Hus.)
   Pfalz (Drag.)   Slavonier (Hus.)

C) Artillerie: 120 Geschütze.

Die Preußen

Für die Armee des Prinzen Heinrich liegen nur Angaben zur Gesamtstärke – 27.000 Mann – vor. Beteiligt waren folgende Regimenter und Bataillone:

A) Infanterie (insgesamt 58 Bataillone):
   Regiment Bevern   Alt-Stutterheim
            Goltz   Jung-Stutterheim
            Hülsen   Salmuth
            Lehwald   Grabow
            Lindau   Diericke
            Manteuffel   Röbel
            Le Grand   Jung-Sydow
            Queiß   Alt-Sydow
   Gren.-Bat. Carlowitz   Poseck
            Lossow   Kinitz
            Natalis   Behr
            Heilsberg   Oppen
            Alt-Billerbeck Woldeck
            Jung-Billerbeck Kalkstein
   Freibat. Bequignolles Lüderitz
            Collignon   Le Noble
            Courbiere   Schack
            Jenay   Quintus
            Gschray   Heer
            Kleist

B) Kavallerie: (insgesamt 112 Eskadronen)
   Rgt. Karabiniers (Kür.)   Glasenapp (Drag.)
   Markgraf Friedrich (Kür.)   Meyer (Drag.)
   Leibregiment (Kür.)   Gschray (Drag.)
   Schlabrendorf (Kür.)   Frei-Dragoner
   Schmettau (Kür.)   Belling (Hus.)
   Krockow (Drag.)   Dingelstädt (Hus.)
   Jung-Platen (Drag.)   Kleist (Hus.)
   Plettenberg (Drag.)   Frei-Husaren

C) Artillerie: 100 Geschütze.

Der kombinierte Angriff

Am Morgen des 29. Oktober 1762 gegen 8 Uhr rückten vier preußische Angriffskolonnen gegen die Stellung der Verbündeten an: die erste unter Seydlitz bei St. Michaelis am Hospitalwald vorbei, um den Verbündeten in die linke Flanke zu fallen, die zweite unter General Jung-Stutterheim beim Hospitalwald zum Frontalangriff, die dritte und vierte Kolonne hatten die Verbündeten bei Kleinwaltersdorf und Brand festzuhalten.

Der Vormarsch der Preußen und ihre Angriffsabsichten entgingen dem Prinzen Stolberg schon am 28. Oktober nicht. Die Freiberger Garnison besetzte sofort alle Straßen und trat – gegen Mitternacht alarmiert – ins Gewehr. Morgens gegen 4 Uhr fielen dann drei Alarmschüsse, worauf die Verbündeten mit der Beschießung der von Kleinwaltersdorf herankommenden Preußen begannen. Gegen 6 Uhr verließ Stolberg die Stadt, bis 10 Uhr die gesamte Garnison.

Trotz fehlenden Überraschungsmoments drangen die preußischen Truppen zügig auf St. Michaelis vor, verjagten unterwegs Palatinalhusaren und Kroaten, warfen die sich dort tapfer entgegenstellenden 6 Bataillone der Verbündeten; Freibataillone standen schon vor dem Hospitalwald. Während die preußischen Regimenter Lindau und Goltz und Kleist-Dragoner das unter dem unentschlossenen Mayer westlich Brand stehende Korps in Schach hielten, rückte Prinz Heinrich mit den übrigen Truppen, hauptsächlich Grenadiere, Richtung „Drei Kreuze" vor. Dabei gerieten die Angreifer in Flanken- und Rückenfeuer der verbündeten Artillerie bei den „Drei Kreuzen" und Brand. Andere preußische Truppen kämpften die Schanzen im westlichen Hospitalwald unter Zuhilfenahme schweren Geschützes nieder. Beide Seiten feuerten nun in den Wald, was nach Asters Tagebuch „je länger, je heftiger ward und durch den Wald ein gräßliches Echo gab. So dem Brausen eines Hagelwetters nicht ungleich war".

Ermutigt durch die Erfolge auf dem rechten Flügel, ging jetzt die Kolonne Alt-Stutterheim gleichfalls vor und nahm Aufstellung neben Kleinwaltersdorf. Als der Befehlshaber die Nachricht erhielt, daß die Truppen seines Bruders im Hospitalwald in schwere Kämpfe verwickelt waren, ließ er zur Unterstützung Infanterie im Sturmschritt durch das Waltersdorfer Tal den Hospitalwald von Norden her angreifen. Preußische Artillerie folgte den Musketieren und feuerte im Vorgehen. Vom linken Flügel Alt-Stutterheims schlossen sich Belling-Husaren und Schmettau-Kürassiere an, denn die gegnerische Kavallerie war schon dabei abzuziehen. Die vorbrechenden preußischen Kavalleristen wurden anfänglich von Infanteriefeuer zurückgetrieben, als dann II./Bevern heran war, gelang der kombinierte Angriff. Esterházy und Giulay wurden gefangengenommen, Wied, Rot-Würzburg und Salm völlig zusammengehauen.

Etwa um 10 Uhr konnte Seydlitz durch ein Umfassungsmanöver die verbündete Infanterie zur Flucht nach Freibergs Vorstadt bewegen; damit wurde auch die Verteidigungsposition im Hospitalwald schwächer. Mutig warfen sich 300 Freiwillige unter dem preußischen Hauptmann Pfuhl auf die Schanzen und konnten sie nehmen. Die verbündete Infanterie, vorteilhaft hinter den Befestigungen geschützt und durch frische Truppen verstärkt, wehrte sich mutig, bis sie von preußischem Artilleriefeuer auch aus dieser Position geworfen und auf Freiberg zurückgedrängt wurde.

Über einen unversehrten Damm gingen nun preußische Dragoner in Karriere durch den Wald, fielen der bei „Drei Kreuze" aufgestellten Batterie in den Rücken und nahmen sie im Kugelregen der Geschütze und trotz wiederholter Gegenangriffe unter hohen Verlusten weg. Die 14 dort ebenfalls aufgestellten Kompanien verbündeter

Sturmangriff preußischer Grenadiere auf österreichische Verschanzungen in der Schlacht bei Freiberg (Zeichnung von Menzel).

Grenadiere versuchten zwar den eingedrückten linken Flügel zu decken, wurden aber selber angegriffen, fast abgeschnitten und konnten sich gerade noch – von der eigenen Kavallerie dem Schicksal überlassen – zurückflüchten. Die Preußen machten zahlreiche Gefangene; ein ungarisches Bataillon, das sich im Freibergsdorfer Rittergutshof verschanzte, um die verfolgenden Preußen aufzuhalten, konnte nicht über die hohen Mauern schießen und wurde, ohne einen Schuß abzugeben, gefangengenommen.

Jetzt blieb den Preußen an der rechten Flanke der Verbündeten nur noch, den Widerstand der gegenüberstehenden Infanterie und zahlreichen Kavallerie endgültig zu brechen.

Alt-Stutterheim setzte sich deshalb persönlich an die Spitze von vier Bataillonen und zwölf Eskadronen, darunter die Belling-Husaren, und ging durch Kleinwaltersdorf vor. Schon das vorbereitende Artilleriefeuer hatte die verbündete Kavallerie zum Rückzug veranlaßt, jetzt brach Stutterheims Reiterei auf das österreichische Fußvolk ein, das sich mit dem Mut der Verzweiflung wehrte und den Kavallerieangriff sogar abschlagen konnte. Einer zweiten Attacke der von Seydlitz geführten Belling-Husaren, die letzte des Reiterführers überhaupt, erlagen die Regimenter und wandten sich zur Flucht.

Eine gut gedeckte Batterie wurde von II./Bevern erstürmt und mußte sich ergeben.

Der Kupferstich von Schleuen zeigt hier offenbar die letzte Seydlitzsche Attacke (Berlin, Kupferstichkabinett).

So war nach annähernd zwei Stunden gegen 12 Uhr der Sieg entschieden. Die Verbündeten flüchteten bei Conradsdorf, nordöstlich Freiberg, über die Freiberger Mulde; Campitellie konnte hier alles sammeln und den Übergang zur Verteidigung herrichten. General Mayer zog sich – nur wenig verfolgt – bei Berthelsdorf über den Fluß zurück.

Eine preußische Verfolgung kam nicht zustande, weil Prinz Heinrich dafür seine inzwischen aus der Ordnung geratene Streitmacht zu schwach glaubte. So führte Stolberg die geschlagene Armee nach Frauenstein, um dort Lager zu beziehen, später über Altenberg bis in die Gegend von Pirna zurück.

Die Preußen gaben ihre Verluste an Toten und Verwundeten mit nur 1.400 Mann an. Die Gesamtverluste der Verbündeten sollen bei 7.000 Mann gelegen haben, dabei 4.380 Gefangene, unter ihnen Feldmarschall-Leutnant Roth.

Erbeutet wurden von den Preußen im übrigen 28 Geschütze, neun Fahnen und Standarten sowie neun Munitionswagen.

Freiberg mußte nach der Niederlage der Verbündeten eine gewalttätige Plünderung über sich ergehen lassen. Zu den Verhältnissen in und um die Stadt berichtete der Freiberger Oberstadtschreiber Klotzsch der Nachwelt: „Dem Landmanne blieb nichts weiter übrig, als die Augen, um sein Unglück in der Vollkommenheit zu betrachten. – Überall war Elend, Noth und Jammer, vornehmlich in der Stadt, wo der Bürger das Haus voll Soldaten und weder Geld noch Brod hat." Der Begleichung einer sogenannten Brandschatzungsforderung in Höhe von 200.000 Talern entging die Stadt knapp durch den am 15. Februar 1763 abgeschlossenen Hubertusburger Frieden. Die Schlacht von Freiberg als letzte im Siebenjährigen Krieg und einzige größere Prinz Heinrichs von Preußen war mit dem selbständigen Vorgehen gemischter Angriffskolonnen durchaus sehr modern geprägt. Die unmittelbare Ausnutzung des Erfolges zur Besetzung Dresdens gelang den Preußen aber nicht mehr. Die Österreicher waren fest gewillt, ihre vorteilhafte Stellung dort zu behaupten. Am 24. November 1762 schlossen Preußen und Österreich Waffenstillstand, Ende Dezember waren auch die Kämpfe mit der Reichsarmee nach allgemeinem Beitritt zu einer Neutralitätskonvention zu Ende.

Die Unterzeichnung des Hubertusburger Friedens zwischen Österreich, Preußen und Sachsen garantierte lediglich den territorialen Vorkriegsstand. Doch Opfer und materielle Schäden waren enorm: Allein 550.000 Gefallene sowie an Krankheit und Verwundung gestorbene Soldaten, unter ihnen 180.000 Preußen und 140.000 Österreicher; Preußen und Sachsen wirtschaftlich ruiniert.

Preußen konnte seine Stellung als europäische Großmacht behaupten und wurde im Reich zunehmend Konkurrent Österreichs. Politischer Verlierer war Frankreichs Absolutismus, von nun an jahrzehntelang ohne

Einfluß in Europa. So hatten sieben leidensvolle Jahre wieder einmal nur die alte Weisheit bestätigt, nach der weniger Leidenschaft und mehr Vernunft noch immer Blutvergießen ersparen...

Das Schlachtfeld von Freiberg heute

Das Schlachtfeld von Freiberg ist zu erreichen
o von Berlin auf der Autobahn Berlin–Dresden bzw. Dresden–Chemnitz bis zur Ausfahrt Siebenlehn und weiter auf der B 101 nach Freiberg,
o von Leipzig auf der Autobahn Leipzig–Dresden bis zur Ausfahrt Nossen und weiter auf der B 101 nach Freiberg,
o von Dresden auf der B 173 nach Freiberg,
o aus dem südwestlichen Raum Sachsens und Thüringens über die Autobahn Hermsdorfer Kreuz–Bautzen bis zur Ausfahrt Siebenlehn und weiter auf der B 101 nach Freiberg.

Der Besuch des Schlachtfeldes vom 29. Oktober 1762 bietet sich im Zusammenhang mit einer Besichtigung des an Sehenswürdigkeiten reichen Freiberg an.

Begonnen werden sollte am rechten Flügel der Verbündeten, bei Kleinwaltersdorf, nordwestlich von Freiberg an der B 101 Freiberg–Nossen. Der als einreihiges Waldhufendorf angelegte Ort war Schauplatz des Angriffes der preußischen Kolonne unter Alt-Stutterheim. Daran erinnern einige alte Schanzen in der Nähe der Constantin-Fundgrube, die wahrscheinlich von österreichischen Truppen angelegt wurden. An Gebäuden aus den Tagen der Schlacht sind hier erwähnenswert

o die Kirche mit Altar, gleichzeitig Epitaph für den hier bestatteten Ulrich Mordeisen (gest. 1572, Kanzler der Kurfürsten Moritz und August) von Andreas Lorentz aus Freiberg, einer Sandsteintaufe um 1500 und der Oehme-Orgel von 1775,
o das Pfarrhaus,
o das an der Westseite des Oberdorfes gelegene Rittergut Ulrich Mordeisens,
o östlich des Friedhofs Reste der Grube Neugeboren Kindlein und des mit kurfürstlichen Mitteln finanzierten Neuen Fürstenstollens,
o die alten Häusleranwesen Nr. 98 und 99 (um 1700).

Angriffsweg der Kolonne Alt-Stutterheim durch das Waltersdorfer Tal.

Ein Abschnitt am östlichen Rand des Hospitalwaldes im ersten Herbstschnee.

Die Höhe „Drei Kreuze", in etwa Standort der Stollbergschen Artillerie im Zentrum. Im Hintergrund Freiberg.

Zum Hospitalwald kommt man auf der B 101 in Richtung Brand-Erbisdorf über Freiberg nach etwa 6 km. Die Besichtigung sollte auf der Höhe „Drei Kreuze" beginnen, kurz hinter dem Ortsausgang auf der linken Seite durch drei große auf Freiberg gerichtete Kreuze erkennbar, die in Erinnerung an die Leiden der Stadt im Dreißigjährigen Krieg errichtet wurden. Rechts, also westlich der Straße von Freiberg, führt ein unbefestigter Weg direkt in den Hospitalwald.

Im Hospitalwald – weite Gebiete sind stauvernäßt und immer noch sumpfig – befinden sich zwei größere Teiche; von den alten Schanzen sind nur noch Reste im Ostteil mit Mühe zu erkennen. Aber im großen und ganzen – abgesehen von einigen verschütteten Schächten und Gruben – entspricht die Landschaft noch der historischen Situation. Heute ist der Hospitalwald beliebtes Naherholungsgebiet der Freiberger, die wohl beim Baden und Camping nur geringe historische Empfindungen haben dürften, denn der Schlacht wird in und um Freiberg nirgends gedacht, lediglich das Stadtmuseum kann dem militärhistorisch Interessierten wenigstens literarische Hilfe geben.

Sehenswert und nur 4 km vom Hospitalwald entfernt ist St. Michaelis in einem Nebental der großen Striegis. Es ist weiter auf der B 101 über Brand – Erbisdorf schnell erreicht. Nördlich der sich annähernd 2 km hinziehenden Gemeinde hebt sich rechts der Straße deutlich der steile Anstieg zur Brand-Erbisdorfer Hochfläche ab. Die kleine Michaelis-Kirche, ebenfalls dicht an der Straßenseite rechts, der Überlieferung nach einst Wallfahrtskapelle am ehemaligen Fürstenweg von Freiberg zur Augustusburg, soll im 13. Jahrhundert erbaut worden sein und besitzt eine Sandsteintaufe (um 1500) sowie zwei Glocken aus dem 15. und 16. Jahrhundert.

St. Michaelis, gut zu erkennen die gleichnamigen Höhen im Hintergrund.

Besteigt man die Böschung nach Norden zu, wird jenseits von Feldern in einer Entfernung von etwa 1,5 km noch einmal die Südlisière des Hospitalwaldes sichtbar, die Stelle, wo die Preußen die linke Flanke der Verbündeten umgingen. Mehrere aus der Zeit des Bergbaus stammende Huthäuser haben hier die Jahrhunderte überdauert: So zwischen Hospitalwald und St. Michaelis das Huthaus der Grube Trost Israel und im Dorf selbst das Huthaus Himmelskrone, beide Anfang des 18. Jahrhunderts erbaut.

Überall auf dem alten Schlachtfeld fallen Spuren des von 1168 bis 1968 um Freiberg betriebenen Erzbergbaus auf, heute – einmal abgesehen von der in Mitleidenschaft gezogenen Umwelt – interessante industriemuseale Objekte des einstigen Bergbaureviers von europäischem Rang.

Anlage 1

Dreipfündiges Feldgeschütz 1760 (Zeichnung von Ottenfeld).

Einblicke in das österreichische und preußische Heereswesen zwischen 1745 und 1763

Absolutistischer Drang nach Macht und Geltung, eine zwangsläufige Folge des Dreißigjährigen Krieges, zwang zumindest die bedeutenden Reichsfürsten zu dauernder stärkster Rüstung, damit zu stehendem Heer und allgemeiner Wehrpflicht. Das Bild des Soldaten vor allem wandelte sich ganz entscheidend. Kasernenhof und Exerzierplatz traten an Stelle des Landsknechtslagers. Das Offizierskorps, fast ausnahmslos der Landesadel, stand in einem stabilen, schon berufsethische Züge tragenden Dienstverhältnis zum Landes- und Feldherrn und war längst nicht mehr vom militärischen Abenteurer- und Unternehmertum geprägt. Damit verschwand auch der politisch höchst indifferente Werbeherr.

Der zeitlich unbefristet dienende Soldat war nun nicht mehr so frei und unabhängig, wurde im entwürdigenden Prügeldrill erniedrigt. Von der politisch-moralischen Einwirkung konnte im Hinblick auf die angewandte Lineartaktik noch abgesehen werden. Dies führte einerseits zu Massendesertationen, andererseits auch zu verlustreich tapferem Verhalten in der Schlacht, letzteres aber wohl mehr dem schon ausgeklügelten Militärstrafsystem und eigener Selbstbehauptung geschuldet.

Düstere Besonderheiten blieben in dieser Periode gewissenloseste Praktiken der zusätzlichen Anwerbung zur „Beschaffung" des „Rekrutenmaterials", auch im Ausland, und die Truppenvermietung gewaltsam ausgehobener Untertanen zur Erlösaufbesserung eigennütziger Landesherren.

Die Herstellung von Waffen, Munition und Ausrüstung befand sich unter Kontrolle des absolutistischen Staates und war damit weitgehend einheitlich.

1. Das österreichische Heer

formierte sich im Siebenjährigen Krieg aus 54 Infanterieregimentern und 41 Kürassier-, Dragoner- und Husarenregimentern, die einschließlich der Freikorps und Artillerie eine Gesamtstärke von 195.183 Mann ergaben.

Die Infanterie

war in Regimenter zu drei Bataillonen eingeteilt. Unterschieden wurde nach schwerer (Musketiere, Füsiliere und Grenadiere) und leichter Infanterie (sogenannte Grenztruppen aus Ungarn, Dalmatien und Slavonien, meist als „Kroaten" bezeichnet), die in Freikorps aufgestellt war.

Das „schwere" Infanterieregiment (je Bataillon sechs Kompanien) setzte sich in der Regel zusammen aus
- Stab (Oberst, Oberstleutnant, Major, Oberstwachtmeister, Regimentsquartiermeister, Auditor, Sekretär, Feldgeistlicher, Wachtmeister, Regimentsadjutant, Proviantmeister, Regimentsfeldscher, Unterfeldscher, Wagenmeister, Profos, Regimentstambour)   39 Mann
- 2 Grenadierkompanien zu je 115 Mann   230 Mann
- 1 Inhaberkompanie   153 Mann
- die Obersten-Kompanie   154 Mann
- 3 Stabskompanien zu je 153 Mann   459 Mann
- 11 weitere Kompanien zu je 152 Mann   <u>1.672 Mann</u>
   2.707 Mann

Dazuzurechnen sind noch 21 Mann Proviantwagen und Feldschmiede sowie acht Hauboisten.

Zum Kompaniestab gehörten neben dem Hauptmann ein Leutnant, ein Fähnrich, ein Feldwebel, ein Führer, ein Fourier, ein Musterschreiber und ein Feldscher.

Die Feldausrüstung der österreichischen Infanteristen bestand neben Bajonettgewehr und Infanteriesäbel aus einem Stoff- bzw. Kalbfellbeutel sowie der Patronentasche (unterschiedlich groß nach Waffengattung) mit Pulverhorn, Ölfläschchen, zwei Raumnadeln und Luntenverberger.

Die Offiziere hatten die Partisanen abgelegt und trugen den Degen, mit dem auch kommandiert wurde. Korporale waren mit Bajonettgewehren bewaffnet, die Angehörigen des Stabes, Feldwebel, Führer und Regimentstambours zusätzlich mit sogenannten spanischen Röhren, die Korporale mit Holzstöcken.

Die leichte Infanterie führte Doppelflinten, davon ein Lauf gezogen, der andere glatt.

Die Kavallerie

Den Kürassieren kam als schwere Reiterei die Rolle der „Schlachtenkavallerie" zu.

Jedes **Kürassierregiment** bestand aus sechs Eskadronen bzw. 13 Kompanien, davon eine Karabinierkompanie. Mit dem Stab (Oberst, Oberstleutnant, Major, Quartiermeister, Auditor, Feldgeistlicher, Regimentsfeldscher mit sechs Gehilfen, Profos) waren die Regimenter 1.009 Mann stark.

Eine Kürassierkompanie hatte einen Rittmeister, einen Leutnant, einen Fähnrich, einen Wachtmeister, drei Korporale, einen Pauker.

Österreichische Infanterietypen aus der Zeit des Siebenjährigen Krieges.

Dagegen eine Karabinierkompanie einen Rittmeister, einen Leutnant, einen Unterleutnant, einen Wachtmeister, vier Korporale, einen Trompeter.

Die Bewaffnung bestand im Küraß – Rest mittelalterlicher Trutzwaffen –, dem Pallasch und einem Paar Pistolen. Außerdem hatten bei jeder Eskadron 16 Mann Kürassier-Karabiner.

Die Karabiniers trugen Gamaschen, führten den langen, krummen Säbel und zeichneten sich vor allem durch eingeübte, schnelle Handfertigkeit beim Schießen mit dem Karabiner zu Fuß und zu Pferd aus, Spezialisten für den gezielten Schuß bei Angriff und Verteidigung.

Die **Dragonerregimenter** bestanden aus sechs Eskadronen bzw. 13 Kompanien, davon eine Grenadierkompanie. Der Stab entsprach dem der Kürassierregimenter, die Gesamtstärke lab aber bei 1.170 Mann.
Die Dragonerkompanien – einschließlich Grenadiere – unterschieden sich lediglich durch Hauptleute und Tamboure. Außerdem war bei jeder Kompanie ein Fourier, ein Musterschreiber, ein Sattler und ein Schmied.
Die Bewaffnung bestand aus Pallasch, einem Paar Pistolen und dem Kürassierkarabiner.
Die Grenadiere trugen Stiefel, Bärenfellmütze und Granattasche. Die Vielseitigkeit in der Schießausbildung und die Bewaffnung glichen den Karabiniers.

Die **Husarenregimenter** hatten fünf Eskadronen bzw. zehn Kompanien, insgesamt 809 Mann mit dem Stab (s. Kürassierregimenter). Bewaffnet waren die Husaren wie die Dragoner, hatten aber den krummen Säbel. Darüber hinaus bestand mit den in Freikorps organisierten Kroaten eine leichte irreguläre Reiterei, deren Bewaffnung nicht einheitlich war. Das gleiche galt für die Struktur.

Die Artillerie

Unter den beiden großen Artilleriereformern Österreichs, Feldmarschall Fürst Liechtenstein und sein Nachfolger Feldzeugmeister Rouvroy, kam es erstmalig zur Trennung der Feldartillerie von der schweren oder Belagerungsartillerie. Die Geschützrohre wurden allgemein verkürzt, die Feldartillerie damit leichter und beweglicher. Es gab nur vier Kaliber Feldgeschütze mit der einheitlichen Rohrlänge von 16 Kugeldurchmessern, und zwar 3-, 6- und 12pfündige Kanonen sowie 7pfündige Haubitzen. Zu den schweren oder Batteriegeschützen gehörten 12-, 18- und 24pfündige Kanonen, 10- und 12pfündige Haubitzen sowie 10-, 30-, 60- und 100pfündige Mörser.

Zur Bedienung der schweren Geschütze – etwa 10 bildeten eine Batterie – bestand seit 1755 das Feldartilleriekorps, insgesamt 24 Kompanien bzw. um 2.000 Mann stark.

Nach dem Artilleriereglement von 1757 gab es
- jedem Infanteriebataillon zugeteilt zwei 3pfündige Geschütze, oftmals auch zu 3–4 Geschützen konzentriert aufgestellt,
- die sogenannten Regimentsgeschütze, im Laufe des Feldzuges an Regimenter verteilte Geschütze aus der Reserveartillerie,
- die Reserveartillerie, bestehend aus 3-, 6- und 12pfündigen Feldgeschützen und 7pfündigen Haubitzen.

Irreguläre österreichische Infanterie.

Die österreichischen Feldgeschütze wiesen ab 1748 statt der bisher üblichen Schußkeile Richtmaschinen auf; eingeführt wurden Raumnadeln, Brandeln und Zündlichter. In einer Minute konnten aus einem Feldgeschütz 13 bis 14 Schüsse abgegeben werden.

Für den Transport der Geschütze und der in Munitionskarren verladenen Munition war die „Rosspartei" des Artilleriekorps mit bis zu 900 Zugpferden zuständig. Die Bespannung richtete sich nach dem Kaliber, so z. B. vier Pferde bei Sechspfündern.

Beim Reservepark wurden noch mitgeführt: Schanz und Minierzeug, Laborinstrumente, Geschirr, Wagnerholz und Handwerkszeug. 1757/58 wurde zur Bedeckung der Geschütze ein Artilleriefüsilierregiment errichtet.
Jedes Geschütz bedienten sechs Büchsenmeister und bis zu zwölf Handlanger.

Das Stabswesen

Einen eigentlichen Generalstab kannte das österreichische Heer noch nicht; bei der gegebenen militärpolitischen Führung durch den Hofkriegsrat reichte offenbar ein Generalquartiermeisterstab aus, dessen Aufgaben vor allem in der Vorbereitung von Feldzügen bestanden: Ausarbeitung von Marschtabellen, Straßenkarten, militärgeographische Landesaufnahme und -beschreibung, Verfassung kriegsgeschichtlicher Werke, Führung des Kriegsarchivs.
Grundsätzlich gehörten zum Generalquartiermeisterstab sämtliche Generale, General-, Flügel- und Korpsadjutanten sowie das Korps des Stabes zur Erledigung der eigentlichen Aufgaben unter Leitung eines Generals.
Im Kriegsfall stellte der Generalquartierstab die Stabschefs der kommandierenden Generale, Armeekorps- oder Divisionskommandeure.

Österreichischer Grenadier zu Pferd und Dragoner (1740–1756) (Zeichnung von Ottenfeld).

Österreichische Kürassiere (1740–1769) (Zeichnung von Ottenfeld).

2. Das preußische Heer

hatte 1755 eine reguläre Gesamtstärke (außer Garnisonstruppen) von
39 Infanterieregimentern
20 Kürassier-, Dragoner- und Husarenregimentern
bzw. 126.000 Mann, einschließlich der Artillerie.

Die Infanterie

bildete den Hauptteil des friderizianischen Heeres. Sie gliederte sich in Regimenter zu zwei Bataillonen, die wiederum aus je einer Grenadier- und fünf Musketier- bzw. Füsilierkompanien bestanden. Ab 1742 wurden die Grenadierkompanien in selbständigen Grenadierbataillonen – bis 1763 insgesamt 29 – zusammengefaßt.

Zwischen den Sollstärken von 1743 und 1757 („alter" und „neuer Fuß") bestanden erhebliche Unterschiede. Allein die Zahl der Musketiere bzw. Füsiliere stieg von 1.220 auf 1.620 Mann pro Regiment, bei den Linienbataillonen von 610 auf 810 und den Grenadierbataillonen von 520 auf 680 Mann.

Neben 42 Offizieren und 100 Unteroffizieren hatten die Infanterieregimenter außerdem einen Regimentsquartiermeister, einen Feldprediger, einen Auditeur, einen Regimentsfeldscher, zehn Kompaniefeldschere, einen Büchsenmacher, einen Büchsenschäfter, einen Profos und 38 Spielleute.

In den Grenadierkompanien gab es neben der üblichen Struktur Offiziere – Unteroffiziere – Spielleute – Gemeine

Preußische Garde-Grenadiere, Nachfolger der Potsdamer Riesengarde Friedrich Wilhelm I., Mustereinheit der preußischen Grenadier-Bataillone (Zeichnung von Menzel).

Preußische Infanteristen vom Regiment Itzenplitz (Zeichnung von Menzel).

noch sieben Zimmerleute, die auch die Bataillonsgeschütze der gesamten Infanterie bedienten.

Ab 1743 teilte sich die Armee in ein Preußisches, Märkisches und Schlesisches Corps d'armée sowie ein Jägerkorps (Feldjäger und Kuriere, beritten und zu Fuß) von etwa 400 Mann.

Die Freibataillone waren seit 1758 insgesamt je 811 Mann stark; Freiregimenter hatten die doppelte Stärke.

Handfeuerwaffe der Infanterie war das Steinschloßbajonettgewehr, bei den Füsilieren – wegen ihrer geringeren Körpergröße – eine Handbreit kürzer. Die Jäger führten an Stelle des Gewehrs gezogene Büchsen und den Hirschfänger.

Als Seitengewehr trugen die Mannschaften bei den Musketieren, Füsilieren und Jägern kurze Säbel, den Grenadieren kurze Pallasche.

Die Unteroffiziere der Linienregimenter hatten Piken, etwa 3 m lang, mit schmaler, spitzer Klinge und einer halbmondförmigen nach unten gebogenen Parierstange. Etwa 4 m lang waren die Piken der Grenadierunteroffiziere; nur die Grenadierkorporale führten kurze gezogene Bajonettgewehre.

Hauptleute und Subalternoffiziere besaßen neben dem Degen die kurze Pike, das sogenannte Esponton, und als Überrest der einstigen Brustpanzer allgemein den Ringkragen. Stabsoffiziere hatten nur den Degen.

Die Feldausrüstung bestand aus Brotsack, Patronentasche und einigen Zeltpflöcken. Die Feldkessel, Feldflaschen, Zeltbeile, Schippen und Kreuzhacken waren in den Zeltkameradschaften verteilt. Zelte und Zeltdecken trugen die Packpferde.

Die Kavallerie

Friedrichs reguläre Kavallerie bestand aus Kürassieren, Dragonern und Husaren, die beiden letzteren bildeten

Preußischer Feldjäger zu Pferd und Kleist-Grenadiere (Zeichnung von Menzel).

Preußischer Stechow-Dragoner (Zeichnung von Menzel).

die leichte Reiterei.

Die Stärke der Truppenteile wechselte häufig. Nach dem „neuen Fuß" von 1757 hatte das

o **Kürassierregiment** fünf Eskadronen zu je zwei Kompanien, jede Eskadron sieben Offiziere, 14 Unteroffiziere, zwei Trompeter, zwei Fahnenschmiede und 144 Gemeine, das ganze Regiment 37 Offiziere, 70 Unteroffiziere, zwölf Trompeter, zehn Fahnenschmiede und 720 Gemeine. Hinzu kamen weiter:

ein Regimentsquartiermeister, ein Prediger, ein Auditeur, ein Regimentsfeldscher, fünf Feldschere, ein Bereiter, ein Sattler und ein Profos;

o **Dragonerregiment** vier bis zehn Eskadronen zu je sieben Offizieren, 14 Unteroffizieren, drei Spielleuten, einem Fahnenschmied und 168 Gemeinen. Der Unterstab glich dem des Kürassierregiments;

o **Husarenregiment** bis zu zehn Eskadronen. Das Regiment setzte sich dann zusammen aus 50 Offizieren, 110 Unteroffizieren, zehn Tambouren, zehn Fahnenschmieden und bis zu 1.380 Gemeinen. Den Unterstab bildeten ein Regimentsquartiermeister, ein Regimentsfeldscher, zwei Büchsenmacher und zwei Schäfter.

Die Kürassiere waren mit einem Brustharnisch – dem Küraß – ausgerüstet, der – bei der Garde du Corps blank, bei den anderen Regimentern schwarz – mit kreuzweise über den Rücken gehenden Lederriemen festgeschnallt wurde.

Offizier von den Seydlitz-Kürassieren, dem Musterregiment der schweren preußischen Reiterei, das durch Friedrich Wilhelm von Seydlitz berühmt wurde. Von der Tollkühnheit dieses Führers scheint der abgebildete junge Offizier durchdrungen, der, hier im Sattel halb herumgeworfen, mit lautem Kommando zur Attacke sprengt (Zeichnung von Menzel).

Preußischer Malachowski-Husar in erbittertem Kampf mit österreichischem Irregulären (Zeichnung von Menzel).

Preußische Kavallerie um 1760. Von links nach rechts: Belling-Husar, Plettenberg-Dragoner, Bosniak, reitender Artillerist, Husar vom Regiment Ruesch (die „Totenköpfe" genannt), Kürassierregiment Prinz Heinrich, Czettritz-Dragoner, Zieten-Husar.

Blanke Waffen waren bei Kürassieren und Dragonern zweischneidige Pallasche mit Messinggriffen, bei den Husaren Krummsäbel. Dazu kamen bei den Dragonern 1,4 m lange Flinten, bei den Husaren Karabiner und überall zwei Pistolen.

Die Artillerie

gliederte sich in Feldartillerieregimenter und Garnisonsartilleriekompanien, die beide kaum noch etwas Handwerksmäßiges an sich hatten.

Die Feldartillerie – schon dritte Waffengattung, sofern schwere Artillerie – spielte eine immer schlachtentscheidendere Rolle. Sie hatte pro Regiment zwei Bataillone zu fünf bzw. sechs Kompanien. 1756 zählten die 1. Bataillone sechs Kompanien zu je zehn Unteroffizieren, zehn Bombardieren, 120 Kanonieren, drei bis vier Tambours, die 2. Bataillone fünf Kompanien zu zehn Unteroffizieren, 122 Kanonieren, einen Tambour und eine Bombardierkompanie zu neun Unteroffizieren, 98 Bombardieren, sechs Zimmerleuten und einen Tambour. Bei jedem Feldbataillon waren 25–28 Offiziere, außerdem etwa 15 Feuerwerker.

Bombardiere dienten als Bedienung der Haubitzen und Geschützführer bei den Kanonen.

Die Kanoniere wurden zum Teil zu den Bataillonsgeschützen der Infanterie, vor allem der Grenadierbataillone, kommandiert; der andere Teil besetzte die schweren Geschütze des Armeeartillerieparks. Wenn im Feld

Bosniak vom preußischen Husarenregiment Nr. 9, die ersten Lanzenreiter im preußischen Heer. Ursprünglich aus verschiedenen Nationalitäten zusammengesetzt; bis 1760 keine geregelte Uniform, hier Wintermontur (Zeichnung von Menzel).

Preußischer Husar mit vollständigem Sattelzeug und Gepäck (Zeichnung von Menzel).

Pauker und Fahnenjunker von der Garde du Corps, eine Elitetruppe, zu der alle Kavallerieregimenter ihre größten Reiter abgeben mußten (Zeichnung von Menzel).

Artilleristen oder Zimmerleute fehlten, mußten Handlanger von der Infanterie aushelfen. Im Siebenjährigen Krieg erhielt jedes Musketier- oder Füsilierbataillon des ersten Treffens zwei Sechspfünder und ein bis zwei 7pfündige Haubitzen. Auf die Grenadierkompanien wurden ein bis zwei Geschütze desselben Kalibers gerechnet.

Die schwere Artillerie, meist 12pfündige Kanonen, auch Positionsartillerie genannt, umfaßte 1758 200 Geschütze, die Zahl stieg dann aber laufend. 1756 kam auf ein Infanterieregiment ein 12pfündiges Geschütz. Daneben wurden noch bis 30pfündige Haubitzen und bis 140pfündige Mörser eingesetzt. Bei den Mannschaften diente ein Seitengewehr als blanke Waffe.

Mineure, Sappeure und Pontoniere zählten zur Artillerie. Die Festungsartillerie erreichte eine Stärke von 74 Offizieren, 124 Feuerwerkern und Unteroffizieren, 187 Bombardieren, 1.381 Kanonieren und einem Tambour. An ihren weißen Bandelieren waren Messingraumnadeln, eiserne Kartuschnadeln und lederne Pulverflaschen befestigt. Als Waffe hatten die Mannschaften einen kleinen, geraden Pallasch mit Messingkorb.

Die Bespannung der Bataillonsgeschütze bestand aus etwa vier Pferden. Die Munition befand sich im Protzkasten; der Haubitze folgte ein besonderer Granatenwagen. Bis auf 500 Schritte vom Feind wurden die Bataillonsgeschütze gefahren. Beim weiteren Vorrücken blieben Pferde und Protzen zurück. Die Mannschaften der Bataillone zogen die Stücke, die auf 350 Schritte ihr Kartätschfeuer eröffneten, mit der „Prolonge" in die neue Position. Diese Geschütze waren – gleich der Fahne – der Ehre des Truppenteils anvertraut und bis zum letzten Augenblick zu verteidigen.

Die nicht bei den Bataillonen mitfahrenden Geschütze wurden regelmäßig zu zehn Stücken in Batterien verschiedenen Kalibers auf die wichtigsten Positionen des Schlachtfeldes verteilt konzentriert.

Friedrich der Große führte als erster 1759 die reitende Artillerie ein, meist zehn Sechspfünder. Die Bedienungsmannschaft bestand aus acht berittenen Kanonieren pro Geschütz. Sie saß zum Feuern ab, während ein Artillerist die Pferde hielt. Jedes Geschütz war mit sechs Pferden bespannt.

Die reitende Artillerie wurde üblicherweise vom Hauptquartier bei der Avantgarde zur Unterstützung der Kavallerie eingesetzt.

Das Stabswesen

Für die militärische Befehlserteilung fehlte ein organisierter Generalstab, denn der König war als oberster Befehlshaber quasi sein eigener Chef des Generalstabs. Die Offiziere seiner Suite, zehn General- und Flügeladjutanten von Infanterie und Kavallerie sowie zehn von den Truppen kommandierte Hauptleute überbrachten die Weisungen und Befehle des königlichen Feldherrn. Über die Regimenter hinaus bestanden in Friedenszeiten keine größeren Truppenverbände.

Für Kontrolle und Ausbildung sorgten neun Infanterie-, sechs Kavallerie- und eine Artillerieinspektion unter Führung je eines Generalinspekteurs.

Reitende preußische Artillerie; sie fiel den Österreichern bei Maxen vollständig in die Hände, wurde aber 1760 neu errichtet (Zeichnung von Menzel).

Preußische Kommandeure nach der Schlacht (Zeichnung von Menzel).

3. Die Märsche und Lager

Geringe Stärke und Verpflegung aus Magazinen führten grundsätzlich zu vereinigtem Marschieren der Armeen. Es folgten die Trainkolonnen zur laufenden Versorgung aus rückwärtigen Magazinen.

So rückte die Armeekolonne in Tagesmärschen von 5 bis 6 km dicht an den Feind heran, abends in sorgfältig gewählter Stellung in Schlachtordnung lagernd.

Bei der Errichtung von Lagern ging man von den Zeltgassen (senkrecht zur Front) – außer bei der Kavallerie – ab und schlug dafür das Lager in Linie oder „en ordre de bataille" auf, wobei die Zeltreihen gliederweise parallel zur Front standen. Auf diese Weise konnte jeder Gegner über die Stärke getäuscht werden.

Die Zeltgröße richtete sich nach den Dienstgradgruppen. Wochenlanges nahes Gegenüberlagern, um Angriffsmöglichkeiten festzustellen – Tribut an die unbeholfene Lineartaktik – war durchaus üblich.

Zum Angriff auf die unweite feindliche Stellung zog die Armee ohne Gepäck, Zelt- und Proviantwagen auf schon vorbereiteten Kolonnenwegen aus.

Im Feld wurden die Gewehre in der Regel auf der Schulter mit aufgepflanztem Bajonett getragen. Nur bei Regenwetter oder Frost wurden die Bajonette abgenommen und in die Bajonettscheide, die hinter der Säbelscheide hing, gesteckt, damit Infanteristen, die hinfielen, niemand verletzten.

Bei allen Märschen ging der Armee, weil sie vereint marschierte, eine nur schwache Avantgarde voraus. Die Ordre de bataille war eine starre Masse, die Truppen

Lagernde ungarische Infanterie (Zeichnung von Ottenfeld).

Offiziere der deutschen Infanterie 1740–1767 (Zeichnung von Ottenfeld).

bildeten noch keine taktischen Einheiten. Auf die Sicherung der Flanken durch Kavallerie oder, wenn diese geschlagen war, durch Infanteriebataillone, die die Treffendistanz schlossen, wurde besonders geachtet. Zur Vermeidung von Marschfehlern dienten genaue Marschdispositionen (Marschzettel oder -tabellen).
Die bereits vorhandenen Spezialkarten erwiesen sich wegen oft mangelhafter Aussagen zu laufenden Straßenneubauten und Steigungsverhältnissen häufig als so unzuverlässig, daß die Generalstabsoffiziere regelmäßig darauf angewiesen waren, notwendige Marschdetails noch während der Bewegung der Kolonne durch eigene Erkundung und Hilfe ortsansässiger Führer zu gewinnen.

4. Das Sanitätswesen

Während der Schlacht wurden hinter dem zweiten Treffen Wagen aus dem Regimentsfuhrpark zum Abtransport der Verwundeten in Feldspitäler bereitgehalten, von denen Österreich in Böhmen vier und in Mähren zwei eingerichtet hatte.
Ebenfalls hinter dem zweiten Treffen befanden sich auch die Feldschere, um erst nach der Schlacht die Erstversorgung der Verwundeten zu übernehmen. Ihnen zur Seite standen abkommandierte Soldaten, die auch die Verwundeten und Gefallenen zu suchen und zu sammeln hatten. Zur Beerdigung der Gefallenen wurden daneben Bauern zwangsverpflichtet.

Kranken- und Verwundetentransport besorgten die Invalidenkommandos bzw. -kompanien. Feldschere begleiteten den Transport ins Feldspital.
Über den Krankenstand gab es ab Regiment ein ausführliches Berichtswesen.

Pferd und Reiter verwundet nach der Schlacht (Zeichnung von Menzel).

Beerdigung preußischer Soldaten (Zeichnung von Menzel).

5. Die Uniformierung

Veranlassung, die Uniform „soldatischer" gegenüber dem ausgehenden 17. Jahrhundert zu gestalten, gab eigentlich die Einführung des Feuersteingewehrs und des stehenden Heeres. Das inzwischen bei den Truppen gebräuchliche Bajonett machte die unhandliche Pike überflüssig, die Verbesserungen am Gewehr ermöglichten eine größere Treffsicherheit und schnelleres Schießen. Um diese Eigenschaften der Feuerwaffen noch vorteilhafter zur Geltung zu bringen, mußte der Uniform der „zivile" Charakter genommen werden: Die unnötig breiten Ärmelaufschläge erwiesen sich beim Waffengebrauch recht hinderlich; sie wurden deshalb mehr und mehr verkleinert, bis sie schließlich zu reinen Attrappen wurden. Der übermäßig lange Rock wurde im Schoß gekürzt und die Schoßenden umgeschlagen, die Hose enganliegend, an die Stelle der langen Strümpfe traten Gamaschen. Lang über die Ohren herabhängende Haare wurden, in einen dünnen Zopf geflochten, auf dem Rücken getragen. Später verdrängte der Schnurbart, anfänglich überall gemieden, seinen Antipoden immer mehr.

Die einheitliche Uniform schrieb in Österreich 1710 ein Befehl des Prinzen Eugen vor, in Preußen gelten Friedrich Wilhelm I. und Leopold von Anhalt-Dessau als

Österreichischer Infanterist vom Regiment Simschön, um 1760.

Österreichischer Infanterist vom Regiment Platz, um 1760.

Begründer des uniformierten Soldatentypen der Zopfzeit.

Der Musketier hatte als Kopfbedeckung den Hut, die Krempen zum „Dreispitz" – typische Kopfbedeckung des 18. Jahrhunderts – nach oben geschlagen. Daneben trugen die preußischen Füsiliere noch die Füsilierkappe, eine niedrige, vorn mit Blech beschlagene Grenadiermütze.

Neben den Füsilieren erschienen die Grenadiere in selbständigen Formationen als Bataillone. Man behielt die Truppe dann auch noch bei, als die Handgranaten schon wieder abgeschafft waren und sich die Bewaffnung von der der anderen Infanterie in nichts mehr unterschied.
Wie ehemals kamen aber nur die größten Leute zu den Grenadieren. Erkennungsmerkmal war die kroatische Zipfelmütze. Während zum Beispiel Österreich den ursprünglichen Pelzbesatz beibehalten hatte, trat in Preußen an dessen Stelle ein dreieckig zugespitzter Stirnschild aus Eisen- oder Messingblech. Später wurde sogar der Mützenzipfel mit diesem Blech verbunden; und es entstand die in der Soldatensprache als „Hurra-Tüte" bekannte friderizianische Grenadiermütze.

Bei den Dragonern glich die Uniform im Schnitt der der Infanterie, nur daß statt der Gamaschen hier Reiterstiefel getragen wurden.

Die Kürassiere hatten kurze Lederkoller (Kollet), Brustpanzer und Stulpenhandschuhe. Kopfbedeckung der Dragoner und Kürassiere war der Dreispitz.
Da die berittenen preußischen Truppen sich von den österreichischen Reitern oft nur schwer unterscheiden

Splény-Husar um 1760.

Österreichischer Dragoner vom Regiment Zweibrücken, um 1760.

ließen, erhielt die Kavallerie auf Befehl Friedrichs des Großen seit 1762 weiße Federbüsche an den Kopfbedeckungen.

Für die Husaren war die eng anliegende Husarenjacke (Dolman) typisch, die engen ungarischen Hosen besetzten Schwoitaschstickereien. Über die Hose bis zur Hälfte der Oberschenkel hinauf reichten Beinlinge (Scharawaden). Die Füße steckten in ungarischen Reitstiefeln (Cismen). Die frühere Bogentasche war zu bloßer Attrappe zusammengeschrumpft und hing als „Säbeltasche" (Sabretasche) am Gürtel, über der linken Schulter der „Pelz" (Pelisse). Pelz und Dolman waren reich und dicht mit Schnüren besetzt. Als Kopfbedeckung diente entweder eine große Pelzmütze (Kutsma) mit herabhängendem Beutel (fälschlich meist als Kolpak bezeichnet) oder die aus dem kroatischen Tschako mit darumgewundenem Mützenbeutel entstandene Schackelhaube, auch Heidukkenmütze genannt.

Den Husaren angegliedert wurden die 1745 in Preußen geschaffenen Bosniakeneinheiten, türkische Lanzenreiter, die mit großen Pelzmützen und langen kaftanähnlichen Röcken bekleidet waren. Die Kroaten kleideten sich in der Regel entsprechend den Nationaltrachten.

Im Gegensatz zur deutschen Infanterie trug die ungarische Infanterie Maria Theresias einen Rock ohne Rabatten, weiß wie alle österreichischen Infanterieuniformen, jedoch mit farbigen Litzen verziert. Die Westen hatten eine den Husaren ähnliche Verschnürung, und die eng anliegenden Hosen steckten in Schnürschuhen.

Die Uniform der preußischen Jäger bestand aus Rock, Weste und Lederhosen in hohen Stulpenstiefeln. Der Hut war von einer goldenen Tresse eingefaßt. Von der rechten Schulter hing ein goldenes Achselband herab; Kuriertasche, Hetzpeitsche und Stulpenhandschuhe vervollständigten die Ausrüstung.

Die Regimenter hatten bereits unterschiedliche Abzeichen, einzelne Staaten bevorzugten besondere Farben im Grundtuch der Uniform, so Österreich weiß, Preußen dunkelblau. Gradabzeichen an den Uniformröcken wurden erst allmählich eingeführt.

Die Offiziere trugen als besondere Abzeichen meist Schärpe, Ringkragen und Portepee am Degen.

6. Schlachtentaktik*

Infanteriekampf

Die fortschreitende Verbesserung der Feuerwaffe – am Ende des 17. Jahrhunderts wurden bei allen europäischen Hauptmächten Steinschloßgewehr, Patrone, eiserner Ladestock und Bajonett eingeführt, die Pike abgeschafft – gab den stehenden Heeren ein ganz anderes Aussehen, als den vorangegangenen Söldnerhaufen. Und eine ganze Reihe zusätzlicher Weiterentwicklungen an der Zündpfanne, am Pfannendeckel, der Schäftung formten die Waffe derart, daß sich daran über Jahrhunderte kaum etwas ändern sollte und zunächst ganz neue Möglichkeiten der Ausbildung bzw. des Feuerkampfes auftraten. Nun verdünnte man die sechsgliedrige Aufstellung, zunächst auf vier, bei den Preußen sogar auf drei Glieder, so daß – wenn das erste Glied niederkniete – alle Schützen gleichzeitig feuern konnten. Durch dauernde Übung wurde die Feuergeschwindigkeit aufs äußerste gesteigert. Bei den großen Unsicherheiten des einzelnen Schusses verzichtete man von vornherein auf das Zielen bzw. Zielübungen zugunsten eines möglichst schnell hintereinander aufgegebenen Massenfeuers, der auf Kommando abgegebenen Salve. Weil dem gleichzeitigen Einschlagen vieler Geschosse moralische Wirkung zugeschrieben wurde, legte man in allen Armeen höchsten Wert darauf, daß die Salve gut zusammenlag und wie ein Schuß klang.

Bei Fontenoy (1745) z. B. näherten sich die französische und die englisch-hannoveranische Garde ohne zu schießen bis auf 50 Schritt. Dann bekomplimentierten sich die beiderseitigen Offiziere um den ersten Schuß. Die Engländer gaben schließlich die erste Salve ab, die so mörderisch war, daß die französische Garde fast ganz aufgerieben wurde und der Rest die Flucht ergriff.

Noch Scharnhorst vertrat die Auffassung, daß nur Salven geschossen werden sollen. Denn 10 Mann, die gleichzeitig fallen, brächten ein Bataillon eher zum Rückzug als 50, die nach und nach an verschiedenen Stellen fallen.

Die Salven wurden vorwiegend im ganzen Bataillon oder peletonweise abgegeben. Das in drei Glieder aufgestellte

---

* Nach Hans Delbrücks „Geschichte der Kriegskunst im Rahmen der politischen Geschichte".

Bataillon unterteilte man nochmals in acht Pelotons. Die Pelotons feuerten abwechselnd ganz schnell nacheinander, 1, 3, 5, 7, 2, 4, 6, 8, so daß das Feuer ständig über die Front rollte. Ein Kavallerieangriff konnte so nicht einbrechen. Tatsächlich aber funktionierte die Präzision dieser Feuerart meist nur auf dem Exerzierplatz vollkommen, zu stark wirkten psychischer Druck des Kampfgeschehens, Verluste und dadurch bedingte Lockerung der Gefechtsordnung. Zwei bis drei kommandierte Salven waren daher praktisch höchstens zu erreichen, theoretisch – unter Exerzierbedingungen – bis vier Salven pro Minute.

Im Infanterieangriff ging die Linie unter andauerndem Pelotonfeuer vorwärts und stürzte sich dann mit dem Bajonett auf den Feind. Zu einem wirklichen Bajonettkampf soll es jedoch ganz selten gekommen sein. Denn in dem Augenblick, wo die Angreifer wirklich heran waren, gab der Verteidiger den Widerstand meist schon auf. Dies entsprach aber ganz und gar der seinerzeitigen taktischen Mentalität: der gemeine Mann hatte nichts zu tun, als zu gehorchen; im Gleichschritt wurde er vorgeführt, auf Kommando die Salven abgegeben und schließlich vorgestürmt, den Nahkampf erwartete niemand ernstlich. Natürlich gab es auch Beispiele von Selbständig- und Umsichtigkeit bei Unterführern und Soldaten, wie bei der Verteidigung Hochkirchs oder beim Sturm auf Leuthen. Das war aber keinesfalls die Regel. Weitgehendes Fehlen jeglicher Kampfmoral beim gemeinen Mann, der des öfteren zum Kriegsdienst einfach gepreßt wurde, also nicht einmal ein schlechtes Motiv hatte, und nationale Buntgewürfeltheit der Armeen ließen den Kriegführenden, wenn schon Krieg geführt werden sollte oder mußte, keine andere Möglichkeit.

Eine gewisse vorbereitende Wirkung fiel beim Angriff den leichten Bataillonsgeschützen zu, die, von den Mannschaften gezogen, die Infanterie begleiteten.

Die Reichweite des Infanteriegewehrs war mit bis 300 Schritt gering, auf 400 Schritt wurde kaum noch ein Treffer erzielt. Die Österreicher eröffneten das reguläre Feuer sogar erst auf 100 Schritt.

Mit dem Übergang zur Linienaufstellung mußte gleichzeitig dafür Sorge getragen werden, daß die Linie nicht ohne weiteres durchbrochen werden konnte. Dem diente ein zweites Infanterietreffen etwa 100 bis 400 m hinter der ersten Linie. Das zweite Treffen hatte außerdem Lücken im ersten Treffen zu füllen, Flankenbewegungen zu machen, rückseitige Angriffe abzuwehren oder beim Rückzug Auffangstellung zu sein. Es mußte keine ununterbrochene Linie bilden, konnte zwischen den Bataillonen Intervalle lassen. Zum Flankenschutz stellte man rechts und links ein Bataillon zwischen die beiden Treffen, so daß die ganze Aufstellung einem länglichen Rechteck glich.

Die geordnete Beweglichkeit der Treffen war ziemlich gering; im Schlachtenlärm scheiterte jede gegenseitige Verständigung.

Unter persönlicher Aufsicht Friedrichs des Großen wurde in der preußischen Armee mit unermüdlichem Eifer an der immer größeren Vervollkommnung der taktischen Gegebenheiten, an Tempo und militärischer Fertigkeit bei der Verwendung der Truppenkörper gearbeitet. Das bemerkenswerteste Produkt dieser Betriebsamkeit war die schiefe Schlachtordnung, persönlich-schöpferischer Beitrag des Preußenkönigs zur Schlachtentaktik.

Die mit der Linienaufstellung verbundene erhöhte Feuerleistung der Infanterie führte logischerweise zu deren Ausdehnung nach den Flanken hin, womit sich eine Entscheidungssuche über den Flügelangriff geradezu anbot, bisher nur gelegentlich der sich spontan gestaltenden Schlachtgeschehen angewandt. Voll wirksam wurde die schiefe Schlachtordnung erst, wenn es gelang, den feindlichen Flügel mit dem Angriffsflügel zu umfassen. Weil der Gegner die Flanke nicht freiwillig bieten wollte, stellte er sich möglichst rechtwinklig über die feindliche Anmarschrichtung (so auch die Schweden schon gegenüber dem rechten Tillyschen Angriffsflügel 1631 bei Breitenfeld). Der Angreifer hatte im 18. Jahrhundert das Problem, die gesamte Drehung ohne Auflösung der Schlachtfront zu bewerkstelligen; es galt, diese zusammenhängende Front, einschließlich Kavallerie und Artillerie, umfassend an den Feind zu bringen. Der taktische Vorteil war dann erreicht, wenn der Angriffsflügel fortlaufend gestärkt und überlegen gemacht wurde und der zurückgehaltene eine größere feindliche Macht band.

Aufmarschschnelligkeit spielte also auch eine Rolle, letztlich das Überraschungsmoment im Angriff. Mit der Überflügelung und Umfassung der feindlichen Front waren schließlich vorteilhafteste Voraussetzungen für den siegreichen Abschluß der Flügelschlacht geschaffen.
Alles in allem ein taktisches Kunststück.

In den zehn Jahren von 1746 bis 1756 hat Friedrich der Große nicht weniger als acht verschiedene Variationen der schiefen Schlachtordnung entwickelt und ausprobiert; als beste Form erschien ihm dann der echelonweise Angriff, bei dem sich die Bataillone nicht gleichzeitig, sondern stufenweise aneinanderreihten. Einzige Schlacht, in der diese Idee einigermaßen verwirklicht wurde, war die bei Leuthen 1757: dort aber spielte die taktische Übung, mit der die preußischen Truppenführer die Bataillone – unbemerkt von den Österreichern – an der feindlichen Front entlang zum rechten Flügel führten, die entscheidende Rolle. Die schiefe Schlachtordnung gab dem Angriff die kompakte Überlegenheit, mit der 40.000 Preußen über

60.000 Österreicher siegten, die numerische Überlegenheit in jedem einzelnen Moment des Gefechts.

Auf seiten der antipreußischen Koalition fanden solche Überlegungen auch statt: Die Schlacht bei Roßbach ist geradezu ein Gegenstück zu Leuthen. Hildburghausen und Soubise versuchten, die preußische Armee zu umgehen. Als sie abmarschierten, waren aber die Preußen schon aufmarschiert, griffen an, stießen in die Marschkolonnen der Verbündeten hinein und schlugen durch die bloße Kavallerieattacke alles in die Flucht. Hätten die Österreicher bei Leuthen, statt in ihrer Defensivstellung zu verharren, rechtzeitig einen solchen Offensivstoß in die marschierenden Preußen gemacht, wäre die Schlacht vermutlich völlig anders verlaufen.

Die schärferen Exerzierübungen, die immer stärkere Akzentuierung des Gefechtskörpers veränderten auch den Charakter der Schlachten. Im Interesse der Stabilität der taktischen Formation wurde der Kampf um Örtlichkeiten deshalb möglichst vermieden. Friedrich zum Beispiel verbot ausdrücklich, daß Soldaten in Häusern Stellung beziehen, der erste Stoß sollte alles entscheiden. Mit der ganzen Masse ging man in Linie vor, gab einige Bataillonssalven ab und griff dann zum Bajonett.

Gerade die vorzügliche Ausbildung der Mechanik militärischer Bewegungen und Handlungen durch den preußischen Exerzierplatz band an diese Mechanik und erschwerte das freie Fechten bei Kommando und Truppe. Die ausgerichteten, salvenschießenden Bataillone wurden schon durch jene Geländeunebenheit in Unordnung gebracht und konnten weder Dorf- noch Waldgefechte führen. Das war um so problematischer, als die Österreicher mit den Kroaten eine universell einsetzbare leichte Infanterie hatten, die das aufgelöste Gefecht instinktiv zu führen verstand. Das preußische Salvenfeuer konnte gegen die aus der Deckung feuernden Irregulären nichts ausrichten; bei Lobositz hatten sie fast schlachtentscheidende Bedeutung. Im Gegenzug errichtete Friedrich schon zu Beginn des Siebenjährigen Krieges den österreichischen leichten Truppen nachempfundene Freibataillone, denen aber die für die Kroaten typische dauernde Erfahrung im türkischen Kleinkrieg fehlte. So hatten die Freibataillone mangels geeigneter Ausbildung auch niemals einen spezifischen Anteil am Verlauf der Kriegsereignisse. Friedrich der Große schätzte sie ohnehin von Anfang an nicht besonders hoch, nahm sie aber wohl oder übel als unentbehrliches Gegengewicht zu den Kroaten in Kauf, „die immer wie Diebe und Räuber hinter Bäumen versteckt sind und sich nie im offenen Felde zeigen, wie es braven Soldaten geziemt" (Ferdinand von Braunschweig am 8. August 1745).

Die preußischen Freibataillone waren nicht besser, eher noch schlechter zusammengesetzt als die Linienbataillone. Abenteurern und Deserteuren fehlte das, was die Linie stark machte: militärische Disziplin. Mit Gewalt Gepreßte konnte man in der ausgerichteten Linie eben dazu bringen, Befehle stoisch auszuführen, nicht aber im Schützengefecht, wo persönliche Motivation entscheidend war.

Neben den Freibataillonen gab es in der preußischen Infanterie noch einige Jägerkompanien, meist Söhne einheimischer Förster, die mit Aussicht auf eine spätere Staatsanstellung in der Gefechtsart der Irregulären kämpften.

Kavallerieattacke

Der lange, geschlossene und schnelle Choc verlangte besondere Übung. Immer höher wurden preußischerseits die pferdeverschleißenden Leistungen getrieben. Während sich der König 1748 noch mit Attacken von 700 Schritt begnügte, forderte er 1755 1.800 Schritt, das letzte Stück in voller Karriere. Eigene Attacke wurde zum obersten Gebot, denn, „wenn dergestalt die große Mauer geschlossen und mit Impetuosität auf einmal an den Feind herankommt, so kann ihr ohnmöglich etwas Widerstand thun". Von Seydlitz soll das einmal so ausgedrückt worden sein, die Kavallerie gewinne das Gefecht nicht mit dem Säbel, sondern mit der Reitpeitsche. Oder: „bei der Attacke sechs Mann hoch und ein Hundsfott, wer sich hinten herausdrängen läßt". Der geschlossene taktische Körper vereinnahmte den einzelnen Reiter so sehr, daß der König möglichst jedes Handgemenge ausschließen wollte; denn „dabei dezidiret der gemeine Mann die Sache" und darauf könne man sich nicht verlassen. Deshalb sollte die Kavallerie nicht nur in sich völlig geschlossen, Bügel an Bügel reiten, sondern auch im ersten Treffen zwischen den Eskadronen fast keine Intervalle sein und die Attacke erst nach Überreiten der beiden gegnerischen Treffen in den Nahkampf übergehen.

Nach Canitz soll die österreichische Kavallerie noch im Siebenjährigen Krieg, ehe sie die Klingen kreuzte, gefeuert haben.

Von der Attacke schrieb Marwitz: „Durchbrechen muß diese Masse allemal. Möglich, daß sie zur Hälfte zusammengeschossen wird, oder in einen Hohlweg stürzt, wobei Hunderte den Hals brechen. Unmöglich aber, daß sie stutzt oder gar umkehrt, denn in diesem Getümmel,

Brausen und Toben, wenn viele 100 Pferde in einem dichten Klumpen vorwärts jagen, bleibt auch der beste Reiter nicht Herr seines Pferdes – sie gehen alle durch. Behielte aber auch einer oder der andere das seinige in der Gewalt, so ist dennoch an Anhalten nicht zu denken, denn er würde augenblicklich von den hinter ihm Durchgehenden überritten.
Es leidet also keinen Zweifel: wird eine solche Attacke unternommen, so entsteht ein Loch, oder man sieht das Regiment nicht wieder."
Eine beiderseitige Attacke mit anschließendem Zusammenstoß – die Angreifer würden in der Wucht und Geschlossenheit des Ritts unweigerlich zu Fall kommen – ist in der militärischen Literatur nicht überliefert.

Vor dem ersten Säbelhieb unterlag schon immer eine Partei durch den moralischen Eindruck der Anstürmenden – und wandte sich zur Flucht. Tatsächlich waren die Verluste beim Sieger in derartiger Konstellation denkbar gering.
Anders das Bild beim Angriff auf Infanterie. Marwitz schrieb: „Wer je einen Kavallerieangriff mitmachte, dem Feinde entgegenging, weiß gewiß, daß kein einziges Pferd Lust bezeigt, in die anrückende Masse einzudringen, daß vielmehr jedesmal alle stutzen und umzukehren suchen. Wenn der Angriff nicht vollständig mißlingen soll, muß jeder Reiter sein Tier daran hindern", es also regelrecht hineintreiben.

Die seinerzeitige Schlachtenkavallerie war weder für Verfolgung noch Aufklärung besonders geeignet. Denn wie bei der Infanterie war ja die Ausbildung nicht auf die Leistung des einzelnen, sondern des geschlossenen taktischen Körpers gerichtet. Vor allem die Aufklärung forderte Selbständigkeit im Handeln. Dem widersprach die einseitige kavalleristische Taktik, die – ähnlich der Infanterie – die moralische Unzuverlässigkeit des Kavalleristen in Betracht zu ziehen hatte.

Abhilfe sollten – besonders auf preußischer Seite – Husaren schaffen, die Friedrich auf immerhin 80 Eskadronen verstärkte. Als Kriegsabenteurer – auch beutelustig und deshalb weniger desertionsverdächtig – hatten die Husaren einige Freiheiten, wurden sogar zur Verfolgung eingesetzt. Bei Leuthen bildeten sie hinter der preußischen Infanterie sogar ein viertes Treffen – zur Verhütung der Desertion.

Artillerieeinsatz

Die hauptsächlichste Veränderung, die beträchtliche Stärkung der schweren Artillerie, ging nicht von den Preußen, sondern von den Österreichern aus, die unter ihren Rohren Schutz vor preußischem Angriffsgeist suchten und fanden.
Wohl oder übel mußte Friedrich nachziehen.
Als spezielle neue Waffengattung schuf Friedrich die reitende Artillerie als besondere Reserve der Armeeführung.

Die Verwendung der Artillerie entsprach dem Prinzip der Parallelschlacht, dabei betonten die Preußen mehr den „Drang nach vorn" und legten weniger Wert auf den Artilleriekampf als die Österreicher.
Ganz allgemein wurden die schweren Kaliber und Haubitzen auf die Flügel gestellt, um die sich zum Angriff formierende feindliche Kavallerie in Unordnung zu bringen.

Anlage 2

Verzeichnis der militärischen Prominenz

Leopld von Anhalt-Dessau, preußischer Feldmarschall

geb. 3. Juli 1676 in Dessau, gest. 9. April 1747 in Dessau

Führte 1698/99 das Schnellfeuer, den Gleichschritt, die dreigliedrige Aufstellung und den eisernen Ladestock ein. Zeichnete sich im spanischen Erbfolgekieg besonders bei Hochstädt (1703 und 1706), Cassano (1705) und Turin (1706) aus und wurde 1712 Feldmarschall. 1715 Oberbefehl über Preußen und Sachsen gegen Karl XII. von Schweden; eroberte Rügen und Stralsund. Sein Einfluß ging nach dem Tode Wilhelms I. von Preußen zurück. Im zweiten Schlesischen Krieg operierte er 1744/45 nochmals erfolgreich gegen die Österreicher in Oberschlesien und konnte durch den Sieg bei Kesselsdorf seinen Feldherrenruf erneuern.

Moritz von Anhalt-Dessau, preußischer Generalfeldmarschall
geb. 31. Oktober 1712 in Dessau, gest. 11. April 1760 in Dessau
Teilnahme am polnischen Erbfolgekrieg, 1736 Oberst, 1742 Generalmajor, kämpfte mit Auszeichnungen im ersten und zweiten Schlesischen Krieg, 1745 Generalleutnant, 1752 Gouverneur von Küstrin. Im Siebenjährigen Krieg in den Schlachten bei Kolin, Roßbach und Leuthen, hier von Friedrich dem Großen auf dem Schlachtfeld zum Generalfeldmarschall ernannt. Tat sich besonders bei Zorndorf hervor, bei Hochkirch verwundet und gefangengenommen.

August Wilhelm von Braunschweig-Bevern, preußischer Generalleutnant
geb. 10. Oktober 1715 in Braunschweig, gest. 2. August 1781 in Stettin

Trat 1731, fünfzehnjährig, bereits als Kapitain in preußische Dienste, machte 1734 den Rheinfeldzug mit; bereits 1740 Oberst. Bei Mollwitz verwundet, nahm er im zweiten Schlesischen Krieg als Brigadekommandeur an der Schlacht bei Hohenfriedberg und im Siebenjährigen Krieg an der Schlacht bei Lobositz teil. Bevern galt als geschickter Truppenführer in schwierigen Lagen. Nach Rückkehr aus der Gefangenschaft, in die er kurz nach der Schlacht bei Breslau geraten war, verteidigte er Pommern gegen Schweden und Russen. 1762 war er nochmals an Friedrichs Seite auf dem schlesischen Kriegsschauplatz.

Ferdinand von Braunschweig, preußischer Generalleutnant
geb. 12. Januar 1721 in Wolfenbüttel, gest. 3. Juli 1792 in Braunschweig

Trat 1740 als Oberst in preußische Dienste und nahm an den beiden Schlesischen Kriegen teil. 1750 Generalleutnant, 1755 Gouverneur von Magdeburg. Erhielt nach der Schlacht bei Roßbach den Oberbefehl über das preußisch-englische Heer im Kampf gegen Reichsarmee und Franzosen und behauptete sich in Westdeutschland. Nach Beendigung des Siebenjährigen Krieges zunächst erneut Gouverneur von Magdeburg, überwarf er sich später mit Friedrich dem Großen und zog sich nach Braunschweig zurück.

Maximilian Ulysses Browne, Reichsgraf und österreichischer Feldmarschall
geb. 23. Oktober 1706 in Basel, gest. 26. Juni 1757 in Prag

Browne stammte aus einem in Deutschland eingewanderten irischen Adelsgeschlecht, versuchte 1740 vergeblich, als kommandierender General in Schlesien den Vormarsch Friedrich des Großen aufzuhalten, zeichnete sich dann aber während des österreichischen Erbfolgekrieges in Italien aus. 1753 Feldmarschall; unterlag am 1. Oktober 1756 bei Lobositz in der ersten Schlacht des Siebenjährigen Krieges. In der Schlacht bei Prag (6. Mai 1757) wurde Browne tödlich verwundet. Er galt als tapferer, ehrgeiziger, aber vorsichtiger General.

Leopoldus Comes de Daun
Sac. Cas. et Reg. Hung. et Bohem. May:
Supremus Campi Mareschallus,
Aurei Velleris et Ord: milit: Theres. Eques.

Leopold Josef Maria Daun, Reichs- und österreichischer Feldmarschall
geb. 24. September 1705 in Wien, gest. 5. Februar 1766 in Wien

Sohn eines kaiserlichen Feldmarschalls, sammelte in Sizilien (1718–20) und am Rhein (1734–35) sowie gegen die Türken Kriegserfahrung, 1739 bis zum F.M.L. aufgestiegen, kämpfte dann mit Auszeichnung in den Feldzügen des österreichischen Erbfolgekrieges gegen die Franzosen und Bayern (1742–1744) und trat 1745 zuerst bei Hohenfriedberg, später als F.Z.M. bei Soor seinem großen Gegner, dem preußischen König, gegenüber, Mitglied der Militärkommission, 1754 Ernennung zum F.M., rettete durch den Sieg bei Kolin die österreichische Monarchie, erhielt dafür das Großkreuz des zur Erinnerung an diese Schlacht von der Kaiserin gestifteten Maria-Theresien-Ordens; nach der Schlacht bei Leuthen selbständiges Oberkommando der Armee, das er bis zum Friedensschluß behielt.

Friedrich II. der Große, preußischer König

geb. 24. Januar 1712 in Berlin, gest. 17. August 1786 bei Potsdam

Beteiligte sich 1734 als Kronprinz am Rheinfeldzug, auf dem er Prinz Eugen kennen und bewundern lernte. 1740 bestieg er den preußischen Königsthron; im gleichen Jahr starb Kaiser Karl VI., für Friedrich Anlaß, Erbansprüche auf schlesische Fürstentümer zu erheben und im Dezember 1740 den ersten Schlesischen Krieg zu beginnen (1740/41), der ihm im Frieden von Breslau das Land bis zur Oppa und die Grafschaft Glatz einbrachte. 1744 drang Friedrich als französischer Bundesgenosse in Böhmen ein, weil er einen Zugriff der mit Österreich im Wormser Vertrag verbündeten Länder (vor allem England und Sachsen) auf Schlesien fürchtete und löste so den zweiten Schlesischen Krieg (1744/45) aus. Im Dresdner Frieden mußte Maria Theresia Schlesien dem Preußenkönig überlassen. Als Österreich mit Frankreich, Rußland und Sachsen Defensivbündnisse schloß, eröffnete Friedrich den Siebenjährigen Krieg (1756–1763). In dessen Ergebnis bestätigte sich zwar die Großmachtstellung Preußens, doch hatte das Land furchtbar gelitten. Als Rußland durch Erfolge in Polen und den Krieg in der Türkei an Macht gewann und eine erneute Auseinandersetzung mit Österreich bevorstand, vermittelte Friedrich in schwierigen Verhandlungen 1772 die polnische Teilung, die ihm vor allem mit Westpreußen neuen Landzuwachs brachte. Letzte bedeutende politische Tat Friedrichs war 1785 die Gründung des gegen Kaiser Joseph II. gerichteten Fürstenbundes unter preußischer Führung. Friedrich war der Hauptvertreter des sogenannten aufgeklärten Absolutismus; er betrachtete sich als ersten Staatsdiener, widmete sich mit großer Aufmerksamkeit wirtschaftlichen Bildungs- und Verwaltungsreformen sowie verschiedenen Entwässerungsprojekten; er befaßte sich schriftstellerisch auf den Gebieten von Politik, Geschichte und Staatswissenschaft und komponierte u. a. vier Flötenkonzerte und 121 Flötensonaten. Als Feldherr zeigte sich Friedrich geschickt, manchmal auch genial (Leuthen), ist aber nicht bahnbrechend für Heereswesen und Kriegsführung geworden. Seine glänzenden Taten machten ihn in der Nachwelt zum preußischen Nationalhelden, der auch in den übrigen deutschen Ländern viel bewundert und verehrt wurde.

Andreas Comes de Haddick
S.C. et Reg. Hung. de Bohem. Maj.
Generalis Campi Mareschalli Locumtenens
et Tribunus Legionis Equestris Hungar.

Martin Palozy del.   *Gabr. Bodenehr fe. et exc. A.V.*

Andreas Hadik, Reichsgraf und österreichischer Feldmarschall

geb. 16. Oktober 1710 auf der Insel Schütt, gest. 12. März 1790 in Wien

Entstammt einem alten ungarischen Adelsgeschlecht; 1732 Eintritt in das Pessewesche Husarenregiment als Kornet. Unter Prinz Eugen focht er 1734 mit viel Geschicklichkeit am Rhein im Kleinkrieg. 1742 Oberstleutnant, 1744 Oberst, 1745 Auszeichnung bei Erbstatt, 1747 General, seit 1756 Feldmarschalleutnant. Berühmt durch seinen Zug nach Berlin, 1758 erste Promotion des Maria-Theresien-Ordens, General der Kavallerie, siegte er in der Schlacht bei Freiberg am 15. Oktober 1762 über Prinz Heinrich. 1763 Gouverneur der Festung Ofen. 1764 geheimer Rat, 1769 Präsident des Karlowitzer Kongresses, 1772 Gouverneur in Galizien, 1774 Feldmarschall und Hofkriegsratspräsident, 1777 Reichsgraf, Kommando über die Hauptarmee im Krieg mit Preußen 1778. Hadik war nicht nur ein tapferer Soldat in 21 Schlachten, sondern auch ein Mensch von hervorragenden geistigen Eigenschaften.

Jacob Keith, preußischer Generalfeldmarschall
geb. 11. Juni 1696 Peterhead, gefallen 14. Oktober 1759 bei Hochkirch

Trat nach dem Scheitern eines Aufstandes gegen Jakob III. 1720 in spanische und 1728 in russische Dienste, nahm am polnischen Erbfolgekrieg, 1737 am Türkenkrieg und 1741 bis 1743 am russisch-schwedischen Krieg teil, in dem er bei der Erstürmung Otschakovs verwundet wurde. Ab 1747 als Generalfeldmarschall im Dienst Friedrich II., 1749 Gouverneur von Berlin. Im Siebenjährigen Krieg vor allem bekannt geworden durch das Kommando über die Belagerungstruppen vor Olmütz 1758.

Franz Moritz Lacy, österreichischer Feldmarschall

geb. 21. Oktober 1725 in Petersburg, gest. 24. November 1801 in Wien

Trat 1743 in die österreichische Armee ein und zeichnete sich im Siebenjährigen Krieg 1756/57 bei Lobositz, Prag und Leuthen aus. Als Generalquartiermeister Dauns leitete er 1758 den Entsatz von Olmütz und entwarf den Plan zum Überfall bei Hochkirch 1758 und zur Gefangennahme des preußischen Korps Fink bei Maxen 1759. 1765 wurde Lacy Feldmarschall und nach dem Tode Dauns Präsident des Hofkriegsrates und führte die Reorganisation der österreichischen Armee durch. 1788 erhielt er den Oberbefehl im Türkenkrieg Josephs II., muß ihn aber wegen Mißerfolg 1789 an Laudon abgeben, hatte aber auch unter Leopold II. maßgeblichen Einfluß in allen militärischen Fragen.

Gideon Ernst Laudon, österreichischer Feldmarschall
geb. 2. Februar 1717 in Tootzen/Livland, gest. 14. Juli 1790 in Neutitschein

Trat 1792 in russische Dienste und focht im polnischen Erbfolgekrieg und im Türkenkrieg 1735/36. Da der König von Preußen eine Anstellung in seinem Heer verweigerte, 1744 Hauptmann im Trenkschen Freikorps und 1750 Major in einem Grenzregiment. 1756 Kommandeur eines Bataillons Karlstädter unter Browne. 1757 Oberst, 1757 Generalmajor für erfolgreiche Tätigkeit im Rücken der preußischen Armee an der Spitze seiner Kroaten. 1758 Feldmarschalleutnant, 1759 Feldzeugmeister. Für den Überfall bei Domstadt 1758 Großkreuz des Maria-Theresien-Ordens. 1759 Freiherr. Verdienstvoll bei Kunersdorf, Landeshut, Glatz und Schweidnitz. 1766 wirklicher Hofkriegsrat und Generalinspekteur über die Infanterie in den deutschen Erblanden, 1769 Generalkommandant in Mähren. 1778 Feldmarschall und Kommandierender in Böhmen, Armeeoberbefehlshaber im bayrischen Erbfolgekrieg, Oberbefehl im Türkenkrieg 1788/89, 1790 kommandierte er die gegen Preußen zusammengezogene Armee.

Durch einige Verdienste in der Armee emporgekommen, war der geniale Truppenführer allen kaiserlichen Generalen überlegen. Tapfer, anspruchslos und bescheiden war er einer der bedeutendsten Heerführer Österreichs.

Maria Theresia, deutsche Kaiserin, Königin von Ungarn und Böhmen, Erzherzogin von Österreich
geb. 13. Mai 1717 in Wien, gest. 29. November 1780 in Wien

Übernahm nach dem Tode ihres Vaters Karl VI. 1740 aufgrund der pragmatischen Sanktion die Regierung der habsburgischen Erblande. In verzweifelter staatspolitischer Lage – das Heer in Verfall, die Staatsfinanzen zerrüttet, Erbansprüche Bayerns und Spaniens, Eroberung Schlesiens durch Friedrich den Großen – mußte sie gleichzeitig die beiden ersten Schlesischen Kriege (1740–1742 und 1744/45) und den österreichischen Erbfolgekrieg führen (1740–1748). Bis auf Schlesien und einige italienische Herzogtümer konnte sie jedoch die Integrität der habsburgischen Länder bewahren. In der folgenden Friedenszeit setzte sie die Heeresreform durch und brachte mit Blick auf die Wiedergewinnung Schlesiens eine antipreußische Koalition zusammen.

Im Siebenjährigen Krieg konnte Preußen nicht niedergerungen werden. 1772 gewann sie auf diplomatischem Wege mit der ersten Teilung Polens Galizien, 1775 die Bukowina und nach dem bayrischen Erbfolgekrieg (1778/79) das Innviertel hinzu. Maria Theresia verschaffte sich durch eine Vielzahl maßvoller innerer Reformen – so auf dem Gebiet von Verwaltung, Schule und Strafrecht – größte historische Geltung, lehnte aber die Aufklärung ab. Als eine der bedeutendsten Herrscherpersönlichkeiten der Habsburger stellte sie an sich selbst höchste staatsmännische Anforderungen, führte ein sittenstrenges Leben. Im Volk galt sie als außerordentlich beliebt.

Franz Leopold Nádasdy, österreichischer General der Kavallerie
geb. am 30. September 1708 in Steiermark, gest. am 22. März 1783 in Karlstadt

Schon 1734 Oberst, nahm Nádasdy an den Feldzügen in Korsika, Italien und am Rhein teil. 1741 Generalmajor, bald darauf Feldmarschalleutnant und 1754 General der Kavallerie und Kommandant der Festung Ofen, 1756 Ban von Kroatien. Seit der Schlacht bei Kolin Träger des Großkreuzes des Maria-Theresien-Ordens. Kämpfte mit Bravour und Umsichtigkeit bei Neuhaus (1741), Schreck (1744), in Oberschlesien (1745), bei Trautenau (1745), Guastalla (1746), Kolin (1757), Leuthen (1757). Danach widmete er sich im Banat der Ausbildung von Nationaltruppen bzw. Grenzregimentern.

Prinz Heinrich von Preußen, Bruder Friedrich des Großen
geb. 18. Januar 1726 in Berlin, gest. 3. August 1802 in Rheinsberg

Nahm bereits am ersten Schlesischen Krieg teil. Aufgrund verschiedener politischer und militärischer Ansichten war das Verhältnis zu seinem Bruder immer wieder gespannt; im Siebenjährigen Krieg einer der besten preußischen Heerführer. Sein Sieg bei Freiberg am 29. Oktober 1762 beendete den Krieg. Nach dem Friedensschluß beschäftigte er sich wissenschaftlich und künstlerisch, zeigte aber auch als Diplomat, zuletzt beim Abschluß des Baseler Friedens 1795, viel Geschick.

Josef Maria Friedrich Wilhelm Prinz von Sachsen-Hildburghausen, Reichsfeldmarschall
geb. 8. Oktober 1702 in Hildburghausen, gest. 4. Januar 1787 in Hildburghausen

Trat mit 16 Jahren in das kaiserliche Heer. Tapferkeit und militärische Begabung führten zu schneller und glänzender Laufbahn. Kämpfte schon unter Prinz Eugen. Erster militärischer Erfolg gegen die Türken 1738 bei Kornya, 1739 Reichsfeldzeugmeister, 1741 K.K. Feldmarschall. Erwarb sich dann große Verdienste um die Errichtung der Militärgrenze. 1757 Kommando der Reichsarmee, 1758 Rücktritt von diesem Kommando, seitdem Privatmann, aber vom Wiener Hof noch geehrt.

Friedrich Wilhelm Seydlitz, preußischer General der Kavallerie
geb. 3. Februar 1721 in Calcar, gest. 8. November 1773 in Ohlau

Trat 1740 bei der preußischen Reiterei ein und zeichnete sich in den beiden ersten Schlesischen Kriegen durch kühne Reiterattacken aus. 1742 bereits Rittmeister, 1745 Major. Die erfolgreiche Attacke bei Kolin brachte ihm die Ernennung zum Generalmajor. Bei Roßbach entschied er an der Spitze der gesamten preußischen Reiterei den Sieg, wurde hier aber verwundet. Mit 61 Eskadronen führte er bei Zorndorf (25. August 1758) die siegreiche Wende für die Preußen herbei; einer der größten Reiterangriffe aller Zeiten. Letzte glanzvolle Attacke in der Schlacht bei Freiberg am 29. Oktober 1762.

Hans Joachim Zieten, preußischer General der Kavallerie

geb. 14. oder 24. Mai 1699 in Wustrau, gest. 27. Januar 1786 in Berlin

Diente ab 1714 im preußischen Heer, 1731 Rittmeister, 1741 Oberst und Chef der Leibhusaren, 1744 Generalmajor. Machte am 20. Mai 1745 den berühmten Zietenritt durch die österreichische Stellung, um die Verbindung mit dem Markgrafen Karl herzustellen. 1756 Generalleutnant. Im Siebenjährigen Krieg tapferer und umsichtiger Reiterführer. Zeichnete sich vor allem bei Liegnitz und Torgau aus, wo er die Schlacht entschied. Als der „alte Zieten" volkstümlichster General Friedrich des Großen.

Literaturverzeichnis

Allmayer-Beck, J. C./Lessing, E., Das Heer unter dem Doppeladler. Habsburgs Armeen 1718–1848, München et al 1981

Alte preußische und österreichische Akten zur Vorgeschichte des Siebenjährigen Krieges, Leipzig 1889

Archenholz, J. W., Geschichte des Siebenjährigen Krieges in Deutschland, Berlin 1823

Beiheft zum Militärwochenblatt, Berlin, Januar 1863

Bonin, R./Malinowski, L., Geschichte der brandenburgisch-preußischen Artillerie, Berlin 1841

Brabant, A., Der Kampf um Kursachsen 1759, Dresden 1931

Brabant, A./Kesselsdorf und Maxen, Dresden 1912

Bremen, W., Friedrich der Große, Oldenburg 1905

Bremen, W./Hoen, M., Die Kriege Friedrich des Großen 1740–1763, Berlin 1912

Broucek, P., Der Geburtstag der Monarchie, Wien

Bürger, A., Vorgänge in und um Torgau, Torgau 1860

Charakteristik der wichtigsten Ereignisse des Siebenjährigen Krieges, von einem Zeitgenossen, Berlin 1802

Creuzinger, P., Friedrichs Strategie im Siebenjährigen Krieg, Leipzig 1908

Daniels, E., Die Schlacht von Torgau, 1886

Dehlbrück, H., Geschichte der Kriegskunst im Rahmen der politischen Geschichte, Vierter Teil, Berlin 1920

Demmin, A., Die Kriegswaffen, Leipzig 1886

Dopsch, A., Das Treffen bei Lobositz, Graz 1892

Dorn, G./Engelmann, J., Die Infanterieregimenter Friedrich des Großen 1756–63, Friedberg 1983

Duffy, Ch., Friedrich der Große und seine Armee, Stuttgart 1978

Ferrari, G., Res bello gestae, Wien 1773

Frauenholz, E. v., Deutsche Kriegsgeschichte – Friedrich der Große, Werke, Berlin 1846–1856

Fuchs, K., Lützen und Umgebung in Wort und Bild, Lützen 1910

Goehring, C., Deutschlands Schlachtfelder, Leipzig 1861

Gohlke, W., Geschichte der gesamten Feuerwaffen bis 1850, Leipzig 1912

Goslich, D., Die Schlacht bei Kolin 18. Juni 1757, Berlin 1911

Gottschalk, F., Die Feldzüge Friedrich des Großen im Siebenjährigen Krieg, Leipzig 1858

Großer Generalstab, Die Kriege Friedrich des Großen, Berlin 1910

Hantsch, H., Die Geschichte Österreichs, 4. Aufl., Bd. 2, Graz et al 1968

Hardegg, J., Anleitung zum Studium der Kriegsgeschichte, Darmstadt und Leipzig 1868

Hauthal, F., Geschichte der Sächsischen Armee in Wort und Bild, Leipzig 1859

Heeresgeschichtliches Museum/Militärwissenschaftliches Institut, Maria Theresia. Beiträge zur Geschichte des Heerwesens ihrer Zeit, Bd. 3, Graz et al 1967

Henze, E., Geschichte der ehemaligen Kur- und Residenzstadt Torgau, Torgau 1925

Hoefler, E., Aphorismen über taktische Begebenheiten des Siebenjährigen Krieges, Würzburg 1869

Hoen, M./Bremen, W., Die Kriege Friedrich des Großen 1740–1763, Berlin 1912

Illustrierte Geschichte der K.K. Armee, Wien 1888

Jany, K., Das Gaudische Journal des Siebenjährigen Krieges, Berlin 1901

Jany, K., Geschichte der königlich-preußischen Armee, Bd. II, Berlin 1928

Kann, R. A., Geschichte des Habsburgerreiches 1526–1918, Wien 1977

Kausler, Schlachtenatlas, Merseburg 1831

Kessel, E., Quellen und Untersuchungen zur Geschichte der Schlacht bei Torgau, Berlin 1937

Knötel, R., Uniformkunde, Zur Entwicklung der militärischen Tracht, Rathenow 1902 ff

Kornauth, F., Das Heer Maria Theresias. Faksimile-Ausgabe der Albertina-Handschrift, Wien 1973

Kubitz, C. A., Ein Denkmal dem fast vergessenen Helden Siegmund Moritz Wilhelm von Langen, Hochkirch 1897

Kunisch, J., Der kleine Krieg, Studien zum Heereswesen des Absolutismus, Wiesbaden 1973

Kutzen, J., Vor hundert Jahren, Breslau 1860

Lage, E., Heerschau der Soldaten Friedrich des Großen, Leipzig 1856

Lessing, E./Allmayer-Beck, J. C., Das Heer unter dem Doppeladler, Habsburgs Armeen 1718–1848, München et al 1981

Malinowski, L./Bouin, R., Geschichte der brandenburgisch-preußischen Artillerie, Berlin 1841

Menzel, A., Illustrationen zu den Werken Friedrich des Großen, Berlin 1886

Meynert, H., Geschichte des Kriegswesens und der Heeresverfassung in den verschiedenen Ländern der österreichischen Monarchie, Wien 1852

Mitteilungen des Freiberger Altertumsvereins, 15. und 50. Heft, Freiberg 1878/1915

Mitteilungen des K.K. Kriegsarchivs 1881–1900

Mollwo, L., Die Kapitulation von Maxen, Marburg 1893

Müller, C., Abriß der Kriege Friedrich des Großen, 1785/1822

Müller, F., Die K.K. österreichische Armee, Prag 1845

Onken, W., Das Zeitalter Friedrich des Großen, Berlin 1882

Orlich, L. v., Geschichte der Schlesischen Kriege nach Originalquellen, Berlin 1841

Osten-Sacken und von Rhein, O., Preußens Heer von seinen Anfängen bis zur Gegenwart, Berlin 1911

Österreichische militärische Zeitschrift, Jg. 1811–1828, Wien

Ottenfeld, Die österreichische Armee von 1700–1867, Graz 1971

Plans von Zwey und Vierzig Hauptschlachten, Treffen und Belagerungen des Siebenjährigen Krieges, Frankfurt/M. 1790

Preitz, M., Prinz Moritz von Dessau im Siebenjährigen Krieg, München und Berlin 1912

Ranke, L., Ansichten des Siebenjährigen Krieges, Berlin 1936

Ranke, L., Zwölf Bücher preußischer Geschichte, Leipzig 1877

Retzow, F. A., Charakteristik der wichtigsten Ereignisse des Siebenjährigen Krieges, Berlin 1802/04

Schäfer, A., Geschichte des Siebenjährigen Krieges, Berlin 1874

Schmidt, F., Der Siebenjährige Krieg, Berlin 1863

Schreiber, G., Des Kaisers Reiterei, Wien 1969

Schroeter, E., Die Schlacht bei Roßbach, Weißenfels 1907

Schwertfeger, B./Volkmann, O., Die Deutsche Soldatenkunde, Leipzig/Berlin 1937

Seyffarth, J. F., Geschichte des seit 1756 in Deutschland und den angrenzenden Ländern geführten Krieges, Frankfurt/M. 1759–63

Stuhr, P. F., Der Siebenjährige Krieg, 1842

Taysen, A., Zur Beurteilung des Siebenjährigen Krieges, Berlin 1882

Tielke, J., Erläuterungen zur Kriegskunst des Königs von 1756–63, Freiberg 1781

Treuenfest, G. A., Überfall von Hochkirch, Hochkirch 1897

Vogt, H., Drei Merksteine preußischer Heeresgeschichte, Leipzig 1889

Volkmann, O./Schwertfeger, B., Die Deutsche Soldatenkunde, Leipzig/Berlin 1937

Wiltsch, Th., Die Schlacht von nicht bei Roßbach, 1858

Wittje, G., Die wichtigsten Schlachten und Belagerungen, Leipzig/Halle 1861

Ziegler, A., Die Geschichte des Militärs der K.K. österreichischen Monarchie, Wien um 1850

Register

Ahrenberg, Herzog von 67
Ahrenberg, Rgt. 38f, 65f, 75, 90, 100
Aleš Mikuláš 49
Allnpeck, General 16
Allnpeck, Rgt. 11, 14
Alt-Bevern, Rgt. 39
Alt-Braunschweig, Rgt. 26f, 53, 57, 66
Alt-Modena, Rgt. 38f, 78
Alt-Wolfenbüttel, Rgt. 26f
Andlau, Rgt. 66
Angelelli, Rgt. 65ff
Anhalt-Dessau, Leopold von, Feldmarschall 9, 14, 16, 118, 125
Anhalt-Dessau, Moritz von, Generalfeldmarschall 126
Anhalt, Graf Friedrich von 45
Anhalt, Rgt. 12, 14, 16, 26f, 39, 42, 45, 91
Anspach, Rgt. 26f, 30, 52, 66, 100
Arnim, Rgt. 12, 14

Baden, Rgt. 39, 43f
Banal, Rgt. 38
Baranyay, Rgt. 38
Batthyanyi, Rgt. 66, 69, 90
Bayreuth, Rgt. 14, 26f, 29, 52, 90ff, 100
Beau-Villiers, Rgt. 52
Benkendorf, Rgt. 80
Bentheim, Rgt. 12, 14
Bethlen, Rgt. 11, 90
Bevern, Herzog von 24, 26, 28, 30, 40, 49
Bevern, Rgt. 26, 32, 39, 42, 44, 91, 100f
Billerbeck, Rgt. 32, 57, 65f, 78f, 80, 100
Birkenfeld, Rgt. 38f, 90
Blankensee, Rgt. 26f, 39
Blau-Württemberg, Rgt. 52, 57
Bonin, Rgt. 13f
Bornstedt, Rgt. 39, 42, 65f, 69
Botta, Rgt. 38f, 43f, 66, 78, 90
Bourbon-Buffet, Rgt. 52
Bourbon, Rgt. 52, 58
Bourcet, General 54
Braunschweig-Bevern, August Wilhelm von, Generalleutnant 127
Braunschweig, Ferdinand von, Generalleutnant 23f, 25, 36, 128
Braunschweig, Prinz von 4, 68f, 71
Bredow, Rgt. 13ff, 65f, 69, 79
Brettlach, Rgt. 26f, 30, 52, 56, 78
Brissac, Rgt. 52
Broglie, Herzog von 54ff
Browne, Maximilian Ulysses, Feldmarschall 23f, 30, 32f, 36, 129
Browne, Rgt. 26f, 66
Brühl, Rgt. 16, 44, 100
Buddenbrock, Rgt. 14
Buttler, Oberst 18

Castellas, Rgt. 52
Černil, Moritz 48
Chamont, Rgt. 52, 56
Chevaulegers, Rgt. 16, 38f, 44
Colloredo, Rgt. 26f, 32, 41, 65, 67
Condè, Rgt. 52
Cordua, Rgt. 27, 29
Cumberland, Herzog von 49f
Czettritz, Rgt. 65ff, 91, 113

Darmstadt, Rgt. 38f, 66, 90
Daun, Leopold Josef Maria, Feldmarschall 70, 72, 74f, 77f, 80, 86ff, 130
Daun, Rgt. 35ff, 40ff, 44, 46f, 64ff, 79, 81, 90, 92ff
Deutschmeister, Rgt. 38f, 43f
Diemar, General 17
Dieury, Rgt. 14, 17
Driesen, Generalmajor 29
Driesen, Rgt. 26f, 39, 53
Durlach, Rgt. 26f, 78, 90, 92
Du Verger, Rgt. 65f

Elisabeth von Rußland 97
Erzherzog Ferdinand, Rgt. 26f, 66, 90

Erzherzog Josef, Rgt. 26f, 66
Erzherzog Karl, Rgt. 39, 42, 66f, 90
Erzherzog Leopold, Rgt. 66, 90, 92
Esterházy, Josef, Rgt. 26f
Esterházy, Nikolaus, Rgt. 26f, 67, 90, 100
Esterházy, Rgt. 38, 44, 66, 101

Fink, Rgt. 39, 77ff, 86
Forcade, Rgt. 53, 65f, 91
Franz Joseph I., Kaiser 48
Franz, Kaiser 35, 82
Franz Stephan, Großherzog 18
Freiberg 98ff
Friedrich II. der Große, König 8f, 18, 23ff, 28ff, 33, 35ff, 40, 42f, 44ff, 56, 58ff, 64, 76f, 86ff, 90, 92, 95f, 115, 120ff, 131
Friedrich Wilhelm IV., König 62

Garde du Corps, Rgt. 12, 14, 26f, 29, 39, 45, 53, 58, 65f, 69, 91, 114
Gaisruck, Rgt. 38f
Gemmingen, Rgt. 45f
Gensdarmes, Rgt. 26f, 29, 53, 58, 65f, 69, 91
Georg von England, König 58
Gersdorf, Rgt. 11, 14, 79
Gesler, General 17, 29
Gfug, Rgt. 11, 14, 16
Giulay, Rgt. 78, 90, 100f
Grabow, Rgt. 79ff, 100
Gramont, Rgt. 52
Grumbkow, Bat. 32
Grumbkow, General 49

Hadik, Andreas, Feldmarschall 132
Hadik, Rgt. 26f, 38, 66
Haller, Rgt. 39, 42f, 66f, 78, 90
Harrach, Rgt. 26f, 38f, 66, 90
Herzberg, Rgt. 13f, 16
Hessen-Darmstadt, Rgt. 52, 57
Heyden, Rgt. 65f
Hildburghausen, Prinz von 49, 54ff, 58
Hildburghausen, Rgt. 26f, 51, 57, 66, 90, 100
Hochkirch 4, 64ff
Hohenzollern, Rgt. 12, 14, 52, 100
Holstein-Gottorp, Herzog von 97
Holstein, Rgt. 14
Hülsen, General 46
Hülsen, Rgt. 26f, 39ff, 79f, 91, 100

Itzenplitz, Rgt. 4, 26f, 30, 32, 53, 65f, 110

Jäger, Rgt. 65
Jasmund, General 17
Jeetze, Rgt. 13f, 16
Jung-Billerbeck, Rgt. 26f, 53, 91
Jung-Modena, Rgt. 38f, 78, 81
Jung-Stutterheim, General 101
Jung-Wolfenbüttel, Rgt. 26f, 32

Kaiser, Rgt. 27, 32, 38, 66, 90, 100
Kalckstein, Rgt. 38f, 45
Kalkreuth, Rgt. 38f
Kannacher, Rgt. 65, 69
Karabiniers, Rgt. 12, 14, 26f, 43, 65f, 91, 100
Karlstädter, Rgt. 38
Karoly, Rgt. 66
Katte, Rgt. 39
Kaunitz, Graf 35, 47
Keith, Jacob, Generalfeldmarschall 71ff, 133
Keith, Rgt. 4, 23f, 26, 29, 32, 59, 68
Kesselsdorf 4, 9ff
Kheul, Rgt. 26
Kleist, Rgt. 13f, 26ff, 32, 53, 57, 65f, 78f, 80, 91, 100
Kolin 37ff
Kolowrat, Rgt. 26f, 32, 38f, 44f, 66, 69, 90
Königin, Rgt. 14, 17
Königsegg, Rgt. 66
Kosel, Rgt. 14
Krockow, Rgt. 39, 65f, 91, 100
Kurpfalz, Rgt. 52
Kurtrier, Rgt. 52, 57, 100

Kyau, General 29
Kyau, Rgt. 14, 39, 65f

Lacy, Franz Moritz, Feldmarschall 32, 69, 72, 77f, 82, 86ff, 134
Lacy, Rgt. 90ff
La Marck, Rgt. 52, 56
La Marine, Rgt. 52
Langen, Simon Moritz Wilhelm von 71, 73
L'Annonciade, Rgt. 12, 14, 17
La Reine, Rgt. 52, 58
Laudon, Gideon Ernst, Feldmarschall 51, 58, 64, 67, 135
Laudon, Rgt. 55, 87
Le Fée, Rgt. 11, 14, 16
Lehwald, General 50
Leibkarabiniers, Rgt. 39, 69
Leibregiment 12, 14, 26f, 39, 53, 91, 100
Liechtenstein, Rgt. 26f, 90
Ligne, Prinz von 46
Ligne, Rgt. 38f, 44f, 49, 66, 78, 90
Lobkowitz, Fürst 29, 44
Lobositz 23ff
Lorentz, Andreas 103
Los Rios, Rgt. 38f, 43, 66, 69
Lothringen, Prinz Karl von 35f, 66, 90
Löwenstein, Rgt. 30, 67, 100

Mailly, Rgt. 52, 56
Malachowski, Rgt. 4, 112
Mànes, Josef 49
Manstein, General 42, 46f
Manteuffel, Rgt. 26f, 39, 42, 46, 65f, 91, 100
Maria Theresia 18, 48, 136
Markgraf Friedrich, Rgt. 26f
Maxen 77ff
Meinicke, Rgt. 39, 53
Mercy, Rgt. 38f
Möllendorff, General 17
Möllendorff, Rgt. 39, 41
Moller, Oberst 55f
Moltke, Rgt. 38f
Montcalm, Rgt. 52
Mordeisen, Ulrich 103
Moritz von Anhalt, Fürst 35, 38f, 41, 44ff, 69
Motocz, General 12
Münchow, Rgt. 13f, 26, 32, 39, 80

Nádasdy, Franz Leopold, General 137
Nádasdy, Rgt. 35, 38, 40ff, 43, 45, 66
Napoleon I. 62
Neipperg, Rgt. 39
Neubaur, General 17
Niesemeuschel, Rgt. 11
Normann, Rgt. 39, 43, 65f, 68f, 91

O'Donell, Rgt. 38f, 66f, 69, 71, 78, 80f, 90, 92
Oelsnitz, Major 29, 32

Palffy, Rgt. 26f, 80, 82
Pallavicini, Rgt. 100
Peroni, Oberst 23
Piccolomini 23
Piémont, Rgt. 52, 56
Pirch, Caspar Franz von 20f
Pirch, Franz, Rgt. 11, 17
Pirch, Nikolaus, Rgt. 11, 16f, 19
Platz, Rgt. 118
Plauta, Rgt. 52
Plotho, Rgt. 13f, 65f
Plötz, Rgt. 14
Poitou, Rgt. 52, 56
Polenz, Rgt. 14
Portugal, Rgt. 39, 90, 100
Preußen, Prinz Heinrich von 58, 98, 138
Prinz Albert, Rgt. 44
Prinz Albrecht, Rgt. 91, 100
Prinz Dietrich, Rgt. 52, 57
Prinz Ferdinand, Rgt. 13f, 16
Prinz Friedrich, Rgt. 14
Prinz Georg, Rgt. 13f
Prinz Heinrich, Rgt. 39, 41, 91, 113
Prinz Karl, Rgt. 12, 14, 18, 91
Prinz Leopold, Rgt. 13
Prinz Moritz, Rgt. 13f, 40, 42

Prinz von Kurland, Rgt. 100
Prinz von Preußen, Rgt. 13f, 16, 26f, 29, 39, 43f, 65f, 91
Provence, Rgt. 52, 56
Puebla, Rgt. 39, 66, 69, 90, 92
Puttkamer, Rgt. 26, 39, 49, 65f

Quadt, Rgt. 27

Rathenow, Rgt. 66, 91
Rebentisch, Rgt. 79ff
Rechenberg, Rgt. 14
Reding, Rgt. 52
Retzow, Rgt. 53, 65f, 69
Ried, Korps 90f
Rochow, Rgt. 11, 14, 26f, 39, 43, 53
Roëll, Rgt. 14, 17
Rohr, Rgt. 65f
Roßbach 51ff
Rutowsky, Graf 16ff
Rutowsky, Rgt. 14

Sachsen-Gotha, Rgt. 38f, 66, 100
Sachsen-Hilburghausen, Josef Maria Friedrich Wilhelm, Reichsfeldmarschall 139
St. Germain, Rgt. 52, 55, 58
St. Ignon, Rgt. 91
Salis, Rgt. 52
Salm, Rgt. 38f, 43f, 100f
Savoyen, Rgt. 38f, 45, 90, 92
Schlesischer Krieg, zweiter 8, 10ff
Schmerzing, Rgt. 38f, 45, 66, 78
Schmettau, Rgt. 65f, 92, 100f
Schönaich, Rgt. 26f, 39, 65f, 68f
Schöning, Rgt. 13f
Schultze, Rgt. 39
Serbelloni, Rgt. 26f, 38f, 43f, 66, 78, 90
Seydlitz, Friedrich Wilhelm von, General 4, 55f, 58f, 101, 112, 140
Seydlitz, Rgt. 4, 39, 43, 53, 57, 65f, 91, 102, 112
Siebenjähriger Krieg 22
Simschön, Rgt. 118
Sincere, Rgt. 43f, 78, 90
Soldan, Rgt. 14, 17
Sondershausen, Rgt. 12, 14
Soubise, Rgt. 51, 57, 76
Splény, Rgt. 38, 119
Stampach, Rgt. 26f, 66, 78, 90
Starhemberg, Rgt. 38f, 43f, 66, 69
Stechow, Rgt. 39, 111
Stille, Rgt. 14
Stutterheim, Rgt. 100ff
Sybilsky, Rgt. 12, 14
Sydow, Rgt. 100
Szecheny, Rgt. 52, 78, 80
Székely, Rgt. 26f, 30, 39, 53, 55

Torgau 88ff
Trautmannsdorf, Rgt. 27, 52, 55f
Truchseß, Rgt. 26f

Waldeck, Rgt. 11, 26f, 66
Wallis, Rgt. 26f, 66
Wangenheim, Rgt. 39, 41, 65f
Warasdiner, Rgt. 38
Wartenberg, Rgt. 39
Weinzettl, Wenzel 48
Weißenfels, Friedrich von 51
Weißenfels, Herzog von 16
Weißenfels, Rgt. 14, 16
Werner, Rgt. 39
Wied, Rgt. 39, 41ff, 90ff, 100
Wilhelm II., deutscher Kaiser 73
Wilster, General 16
Winkelmann, Rgt. 11, 14, 16
Wolfenbüttel, Rgt. 66, 90
Wurmbrand, Rgt. 11
Württemberg, Rgt. 13f, 38f, 43, 52, 66, 78ff, 91, 100
Würzburg, Rgt. 66

Zar Peter III. 97
Zastrow, Rgt. 26f, 79ff
Zieten, Hans Joachim, General 46f, 141
Zieten, Rgt. 39, 45, 65f, 89, 91f, 113
Zweibrücken, Rgt. 119

Die Fliegerkräfte Österreichs 1955 bis heute

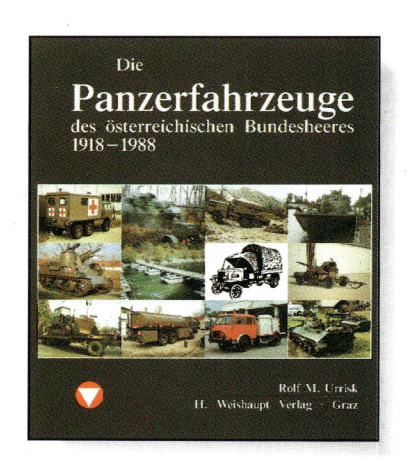

Wolfgang Hainzl · Erwin Hauke
H. Weishaupt Verlag · Graz

Die Räderfahrzeuge des österreichischen Bundesheeres 1918—1988

Rolf M. Urrisk
H. Weishaupt Verlag · Graz

Die Panzerfahrzeuge des österreichischen Bundesheeres 1918—1988

Rolf M. Urrisk
H. Weishaupt Verlag · Graz

**Ob
Flügel,
Räder
oder
Ketten...**

Verlegt bei Weishaupt